PATTLOCH

Michael Schulte-Markwort

SUPER KIDS

Warum der Erziehungsehrgeiz
unsere Familien unglücklich macht

Besuchen Sie uns im Internet:
www.pattloch.de/sachbuch

© 2016 Pattloch Verlag
Ein Imprint der Verlagsgruppe
Droemer Knaur GmbH & Co. KG, München
Alle Rechte vorbehalten. Das Werk darf – auch teilweise – nur mit
Genehmigung des Verlags wiedergegeben werden.
Covergestaltung: ZERO Werbeagentur GmbH
Satz: Adobe InDesign im Verlag
Druck und Bindung: CPI books GmbH, Leck
ISBN 978-3-629-13077-8

2 4 5 3 1

Den Eltern

»Man kann in Kinder nichts hineinprügeln,
aber vieles herausstreicheln.«

Astrid Lindgren

Inhalt

Vorwort
9

Die Superhelden
Kinderwelten heute 23
Kindheit als Arbeitsprozess 34
Kindheit unter Beobachtung 44
Vermessene Kindheit 51
Warum sie dennoch super sind 56

Die Supereltern
Elternleben ist Erziehungsleben 60
Das perfekte Ehepaar – das perfekte Elternteam 69
Erziehung im Optimierungswahn. 74
Ratgeber, Medienschelte und die Folgen. 87

Super – muss das sein?
Familiäre Wirklichkeit heute
Die Familie als Kleinunternehmen 92
Es kann nicht immer friedlich sein: Sollbruchstellen. 101
Die digitale Welt und der Teufel 103
Liebe ist nicht unerschöpflich 108

Gesellschaftliche Zwänge
Vom Optimum zum wirklichen Leben 115
Balance unter erschwerten Bedingungen 121
Optimierungswahn und kein Gegengift. 128
Normalität und Wahn 130
Superkinder 131

Statt eines Rezeptbuchs: Wie Beziehung heute funktionieren kann

Einleitung oder: Zwischen Erziehung und Beziehung 138
Bedingungslose Liebe? 144
Bedienungsanleitung für: Kein Rezeptbuch 147
Wie alles beginnt 149
Liebe und Respekt I 151
Der genaue Blick 152
Aufmerksamkeit und Lebendigkeit 160
Dranbleiben und Wegschauen 172
Zwischen Fördern und Fordern oder:
Schutz oder Druck? 179
Selbst- und Fremdbestimmung 188
Kontrolle ist gut, Vertrauen ist besser 196
Das Kreisen der Drohnen 204
Verwahrlosung 208
Begrenzen und Entgrenzen 215
Fürsorge 222
Intimität 231
Kraftquellen 237
Liebe und Respekt II 242

Nachwort oder: Das Wildwasserkanu
245

Praktische Tipps
265

Dank
269

Vorwort

Ein Kind ist wie ein Gebirgsbach – erfrischend und jeden Moment anders ...

Kinder bewegen uns. Kinder berühren uns. Wir kümmern uns, wir machen uns Sorgen. Wir möchten, dass es ihnen gut geht. Und wir möchten, dass sie sich optimal entwickeln. Auch die Jugendlichen, die vielleicht nicht mehr so »niedlich« sind. Sie sollen alle Chancen haben, das Beste aus ihrem Leben machen zu können. Und sie sollen glücklich sein. Erst, wenn wir das alles erreicht haben, trauen wir Eltern uns, etwas entspannter zu sein.

Die Kinder von heute sind SuperKids. Sie sind super, weil sie sich in großer Mehrheit gut entwickeln und mit großer sozialer Kompetenz durch ihr Leben gehen. Weil sie reflektiert sind und verantwortungsvoll ihre Aufgaben meistern. Sie sind es gewohnt, einbezogen und gefragt zu sein, und sie können Antworten geben. Unsere Kids sind tatsächlich einfach super und liebenswert.

SuperKids – der Begriff ist gleich in mehrfacher Hinsicht für mich deutbar: Zum einen sind unsere Kids tatsächlich super – keine Generation vorher war so umsorgt, so selbstbewusst –, doch andererseits *müssen* sie auch die beständig optimierten SuperKids sein. Wir sollten uns bewusst machen, dass darin auch eine Abwertung steckt: Egal, was sie tun, diese Kids sind eben immer noch nicht super genug – einfach noch nicht optimal!

Auch die aktuelle Shell-Jugendstudie findet zunächst einmal nichts Beunruhigendes an unseren Kindern. Generation »R« nennt sie diese Jugend (Shell untersucht die Altersgruppe 15 bis 25 Jahre, ich betrachte immer die 0- bis 21-Jährigen), die

Generation relaxed. Also alles easy? Warum dann ein Buch über SuperKids? Warum treibt mich der Gedanke an sie so um? Ich könnte mich doch einfach zufrieden zurücklehnen und die Entwicklung dieser wunderbaren Kinder genießen.

Selbst die vielen engagierten Eltern zeigen mir jeden Tag, dass sie sich kümmern, dass sie ihre Kinder gut erziehen und begleiten möchten.

Und dennoch habe ich Grund zur Sorge. Denn Eltern sind unsicher. Sie wissen oft nicht, wann ihr Kind gefördert und wann gefordert werden muss. Welcher Förderkurs, welche Unterstützungsmaßnahme ist sinnvoll, welche notwendig? Was ist überflüssig? Verwöhnen sie ihr Kind zu sehr? Oder setzen sie es doch zu sehr unter Druck?

Ich beobachte, dass Eltern heute zu Trainern ihrer Kinder geworden sind, die am Rande der »Kinder-Arena« stehen, die Performance ihrer Zöglinge beobachten und protokollieren und die sich mit den anderen Trainern angestrengt darüber austauschen, welche Trainingsmethode die beste ist. Sie stehen unter Stress, weil die anderen Trainer-Eltern ihnen suggerieren, dass ihr Kind schon viel weiter ist, und sie wissen nicht, ob diese Konkurrenz-Eltern jetzt übertreiben oder sie selbst zu wenig unternehmen, um die Entwicklung ihres Kindes weiter zu optimieren.

Derweil läuft im Fernsehen »Superkids«, das ist eine Talentshow eines privaten Fernsehsenders. Auch das gehört zum Spektrum kindlichen Lebens in Deutschland und aller leistungsorientierten Gesellschaften: Kinder werden ausgesucht, zur Schau gestellt, getrimmt und trainiert, und Erwachsene zeigen sich gerührt von den kindlichen Hochleistungen. Diese telegenen Superkids sind aber nur die Spitze einer Entwicklung, bei der es für *alle* Familien darum geht, SuperKids hervorzubringen. Natürlich nicht für das Fernsehen oder für besondere sportliche bzw. musische Karrieren, aber doch zumindest so weit, dass die Eltern sich gut fühlen mit ihren Kids.

Vorwort

Dass sie vorzeigen können: Ja, sie haben sich um eine optimale Förderung gekümmert.

Nicht zuletzt wegen dieses Wunschs, Vorzeigeeltern zu sein, sind Eltern heute schnell in der Defensive. Und gleichzeitig häufig ratlos – und sie werden immer ratloser, wenn es darum geht, wie das überhaupt aussieht: das Optimum für ihre Kinder.

Als junger Assistenzarzt für Kinder und Jugendpsychiatrie vor 28 Jahren war meine Arbeit wesentlich dadurch gekennzeichnet, dass wir den Symptomen und Erkrankungen unserer Patienten »hinterherlaufen« mussten, d.h. die Familien kamen fast regelhaft spät – und manchmal zu spät – zu uns. Die Symptome und Krankheiten der Kinder waren dann nicht selten chronifiziert und schwer zu behandeln. Mit großem Engagement kümmerten wir uns um Aufklärung, initiierten Vortragsreihen und Workshops für Eltern und ärztliche Qualitätszirkel u.a. zum Thema ADS. Neidisch nahm ich wahr, wie oft die Kollegen der Pädiatrie, die Kinderärzte in ihren Praxen also, zu den Müttern sagen konnten: »Gehen Sie beruhigt wieder nach Hause, Ihr Kind hat nichts Schlimmes!« Wie sehr hätten wir es uns damals gewünscht, präventiver, vorsorgender und früher tätig werden zu können.

Die Entwicklung hat seitdem eine gute, eine durchaus beruhigende Richtung genommen. Natürlich haben wir es auch heute noch mit schweren und chronifizierten psychischen Erkrankungen zu tun, aber in der Gesamtheit kommen Eltern heute früher, sind angemessen besorgt, und tatsächlich kann ich Eltern hin und wieder mit dem Satz entlassen, dass sie ein psychisch gesundes Kind haben, dass es gut war, dass sie mich haben draufschauen lassen, aber dass sie beruhigt wieder nach Hause gehen können.

Eltern heute sind aufgeklärt, interessiert, aber: Sie sind zuweilen regelrecht getrieben von dem Gedanken, alles richtig machen zu wollen. So haben sich neben der Diagnostik und Behandlung zusätzlich die Elternberatung und auch das Elterncoaching als ein wichtiger Bereich meiner Tätigkeit entwickelt. Es macht Spaß, sich gemeinsam mit Eltern und Kindern auf die Suche nach den Gründen für die Entwicklung einer psychischen Krankheit oder auch einer ganz allgemeinen Schwierigkeit bei der Lebensbewältigung zu machen. Das geschieht unbedingt auf Augenhöhe, und zwar zwischen allen Beteiligten, denn das ist für mich Ausdruck einer respektvollen Dienstleistung am Kind. Diese Augenhöhe ermöglicht erst einen Austausch über alle Erfahrungen, der mit Dankbarkeit und Wertschätzung einhergeht. Die Kinder- und Jugendpsychiatrie ist also im Orchester der ärztlichen Fürsorge für Kinder und Jugendliche und ihre Familien angekommen und stellt ein nicht mehr wegzudenkendes Instrument dar.

Wenn sich alles so gut entwickelt hat, wozu dann ein Buch ausgerechnet zu diesem Thema? Warum ein Buch über die SuperKids?

Die beschriebene Hinwendung zum Kind und die große Fürsorge, die Eltern heute für ihre Kinder empfinden, haben ein Phänomen hervorgebracht, das mich seit einigen Jahren zunehmend beschäftigt: die Superfamilien. Seit ungefähr fünf Jahren komme ich daran nicht mehr vorbei: Eltern sind ratlos. Sie sind hilflos auf der Suche nach der optimalen Förderung ihrer Kinder. Es genügt heute nicht, einfach nur »das Beste« für seine Kinder zu wollen, in der relativen Gewissheit, dass die Kinder es später einmal besser haben werden als ihre Eltern. Das galt vor dreißig Jahren. Nein, heute geht es darum, sicherzustellen, dass unsere Kinder sich in einer komplexen Welt so zurechtfinden, dass es ihnen zumindest genauso gut geht wie ihren Eltern. Eine Zukunft muss man sich erarbeiten, das hat die Elterngeneration gelernt. Doch wo soll es hingehen mit den Kindern? Und wo hört da die Arbeit am Kind auf? Wann ist das SuperKid »fertig«?

Wie Unternehmen beständig von Optimierungsprozessen beherrscht werden, wollen auch Eltern die optimale Förderung

Vorwort

für ihr Kind. Eltern strengen sich sehr an, ihre Kinder nicht einfach nur zu fördern, sondern sie möchten das Optimum. Ist das verwerflich? Kann ich ihnen das ernstlich zum Vorwurf machen? Was wäre daran falsch? Und: Haben Eltern heute überhaupt eine Chance, sich diesem Trend zu widersetzen? Oder riskieren sie dann, dass ihr Kind abgehängt wird? Dass es, ohne gute Entwicklung, unglücklich wird?

Der Wunsch nach optimaler Förderung für das eigene Kind ist meiner Einschätzung nach Chance und Fluch zugleich. Chance, wenn es gelingt und niemand auf die Idee kommt, die Förderung der Eltern in Frage zu stellen. Und Fluch, wenn es zu keiner guten Synchronisierung zwischen elterlichen Förderimpulsen und kindlichen Möglichkeiten kommt, wenn Kinder überformt werden zu hyperangepassten Leistungsträgern, die in der Tiefe ihres Herzens unglücklich sind. Das sind dann SuperKids, die sich in dem tief verankerten Wunsch, es ihren Eltern recht zu machen, wie Marshmallows eindellen lassen und verbiegen, um möglichst leicht und rosa daherzukommen.

Wie bekomme ich heraus, was die Fähigkeiten und Begabungen meines Kindes sind, welche davon sind versteckt und müssen geweckt werden? Wie findet man das, dieses Gleichgewicht von Voraussetzungen und Anlagen und Unterstützung? Wann fördere ich mein Kind – und wann überfordere ich es?

Eltern heute sind wie Trainer von Hochleistungssportlern, die anhand modernster Technik, mit Mess- und Kontrollverfahren analysieren, wie noch mehr Millimeter, noch mehr Millisekunden im Erfolg der Kinder zu erreichen sind. Flankiert von optimaler Ernährung, optimal überwachten Entwicklungs- und Wachstumsprozessen sowie optimaler pädagogischer Unterstützung und optimaler Freizeitgestaltung entwickelt sich das Kind optimal ... Aber wie sieht es aus, das optimale Kind? Kann es so etwas überhaupt geben?

Grundsätzlich ist es weder schlimm noch verdächtig, wenn Eltern sich große Mühe geben, ihrem Kind eine gute Entwicklung zu ermöglichen. Meine Freude und Zufriedenheit über die Entwicklung, in der Kinder mehr gesehen und berücksichtigt werden, ist echt. Doch genau das ist die Falle, weil die Entwicklung inzwischen weit über ein normales Maß an Sicherheit für die Eltern hinausgeht! Unsere Optimierungswünsche an unsere Kinder, an uns selbst, sind wie Freeclimbing im Gebirge: Man kann nicht zurückklettern, man kann sich nicht ausruhen, und der Gipfel ist noch endlos weit weg.

Die Frage nach dem Umfang der Fürsorge steht im Raum. Für uns alle. Auch als Gesellschaft. Wie umfangreich muss die Seilschaft sein, die das Kind zum Gipfel begleitet? Wie stark die Seile? Welche Schwierigkeitsgrade kann das Kind ab wann allein bewältigen?

Es gibt eine intensive Diskussion über die optimale Förderung der Kinder. Viele Familien haben oberflächlich den Eindruck, dass bei anderen tatsächlich alles optimal läuft, nur bei ihnen selbst nicht. Und nur selten öffnen sich Mütter im Zweiergespräch und offenbaren die Zwickmühle, in der sie stecken. Sie sind getrieben von der Angst, etwas falsch zu machen – und das führt zu einem dauerhaften Gefühl der Anspannung und Unsicherheit bei allen Beteiligten. Daher mein Eindruck, dass ganze Familien heute an diesem Optimierungsstreben, diesem Erziehungsehrgeiz kranken.

Von den »vernachlässigenden« Eltern, die viel übersehen haben vor dreißig Jahren, hin zu den ratlosen, den hilflosen Eltern von heute zeigt sich das neue Phänomen der Superfamilien. Offenbar fühlen sich Eltern nicht mehr in der Lage, ihre Kinder intuitiv zu erziehen. Wir alle wissen heutzutage viel über Kinderpsychiatrie und Kinderpsychologie, und doch trauen wir uns immer weniger, unseren eigenen Weg zu gehen. Intuition ist zum Synonym geworden für: falsch machen. Das lässt sich an vielen Punkten festhalten.

Doch vorrangig ist da ein Gefühl der Angst. Ich sehe die Angst vieler Eltern, wenn ihr Kind in der Schule zu versagen droht. Diese Angst ist immens und deutlich spürbar. Niemand traut sich beispielsweise, selbstbewusst zu vertreten, dass das eigene Kind einen anderen Weg geht als den der Einbahnstraße Richtung Abitur.

Die Flut an Elternratgebern macht es nicht leichter: Abgesehen von den vielen gegensätzlichen Botschaften, überschwemmen sie uns mit so vielen Hinweisen, dass wir am Ende nichts mehr sehen können und abwarten müssen, bis die Welle über uns hinweggebrandet ist. Überschwemmt und atemlos stehen die Eltern da und hoffen, sie haben genügend Zeit zum Luftholen, bis die nächste Welle an Erwartungen und Ratschlägen sich über sie ergießt.

Wer aber entscheidet, was optimal ist? Die Verunsicherung erfasst mich selbst, und das trotz all der Kinder, die mich in dreißig Jahren praktischer klinischer Tätigkeit haben viel Erfahrung sammeln lassen. Auch in der Klinik verwenden wir viel Zeit darauf, die richtigen Entscheidungen für die richtigen Entwicklungswege der Kinder zu finden, und ich habe nicht den Eindruck, als wären wir uns ganz sicher, jahrzehntelange Erfahrung hin oder her: Wie oft ringen wir um den richtigen Weg, insbesondere, wenn es um eingreifende Maßnahmen wie Familienhilfe oder Fremdunterbringung geht. So sehr es gut ist, dass wir es uns nicht leicht machen, so sehr sind auch wir in unserer Unsicherheit ein Spiegel der allgemeinen Unsicherheit in Erziehungsdingen in der Gesellschaft.

Mir geht es daher um einen erweiterten Blick auf die Kinder und ihre Möglichkeiten. Mir liegt etwas daran, kindliche Welten zu erfassen, um in einem guten Sinn an unseren Kindern »dran« zu sein, sie zu begleiten in einer vielen Einflussfaktoren unterliegenden Entwicklung. Kinder entwickeln sich nicht von alleine. Auch Wolfskinder als seltenes Extrembeispiel, also verwilderte Kinder, die in der Natur ohne Menschenkontakt groß werden, wachsen auf und passen sich immer ihrer unmittelbaren Umwelt an. Der Spagat zwischen den kindlichen Anlagen und den Wünschen und Erwartungen der Eltern und drittens den gesellschaftlichen Lebensbedingungen, in denen auch immer Erwartungen enthalten sind, ist anstrengend und kompliziert. Eltern des 21. Jahrhunderts sind weder dümmer noch weniger eingefühlt in ihre Kinder, im Gegenteil. Doch Mitgefühl und Parteinahme für die Kinder machen noch keine entspannten Eltern, die souverän mit den Anforderungen unserer Zeit umgehen und diesen souveränen Umgang auch den Kindern vermitteln können.

Es ist ein Zeichen unserer Zeit, dass die Unübersichtlichkeit der Ansprüche zunimmt und dass es nicht mehr richtig oder falsch gibt. So sehr uns die digitale Welt vorgaukelt, alles ließe sich in 0 und 1, in Schwarz oder Weiß aufteilen, so sehr bleibt menschliches Leben im Kern dynamisch. Die Übergänge sind fließend.

Auch deshalb bin ich der Meinung, dass es an der Zeit ist, einmal die eigenen Lebens- und Beziehungserfahrungen der Eltern aufzuzeigen, denn aus ihnen speist sich die Erziehung und nicht aus dem, was Ratgeber und Medienschelte fordern. Kids heute müssen super sein, wenn Eltern auf sie stolz sein können dürfen. Und Eltern müssen sich ständig hinterfragen und landen in der Verunsicherung angesichts der sich rasant verändernden Lebensbedingungen – der weltweit durch unüberschaubare und offensichtlich unlösbare Konflikte bedrohte Frieden sei hier nur am Rande aufgeführt.

Mir geht es nicht darum, besorgte und fürsorgliche Eltern vorschnell als »Helikopter-Eltern« zu brandmarken. Natürlich gibt es Eltern, die sich auf Grund eines eigenen Perfektionismus gekoppelt mit einer großen unbewussten Angst nicht trauen, ihr Kind in seiner Entwicklung laufen zu lassen, und die ihren Kindern bis in die Adoleszenz hinein als grenzüberschreitender und entwertender Wächter zur Seite stehen. Doch das ist auch heute noch eine Minderheit. Die Mehrheit der Eltern, die zu mir, zu uns in die Klinik kommen, ist angemessen besorgt und gleichzeitig über die Maßen hilflos.

Und damit möchte ich gerne aufräumen, mit dieser Ratlosigkeit, dem Zweifel, der Unsicherheit – und dem immensen Druck auf die Kinder, der daraus erwächst. Es gilt, diese Ratlosigkeit nicht als Überbesorgtheit zu geißeln, sondern als Ausdruck des Bemühens um die richtige Förderung für die Kinder aufzunehmen. Wir als Gesellschaft sollten die Eltern respektvoll dabei begleiten. Doch das tun wir selten in der Öffentlichkeit. Ein Defizit ist schnell ausgemacht. Kritik ist so leicht geübt. Und am Ende stehen wir als Gesellschaft da und schicken die Eltern zurück ins Hamsterrad, bis die Kinder optimiert und als SuperKids vor uns stehen.

Mir sind diese Familien im Optimierungskarussell ein Anlass, ein Buch darüber zu schreiben. Ein Buch, das sich mit dem Verbesserungsdruck auseinandersetzt, ein Buch, das Antworten sucht auf die Frage, woher dieser Druck kommt. Ich möchte damit eine Diskussion in Gang bringen über die Erziehungsziele unserer Gesellschaft. Und nicht zuletzt möchte ich die Eltern selber an die Hand nehmen und ihnen Mut machen, ich möchte ihnen Rat geben, damit sie besser und selbstsicherer mit dem Karussell fertigwerden.

Ich ermutige hier nicht dazu, ganz aus dem Karussell auszusteigen, um eigene Kreise zu drehen. Das Karussell ist schließlich der Kreislauf unserer Gesellschaft. Und Kinder sollten möglichst in die Lage gebracht werden, in unserer Gesellschaft leben zu können. Dies ist also kein Aussteiger-Buch, weil der Gedanke weltfremd wäre, man könnte sich und seine Kinder vor der Optimierungsmaschinerie bewahren. Die Kunst ist vielmehr, dafür Sorge zu tragen, dass die Familien einerseits nicht herausgeschleudert werden und dass andererseits das Tempo nicht so hochgeschraubt wird, dass die Kinder den Anschluss verlieren. Das ist wirklich etwas, was wir alle tun können, und ich mache hier nur den ersten Schritt.

Darum geht es mir: Ich möchte Ihnen meine Erkenntnisse zur Verfügung stellen, weil meine Erfahrung zeigt, dass ich es den Eltern leichter machen kann, sich im Spagat zwischen Optimierung und ungestörter Entwicklung zurechtzufinden. Daher baue ich mein Buch so auf: Im ersten Kapitel geht es um die Kinder selber, um ihre Sicht, um die Welt, in der sie aufwachsen, um den Druck, dem sie mal besser, mal schlechter standhalten müssen. Sie sind eigentlich die Superhelden, die sich unseren Ansprüchen stellen, uns gefallen möchten und die das ständige Monitoring über sich ergehen lassen. Hier wird es um Beispiele von Kinderleben gehen, die unter dem Optimierungswahn leiden.

Im zweiten Kapitel sehe ich mir ihre Eltern genauer an, die Supereltern, diejenigen, die sich jeden Tag bemühen, ihren Kindern optimale Bedingungen für eine optimale Entwicklung zu bieten. Die sich festgeschnallt fühlen im Karussell und dabei immer unsicherer werden, wie sie das richtige Tempo bestimmen sollen. Die nicht genau wissen, was gut und richtig für ihre Kinder ist, und denen vom hohen Tempo immer schwindeliger wird. Im zweiten Abschnitt des Buchs beobachte ich daher die Supereltern, die selber perfekt sein müssen, in ihrem eigenen Leben, in ihrer Arbeit, in der Erziehungsarbeit bei ihren Kindern. Woher sollen sie wissen, was gelungen, was angemessen ist? Es gibt wenige Beispiele, an denen Eltern sich orientieren können. So kommt es, dass immer mehr Eltern auf der Suche sind nach dem Patentrezept für patente Kids. Beispiele von Elternleben zeigen die Elternwirklichkeit auf.

Das dritte Kapitel widmet sich der familiären Wirklichkeit. An welchen Punkten scheitern Beziehungen? Und warum? SuperKids bilden mit ihren Supereltern die Superfamilien. Was geschieht, wenn das »super« wegfällt? Welche familiären Wirklichkeiten werden sichtbar? Müssen sich alle schämen, wenn der Vorhang gelüftet wird oder zeigt sich lediglich das »Normale«? Was aber ist heute noch »normal«? Kann man so eine Norm überhaupt bestimmen? In diesem Kapitel also lassen Familien uns hineinschauen in ihr Innenleben und helfen mir und vielleicht uns allen, ein Gefühl für Superfamilien und deren seelische Realität zu entwickeln.

Im vierten Kapitel geht es mir um den gesellschaftlichen Rahmen, in dem wir uns bewegen, dem wir ausgeliefert sind, den wir aber auch mitgestalten können – und wie ich finde: den wir in viel größerem Umfang mitgestalten müssten. Die Optimierungsgesellschaft ist in der Sportarena angekommen, um ausschließlich die Sieger zu feiern. Doch wer ist Sieger? Der Unterschied zwischen den Athleten beträgt nur noch Hundertstelsekunden, und trotzdem glauben alle, daran könne man Reihenfolgen festmachen und Sieger ausrufen. Keiner möchte wahrhaben, dass die Optimierungsmaschinerie dort an Grenzen stößt, wo es um Menschen geht. Was für ein Fest wäre das, wenn alle für ihre Anstrengung gefeiert würden? Ein Beispiel: Es gibt keinen Zusammenhang zwischen Abiturnote und beruflichem Erfolg, geschweige denn der Lebenszufriedenheit. Warum halten wir trotzdem daran fest zu glauben, das Bildungsniveau, das Abitur sage etwas Wesentliches aus über Intelligenz oder Fleiß?

Das fünfte Kapitel beschreibt das Handwerkszeug, das ich Eltern wie Kindern mit auf den Weg durch den Optimierungsdschungel geben möchte. Ich möchte beide Seiten ermutigen, auf das eigene Gespür zu zählen, um das zu finden, was die Kids brauchen. Wir gaukeln uns vor, dass es so etwas geben könnte wie eine Mathematisierung der Welt, eine Liste zum Abhaken wie beim Einkaufen, damit wir wissen, wie die Spannungsverhältnisse in unserem Leben einzuordnen sind. Die Ratlosigkeit der Eltern ist groß, sie brauchen Hilfe, mit den Spannungsverhältnissen umzugehen, und ich versuche in einzelnen Unterkapiteln, die Fragen zu beantworten, die mir in den letzten Jahren Eltern gestellt haben:

- Wie finde ich die Balance zwischen fördern und (über-)fordern?
- Woran erkenne ich die Grenze zwischen Selbst- und Fremdbestimmung?
- Schutz oder Druck: Wie schaffe ich die Gratwanderung zwischen dem Anspruch, mein Kind zu schützen, und der Anforderung, es fit zu machen für den gesellschaftlichen Druck?
- Begrenzen oder Entgrenzen: Wo kann ich vertrauensvoll Freiheiten zugestehen und wann muss ich Grenzen setzen?
- Steuern oder Übersteuern: Eltern können (und sollten) nicht alles im Auge behalten, und dennoch müssen sie im richtigen Moment steuern.
- Verwahren oder Verwahrlosen: Die Ansprüche haben zugenommen. Unsere Kinder sollen vor allem schädlichen Einfluss bewahrt werden – und verwahrlosen dann manchmal, wenn Rituale und Rhythmen den Forderungen des elterlichen Alltags geopfert wurden.

Doch das können nur einzelne Handreichungen sein. Denn Eltern agieren stets im Rahmen des gesellschaftlich Vorgegebenen. An dieser Stellschraube aber müssen wir gemeinsam drehen.

Und schließlich möchte ich Sie im abschließenden Kapitel, dem Nachwort, einladen zu einer Kanutour ...

Unsere SuperKids brauchen uns, und sie dürfen so super bleiben, wie sie sind. Wir Supereltern können und dürfen uns nicht verweigern, wir haben die Pflicht, den SuperKids eine möglichst gesunde Entwicklung und ein gutes Leben zu ermöglichen. Wir sind nicht fehlerfrei. Wir dürfen immer wieder versuchen, etwas zu verbessern, aber wir sollten am Optimierungswahn nicht verrückt werden oder nichts anderes mehr sehen.

Ich möchte Sie einladen und anregen, mir in diesem Buch durch meine Gedankengänge zu folgen. Umso besser, wenn ein innerer Dialog entstehen könnte, Sie Ihre Gedanken mit meinen abgleichen, um gemeinsam mit mir herauszufinden, welchen Weg Sie durch die gesellschaftliche Optimierungsfabrik gehen wollen – und können. Dies hier ist zu keiner Zeit ein Ratgeber im klassischen Sinn und kann es auch nicht sein. Denn wer behauptet, die optimierte Erziehung von Kindern gefunden zu haben oder Eltern dabei zu helfen, sich beständig zu optimieren, hat nicht verstanden, wie kindliche Entwicklung funktioniert. Kinder sind keine Arbeitsabläufe, die man »effektiver« machen kann, Kinder sind dynamische Wesen, die nur in der liebevollen Beziehung zu uns so wachsen können, dass sie eine gute Entwicklung nehmen. Erwarten Sie also keine Patentrezepte, sondern vielleicht einen Einblick in das Leben und Handeln anderer, der es Ihnen erlaubt, verschiedene familiäre Situationen – auch ihre eigene – einmal unvoreingenommen betrachten zu können. Dafür müssen Sie von Zeit zu Zeit meine Brille aufsetzen, die ich Ihnen hinhalte. Doch damit gelingt Ihnen bestimmt ein anderer Blick auf sich und Ihre eigenen SuperKids. Perspektivenwechsel können helfen, und dieselbe Situation, die so schwierig und ausweglos aussah, erscheint plötzlich auflösbar.

Wenn dieses Buch Ihnen neue Perspektiven vermitteln kann, Denk- und Erlebensstrukturen ermöglicht, mit denen Sie Ihre Situation zu Hause anders verstehen und angehen können, ist alles gewonnen, was mir am Herzen liegt. Das ist ähnlich wie meine tägliche klinische Arbeit: Ich höre konzentriert zu, biete meine fürsorgliche und respektvolle Beziehung an, und oft entsteht schon dadurch etwas Drittes, ein neuer Ort für Standpunkte, eine neue Sichtweise. Dadurch entwickeln sich erste Veränderungen in dynamischen Familiensystemen, die manchmal sogar ausreichend sind, sodass man keinen langfristigen psychotherapeutischen Prozess in Gang setzen muss.

Hören wir ihnen also erst einmal zu, den SuperKids[*].

---

[*] Ich danke allen Kindern, Jugendlichen und ihren Familien für die Erlaubnis, ihre Geschichte in diesem Buch pseudonymisiert aufnehmen zu dürfen.

Die Superhelden

Kinderwelten heute

Unsere Welt hat sich verändert. Wir alle haben zu tun mit der wachsenden Informationsflut, wir müssen unseren Weg finden zwischen all den Nachrichten, Empfehlungen, Werbehinweisen und einer zunehmenden Unsicherheit darüber, was gut für uns ist – und was gut ist für unsere Kinder. Denn diese wachsen in einer beschleunigten Welt auf, die uns Erwachsenen manchmal Angst macht, auch weil wir fürchten, die nachfolgende Generation werde zu einer beziehungsgestörten, medienabhängigen Monstergruppe. Als Arzt, der Kinder behandelt, sehe ich viele dieser vorgeblichen »Monster« bei mir, und es sind gar nicht sie, die mir Angst machen, ich habe vielmehr Angst *um* sie. Warum das so ist? Dazu reicht ein genauerer Blick auf das Leben der Kinder, die sich mir vorstellen – und ich wähle als Beispiele bewusst Kinder, die aus psychiatrischer Sicht zum Glück gesund sind. Und doch bin ich um sie besorgt, denn ich stelle mir die Frage: In welcher Welt wachsen unsere Kinder auf? Wie sieht sie aus, diese Lebenswelt, die vordergründig durch die Macht der Smartphones und der PCs dominiert wird?

Mascha ist 13. Ein schwieriges Alter, findet sie. – Wie kann ein dreizehnjähriges Mädchen ihr eigenes Alter schwierig finden? Ist das nicht typischerweise die Aussage von Eltern eines Kindes in diesem Alter? Ich spiele die Frage, die sich mir stellt, zurück an das Mädchen vor mir.

»Warum, Mascha? Wie kommst du darauf?«

Mascha streicht sich ihr blondes, glattes Haar lang und wirft es entschlossen zurück. »Ich finde es schwierig, dass ich mich einerseits älter fühle und andererseits die Welt mir manchmal so kompliziert vorkommt, dass ich große Angst vor der Zukunft habe. Wenn ich auf der Hausparty einer Freundin bin, denke ich, ich könnte eigentlich schon in einen Club gehen und bei den Partys der Großen mitmachen. Wenn ich dann manchmal traurig werde, ohne dass ich weiß, weshalb, dann möchte ich am liebsten bei Mama auf den Schoß. Das passt alles nicht zusammen. Und wenn ich Zeitung lese, bekomme ich Angst. Es passiert so viel Schlimmes! Neulich hat Papa gesagt, dass der IS eigentlich schon in Europa angekommen ist, weil jetzt auch die Türken gegen sie kämpfen müssen. Und dann sitze ich in der Schule oder ich chatte mit meinen Freundinnen und denke, ich bin im falschen Film, wenn wir uns nur über Designerklamotten austauschen. Manchmal trinke ich dann auf den Partys mehr, als meine Eltern erlauben würden. Das dürfen Sie denen aber nicht sagen! Meine Eltern wollen wirklich immer das Beste für mich. Ich liebe sie sehr. Aber wenn ich dann ein paar Wodkashots getrunken habe, fühle ich mich leicht und frei. Ich passe schon auf, dass es nicht zu viel wird. In der Schule bin ich ganz gut, so im Zweier-Bereich. Mir kommt die Mittelstufe, bei der ich ja gerade am Anfang stehe, ziemlich lang vor. Und ich habe nur einen Lehrer, bei dem ich das Gefühl habe, der arbeitet gerne mit uns, und wenn ich dann daran denke, wie lange es noch dauern soll, dann denke ich: oh nein!«

Mascha sitzt vor mir, weil ihre Eltern die von ihr beschriebene Zerrissenheit ebenfalls spüren und die daraus resultierenden Stimmungsschwankungen aus Elternsicht manchmal sehr heftig sind. Familie M möchte nichts übersehen. Die Eltern sind freundlich, nicht übermäßig besorgt, aber auch ohne Scheu, einen Kinder- und Jugendpsychiater einzubeziehen. Die Mutter ist Lehrerin und der Vater Ingenieur in einem Vermessungsbüro. Eine gesunde Familie des Mittelstands im besten Sinn.

Mascha erzählt weiter. »Eigentlich habe ich alles, was ich brauche: wir haben ein gutes Auskommen, unsere Wohnung ist groß, okay, mein kleiner Bruder ist manchmal doof, aber sonst kann ich mich über nichts beschweren. Meine Eltern sind tolerant, ich habe genug Taschengeld, und unsere Urlaube finde ich immer toll, weil mein Vater sich besondere Reisen ausdenkt für uns. Ich habe schon lange Klavierunterricht und gehe gerne zum Volleyball, wir sind eine gute Mannschaft. Meine Eltern haben alles richtig gemacht. Und trotzdem bin ich manchmal unzufrieden und unglücklich, ohne dass ich sagen kann, warum. Meine Mutter ist angestrengt, aber sie sagt immer, ich soll mir darum keine Sorgen machen. Sie will immer alles besonders richtig machen mit meinem Bruder und mir. Sie macht es auch, das ist das Problem. Dass ich jetzt vor Ihnen sitze, ist okay, aber auch da macht sie wieder alles richtig. Wenn sie bloß mal einen Fehler machen würde, dann könnte ich auch mal sauer sein!«

Dabei kommt das von den Eltern ganz natürlich. Zu Super-Kids passen oft auch entsprechende Supereltern: »Ich habe mich immer darum bemüht, meine Kinder optimal zu erziehen, ohne mich zu verbiegen und ohne zu übertreiben. Ich habe immer alle Unterstützung in Anspruch genommen, die mir sinnvoll erschien, damit die Kinder sich optimal entwickeln. Mascha ist auch wunderbar, aber im Moment weiß ich nicht, wie ich sie fördern kann, ich weiß nicht, ob ich mehr von ihr fordern muss oder ob sie Schutz braucht. Für mich ist es normal, hierzu auch Ihre Expertise als Kinder- und Jugendpsychiater in Anspruch zu nehmen«, so Frau M im Gespräch mit mir.

Wer jetzt dem Reflex unterliegt, dass hier »Luxusprobleme« und keine ernst zu nehmenden kinder- und jugendpsychiatrischen Erkrankungen oder Probleme zur Sprache kommen, erliegt dem fatalen Irrtum, dass es ein von außen zu objektivierendes Maß wie Schweregrad o. Ä. gibt, mit dem ich als Arzt feststellen kann, wie berechtigt ein Anliegen mir gegenüber ist. Immerhin ist die Familie zu mir gekommen.

Ja, die Zeiten haben sich geändert, worüber ich mich sehr freue, weil früher Familien oft erst kamen, wenn der Schweregrad einer Erkrankung so ausgeprägt war, dass die Erfolgsaussichten der Behandlung eingeschränkt waren. Die Unterscheidung zwischen Befindlichkeitsstörungen und manifesten psychischen Erkrankungen führt zwangsläufig in die Gefahr, alles, was nicht Krankheit heißt, abzuwerten und weniger ernst zu nehmen. Entscheidend für mich ist das Leiden eines Kindes. So, wie es sich nicht gehört, in bestimmten Situationen zu einem Kind zu sagen: »Stell dich nicht so an«, so haben alle erst einmal ein Anrecht darauf, mit Sorgen oder Symptomen angehört zu werden.

Doch die Sorgen und Symptome von Mascha habe ich in der letzten Zeit öfter gehört. Und ich bin sicher: Mascha ist ein Beispiel für ein SuperKid. Ihre Eltern haben »alles richtig« gemacht, und Mascha beeindruckt durch ihr Reflexionsvermögen, durch ihre Vernunft, ihre Fähigkeit, sich anzuvertrauen und mein Angebot anzunehmen. Sie ist liebenswert und berührt mich durch ihre Offenheit und ihr Ringen um einen Weg.

Das sind normale Turbulenzen, wie sie nun einmal in der Pubertät auftreten, höre ich viele sagen. Ja, natürlich, das stimmt, aber ist nicht der Umgang damit entscheidend? Wie viele Generationen haben es erlebt, dass sie in dieser Zeit mit den wirklich wichtigen Fragen keinen Ansprechpartner hatten? Wie viele haben in der Einsamkeit mit sich selbst versucht, die Fragen und inneren Spannungen mehr oder weniger gut zu lösen. Mascha erlebt, dass die Eltern ihre Pubertät so ernst nehmen, dass sie sich Hilfe holen und ausschließen lassen, ob eine andere seelische Erkrankung dahinterstecken könnte. Auch das ist super von diesen Eltern. Und Mascha als SuperKid stellt das nicht in Frage, sondern ist dankbar dafür.

Nachdem ich also eine seelische Erkrankung ausgeschlossen habe, bleibt die Frage, wie es weitergeht. Mascha selber wird sehr nachdenklich bei der Frage, ob sie Unterstützung haben möchte. Einerseits ist die Idee verlockend, regelmäßig außerhalb der Familie jemanden zu haben, der sich Zeit nimmt für sie und ihr hilft, die aktuellen Turbulenzen mit den vielen Fragen und Unsicherheiten zu überstehen. Andererseits bedeutet noch ein Termin automatisch weniger Zeit mit den Freundinnen. Ihre Eltern, erleichtert, dass keine psychische Krankheit vorliegt, überlassen die Entscheidung Mascha. Schließlich nimmt sie gerne meine E-Mail-Adresse entgegen, um sich jederzeit melden zu können, falls es ihr schlechter gehen sollte.

Ich verabschiede Mascha und ihre Familie mit dem Gefühl, es war gut, dass sie da waren, und dass die Familie und vor allem Mascha aber genügend Kräfte hat, um alleine weiterhin gut zurechtzukommen.

Drei Monate später erhalte ich eine Mail, in der Mascha ziemlich verzweifelt den aktuellen Konflikt mit ihrer besten Freundin beschreibt, der dazu geführt hat, dass sie zum ersten Mal Gedanken daran hatte, nicht mehr weiterleben zu wollen. Wir verabreden einen kurzfristigen Termin, in dem Mascha von einer komplizierten Dreiecksgeschichte zwischen einem Jungen, ihr und ihrer Freundin berichtet. Es gelingt schnell, gemeinsam mit Mascha herauszufinden, was sie in dieser Situation möchte. Vor allem aber filtern wir heraus, wie sie mit der Kränkung durch eine Zurückweisung so umgehen kann, dass sie diese nicht gegen sich selbst wendet. Rasch ist Mascha wieder entlastet und findet zu sich selbst zurück. Wir verabreden einen zweiten Termin drei Wochen später, zu dem auch die Eltern dazustoßen. Hierbei »übergebe« ich Mascha wieder komplett in die Hände der Eltern, mit denen ich noch ein ausführliches Beratungsgespräch ohne Mascha durchführe. Warum ich das tue? Gerade in diesen Fragen ist es wichtig, die Eltern in ihrer Kompetenz zu stärken. Und wirklich: Ich höre von Mascha danach nichts mehr. Ich bin mir sicher, dass sie gut zurechtkommt, und ich verlasse mich darauf, dass sie oder ihre Eltern sich melden, wenn es wieder schlechter ginge.

Doch Mascha ist nur ein Beispiel für ein SuperKid. SuperKids sind allgegenwärtig. Sie sind keine Ausnahme, ich sehe sie in jedem Alter, und sie alle sind das Kennzeichen der heutigen Generation unserer Kinder. Und natürlich gibt es sie auch als SuperKid-Jungen.

Karl ist 12. Seine blonden Haare sind ordentlich gescheitelt, die Frisur mit einem leichten Undercut nach hinten gegelt. Er wirkt ordentlich, aufgeräumt – ein leiser Junge, der nicht auffallen möchte, dabei körperlich groß und etwas schlaksig. Karl besucht die 7. Klasse des Gymnasiums mit guten Leistungen. Er ist seinen Eltern in letzter Zeit aufgefallen, weil er sich mehr und mehr zurückgezogen hat und die Eltern den Eindruck haben, sie erreichen Karl immer weniger, wissen nur noch selten, wie es ihm eigentlich geht, obwohl er nach außen einerseits den Eindruck hinterlässt, sich sehr zu bemühen, und andererseits vermittelt, sehr angestrengt zu sein. Karl war einverstanden mit dem Termin bei mir. Er möchte allerdings erst einmal alleine mit mir sprechen. Seine Eltern bleiben im Wartezimmer.

»Mir geht langsam immer mehr die Freude am Leben verloren«, beginnt Karl seine Schilderungen. »Mein Leben besteht eigentlich nur noch aus Schule und Lernen. Ich gehe eigentlich gerne hin, aber mit den Lehrern komme ich immer weniger klar. Sie werden oft laut, beschimpfen uns und verteilen Strafarbeiten, wenn sie sich nicht durchsetzen können. Oft erklären sie schlecht, und dann muss man zu Hause alles nacharbeiten, bis man es verstanden hat. Und dann immer diese Drohungen! Wenn ihr euch nicht anstrengt, dann ... schafft ihr das Abitur sowieso nicht und so weiter und so weiter. Ich weiß wirklich nicht, wie ich das noch fünf Jahre aushalten soll. Aber ich habe mir eine Strategie überlegt: Ich konzentriere mich voll auf meinen Sport. Jetzt gehe ich dreimal die Woche zum Basketball, das macht Spaß, und mit meinen Jungs komme ich gut zurecht. Dann bin ich zwar kaputt, aber ich vergesse die Lehrer. Meine Eltern haben Recht. Ich habe mich mehr zurückgezogen. Wie gesagt: Ich finde dieses Leben nicht besonders schön. Wenn meine Eltern nicht wären, mein älterer Bruder, mit dem ich ausreichend gut klarkomme, und unser Hund: dann würde nicht mehr viel übrig bleiben. So fliehe ich zum Basketball und halte die Schule aus. Wie soll ich da insgesamt fröhlich sein oder zufrieden?«

Was soll man da sagen? Karl gibt mir die reflektierte Beschreibung einer Schulsituation, wie sie in Deutschland kein Einzelfall ist. Das weiß ich, denn ich höre solche Geschichten öfter und denke dann meist: Wenn ein Mitarbeiter einer Firma solche Arbeitszusammenhänge beschreiben würde, wäre man geneigt, denjenigen aufzufordern, sich zu beschweren, den Betriebsrat einzuschalten oder die Firma zu wechseln. Für Karl und die anderen gibt es keine dieser Optionen. Er hat keine Chance, die Kommunikation zwischen den Eltern und den Lehrern ist schlecht in Deutschland. Der Bericht von Karl hinterlässt bei seinen Eltern dieselbe Frage wie bei mir: Was soll man ihm raten? Die Eltern werden gezwungen, ein unglückliches Kinderleben mitzuerleben und vor ihren Augen zu ertragen. Die Strategie von Karl ist gut – und doch schafft sie nur Ablenkung und keine wirkliche Kompensation. Für eine Behandlung gibt es keine ausreichende Symptomatik, nachvollziehbarerweise auch keinen Auftrag an mich als Arzt. Die Ursachen für Karls Verstimmung sind offensichtlich, verständlich und kaum zu verändern.

Das weiß ich aus eigener Erfahrung, denn ich kenne diese Gespräche mit Lehrern (wenn sie denn überhaupt zustande kommen): Bei Karl ist doch alles in Ordnung. Keiner versteht, was los ist, für den Lehrer ist nur ersichtlich, dass dessen Noten stimmen. Was der Junge fühlt? Ja, sollen den Lehrer auf alle Kids einzeln eingehen? Wie soll das gehen bei 25 Schülern pro Klasse? Die schwierigen Schüler verbrauchen doch alle Ressourcen, die ein Lehrer an Aufmerksamkeit hat! Und schließlich ist das Gymnasium dazu da, Eigenständigkeit zu fördern. Die Schüler dürfen nicht so gepampert werden, wie Eltern es sich oft wünschen. Die Kritik an den »pädagogischen« Methoden wird zurückgegeben mit dem Hinweis, dass die Schüler oft undiszipliniert und lustlos sind. Die sollten sich mehr anstrengen, und dann würde alles schon laufen. Die unterschiedlichen Positionen und Sichtweisen sind nicht aufzulösen. Eine schnelle Bewältigung ist nicht in Sicht.

Auch Karl möchte auf keinen Fall, dass hierüber mehr mit den Lehrern gesprochen wird, weil er Angst hat, das würde dann nur auf ihn zurückfallen. Am Ende stehe auch ich ratlos da mit der bedrückenden Aussicht, dass die Karls unserer Welt eine graue Schulkindheit durchlaufen.

Auch Karl ist ein SuperKid. Er kann seine Situation so differenziert beschreiben, dass dem nichts hinzuzufügen ist, und auch seine Lösung ist angemessen und lässt keinen Platz für kluge Ratschläge. Karl ist der Prototyp des schulleidenden Kindes. Wer ihn jetzt einfach für zu sensibel hält, hat nicht verstanden, wo die Ursache für Karls Rückzug liegt.

Klara ist wie versteinert. Sie ist 14, ein rothaariges, ein klein wenig pummeliges Mädchen mit Stupsnase und vielen, vielen Sommersprossen im Gesicht. Man ahnt, wie ansteckend die kindliche Fröhlichkeit dieses Mädchens sein kann, sein könnte. Jetzt sitzt sie vor mir wie gelähmt, mit starrem Gesichtsausdruck und fürchtet meine Fragen. Sie fürchtet sie, weil ihre Eltern vor ein paar Tagen Klara und den beiden jüngeren Geschwistern, Karo, 12, und Kai, 9 Jahre, mitgeteilt haben, dass sie sich scheiden lassen. Klara hat zwar immer mal eine dunkle Vorahnung gehabt, wenn sie die lautstarken Streitigkeiten nachts aus dem Schlafzimmer der Eltern gehört hat. Aber sie hätte nicht im Traum daran gedacht, dass daraus eine Trennung werden würde. Papa hat jedoch gleich gesagt, dass die Scheidung endgültig ist und keiner sich Hoffnung machen darf, er werde wieder zurückkommen. Papa zieht aus, weil er eine andere hat. Klara weiß, sie wird diese Frau hassen. Sie möchte sie nie kennenlernen. Und sie wird den Vater nicht besuchen, wenn diese Frau da sein sollte.

Auch Frau K ist tief getroffen. Sie fühlt sich doppelt betrogen: Sie hat immer verzichtet, sich auf die drei Kinder konzentriert und ihrem Mann den Rücken frei gehalten. Die andere ist fünf Jahre jünger als sie. Verbittert und wütend nimmt Frau K sich einen Anwalt, und das Schicksal nimmt seinen Lauf. So leicht soll er ihr nicht davonkommen! Das Haus wird sie mit den Kindern weiter bewohnen, obwohl er wollte, dass sie auszieht. Und jeder Cent auf seinem Konto wird jetzt umgedreht und mit einem Sorgerechtsentzug gedroht.

Klara und ich ducken uns. Wie eine kalte, übergroße Welle, der zumindest Klara kaum standhalten kann, rollt die elterliche Aggression über uns hinweg. Mein Schutzimpuls für Klara (und ihre Geschwister) prallt an der Realität der sich nach 16 Jahren Ehe plötzlich hassenden Eltern ab. Ich versuche, Herrn und Frau K in getrennten und gemeinsamen Gesprächen zu verdeutlichen, dass sie dringend deeskalieren müssen, wollen sie wenigstens noch etwas für ihre Kinder tun. Beide erklären mir, wie schrecklich der jeweils andere ist und dass sie beide darauf lediglich reagieren. Das Ende vom Lied: Keiner übernimmt Verantwortung. »Sagen Sie das meinem Mann und nicht mir!«, schreit Frau K mich verzweifelt an.

Und Klara versteinert immer mehr. Sie weiß nicht, wohin mit ihrem Schmerz. Wem soll sie glauben? Sie liebt doch beide! Wenn sie sich aus ihrer Schockstarre etwas löst, dann wendet sie sich liebevoll-fürsorglich den kleineren Geschwistern zu. Die drei wirken wie aus einem fröhlichen Urlaubs-Familienfoto herausgefallen. Dieser Urlaub aber kommt nie mehr wieder. Klara entwickelt Schmerzen. Immer häufiger fehlt sie wegen Kopf- und Bauchschmerzen in der Schule. Klara erklärt mir: »Ich spüre das ganz doll: Wenn ich immer weiter so traurig bin, dann wandert der Schmerz in meinen Bauch und steigt von dort in meinen Kopf auf. Ich weiß einfach nicht, wohin mit mir. Auch Sie können mir den Schmerz nicht nehmen, auch wenn ich Sie nett finde. Am besten geht es mir, wenn ich zu meinen Freundinnen fliehe oder meine Geschwister bemuttere, aber die wollen das auch nicht immer. Aber wenn ich jetzt in der Schule fehle, dann werden meine Eltern schon sehen, was sie davon haben. Ja, ich weiß, davon kommen sie auch nicht wieder zusammen, und es ist meine Schule, die mir fehlt, aber trotzdem. Alles ist Mist!«

In den wöchentlichen Gesprächen gelingt es langsam, d. h. im Laufe eines Jahres, Klara etwas zu stabilisieren, mit ihr Strategien eines eigenen Wegs durch den Dschungel der elterlichen Streitigkeiten zu finden und Selbstfürsorge und Autonomie einzuüben. Die Eltern halte ich schließlich außen vor, weil alle Versuche scheitern, gemeinsam konstruktive Gespräche zu führen. Im Grunde entsteht ein Pakt zwischen Klara und mir, in dessen Verlauf ich zur verlässlichsten erwachsenen Person in ihrem Umfeld werde und sie diese Brücke nutzt, um selbständiger zu werden.

Warum Klara ein SuperKid ist? Weil auch sie alles beschreibt, was in ihr vorgeht, ohne dass ich fragen muss. Und weil sie so vernünftig ist, ja, letztendlich sogar erwachsener und einsichtiger ist als ihre Eltern. Sie verzichtet am Ende auf den Impuls, die Eltern durch Schulabsentismus zu strafen, weil sie mit ihren 14 kleinen Jahren (entschuldige, Klara!) versteht, dass ihr damit nicht geholfen wäre. Klara ist super, weil sie sich einlässt auf die Hilfe, alle ihre seelischen Ressourcen mobilisiert und sozusagen schneller groß wird. Am Ende der Behandlung ist sie 15, wirkt aber mindestens wie 16. Sie ist nicht das stupsnasige, rothaarige Mädchen geworden, das so ansteckend sein konnte mit ihrem glucksenden Lachen. Sie ist nachdenklich und lebt schon jetzt mit dem Schwur, dass sie ihren Kindern so etwas NIE antun wird. Und ab und zu muss sie sich mit etwas Schokolade trösten, was ihr dann die Waage mit so etwas wie einem gehässigen Grinsen wieder zurückschleudert. Klara leidet unter ihrem (leichten) Übergewicht. Aber das jetzt auch noch anzugehen wäre wirklich zu viel, habe ich ihr mit einem milden Lächeln gesagt. In der letzten Stunde hatte Klara dann eine besonders leckere Tafel Schokolade für uns beide dabei.

Die drei SuperKids, die ich Ihnen bislang vorgestellt habe, zeigen drei Auswirkungen unserer heutigen Lebenswelt: Stimmungsschwankungen, Schulleiden und die Folgen von missglückter Scheidung. Und doch beweisen sie, mit welch enormen Ressourcen sie darauf reagieren, mit welcher Genauigkeit sie uns beschreiben können, was in ihnen vorgeht, welche Kräfte sie mobilisieren können, kurz: wie faszinierend und wunderbar sie sind. Doch eigentlich sind es Probleme der Erwachsenenwelt, zu deren Bewältigung sie ihre ganze Kraft nötig haben. Die SuperKids von heute brauchen unsere Einfühlung. Sie brauchen keine weitere Optimierung. Noch hat es bei ihnen nicht dazu geführt, dass sie ausgebrannt sind. Doch auch diese Kinder gibt es, ich habe sie in meinem Buch »Burnout-Kids« beschrieben.

Zum Glück aber sind Kinderwelten so vielfältig wie die Kinder selbst. Was die Kinder von heute positiv eint, ist, dass sie es gewohnt sind, einbezogen zu sein. Engagierte Eltern haben sich von Beginn an um die Erziehung gekümmert und diese auch weitgehend hinbekommen – es sei denn, sie haben die Optimierungsgrenze überschritten, auch dazu mehr in diesem Buch. Das Resultat sind Kinder, die ungeheuer reflektiert sind, die sozial kompetent in Kontakt mit uns treten und uns von sich in einer Art berichten, dass wir kaum nachfragen müssen, sondern gleich in einen Dialog einbezogen werden, der faszinierend und bereichernd ist. SuperKids sind wie Artisten, die uns spielerisch ihre Künste vorführen, ohne dabei abzuheben.

Wir als Gesellschaft verleugnen allerdings viel zu gern, wie viel Arbeit hinter den Kulissen geleistet werden muss, damit die artistische Leistung immer auf den Punkt und so scheinbar leicht daherkommt. Wer kennt sich schon mit der Welt der Artisten aus?

Kindheit als Arbeitsprozess

Immer wieder erlebe ich in Gesprächen mit Erwachsenen, mit Eltern und Großeltern, dass sie überzeugt sind, ihre eigene Kindheit sei fröhlicher gewesen, als ihnen die heutige bei der Beobachtung der Kinder und Enkelkinder vorkommt. Es stimmt: Man sieht kaum noch Kinder im freien Spiel auf der Straße, und das romantische Bild aus Bullerbü, wo die Mütter im Sommer abends ihre Kinder nach stundenlangem intensiven Spiel erhitzt, müde, mit zerschundenen Knien und glücklich zum Abendbrot eingesammelt haben, scheint längst nicht mehr zu existieren. In unseren Köpfen wirkt das Bild einer fröhlichen, gesunden und unbelasteten Kindheit jedoch weiter. Dahinter steckt nicht selten die Annahme, Kindheit sei etwas, was sich von alleine entwickelt, wenn man nur einen ausreichenden, ungefährdeten Raum zur Verfügung stellt. Das kleine Dorf Sevedstorp in Vimmerby, Schweden, ist ein Traum, der in uns allen weiterlebt.

Entwickeln sich Kinder besonders gut, wenn man sie wesentlich dem Spiel mit sich und anderen überlässt? Unter diesem Gesichtspunkt scheint es so, als würden wir uns der Anstrengungen der letzten 20 Jahre schämen, in deren Verlauf wir alle uns darum bemüht haben, die Fördernotwendigkeit unserer Kinder zu erkennen und zu beantworten. Nichts gegen zerschundene Knie, aber sie sind kein Beweis für Glück, Zufriedenheit oder eine gesunde psychische Entwicklung. Insofern warne ich immer vor diesem rückwärtsgewandten Blick, der allzu schnell vergisst, wie einsam so eine Kindheit sein kann und wie viele negative und prägende Erlebnisse sich in einer altersheterogenen Kindergruppe wie in Bullerbü (man lese nach!) ereignen. Kinder, die fröhlich am Morgen von ihren Müttern nach draußen gekickt werden, sind schnell die Kinder, die wie Pipi Langstrumpf verwahrlost am Leben scheitern. Wir sollten uns um einen differenzierten Blick bemühen, der weder das Früher idealisiert noch das Heute verteufelt. Als Kinder- und Jugendpsychiater bin ich sehr froh darüber, dass Eltern sich inzwischen Gedanken machen, wie sie ihrem Kind gerecht werden, wie sie es fördern können, wie ihr Kind zufrieden und glücklich werden kann und wie es sein Leben meistern wird. Der romantische Blick zurück ist fast so wie der Satz, den ich von Vätern vor 20 Jahren oft gehört habe, wenn sie mit den Worten: »Mir hat es doch auch nicht geschadet!«, von den väterlichen Schlägen berichteten. Wie oft hätte ich eigentlich widersprechen müssen! Ich sah es ja an der psychischen Deformierung dieser Väter, dass ihr Satz wie eine Beschwörungsformel wirken musste. Die Unaufmerksamkeit von ganzen Elterngenerationen – die es nicht besser wissen konnten! – im Nachhinein als gesunde, fröhliche Kindheit zu idealisieren, verweigert kollektiv die Annahme des Schmerzes, den jedes von diesen Kindern im Alleingelassen-Sein erlebt hat. Nur die widerstandsfähigen, die resilienten, konnten davon profitieren, empfindsame Kinder wie Pelle (Astrid Lindgren: »Pelle zieht aus«) haben sich im Klohäuschen eingeschlossen.

Jede Zeit hat ihre Kindheit. Zeiten ändern sich und damit Kindheit. Aber auch wir ändern uns durch unsere Kinder – wenn wir sie ernst nehmen, sie aufmerksam beobachten und uns auf sie einstellen. Zu gewichten, zu welcher Zeit Kinder mehr oder weniger glücklich waren, ist unmöglich. Glück ist ein subjektives Maß, über das nur jeder Mensch für sich selber urteilen kann. Im Rückblick – das gehört auch zu uns Menschen – wird das Erlebte umso schöner, je länger es zurückliegt. Das Glück oder die Zufriedenheit unserer Kinder zu erfassen ist u. a. deshalb so schwer, weil wir uns unsere Kinder glücklich wünschen, was einen spezifischen Blick bei uns erzeugt, und weil unsere Kinder uns den Gefallen tun möchten, aus Dankbarkeit uns gegenüber glücklich zu sein.

Was sich jedoch objektiv betrachtet festhalten lässt und mich in der Sorge dazu treibt, dieses Buch zu schreiben: Wir leben in einer Zeit, in der sich Eltern sehr darum kümmern, dass ihre Kinder seelisch und körperlich gesund aufwachsen und sich optimal entwickeln. Und das ist gut so. Doch das macht Arbeit – und zwar allen Beteiligten. Sehr viel Arbeit. Belastende Arbeit.

Kindheit in unserer Zeit ist von Beginn an organisiert. Kindheit heute bedeutet Arbeit für alle: Eltern, die sich schlaumachen, die sich Rat holen, die sich austauschen und Gedanken machen. Dazu gehören Kinder, die sich anpassen, die es so machen möchten, wie ihre Eltern ihnen das vorschlagen, und die bereits das Beste aus ihrem Leben machen möchten. Viel Arbeit ist das.

Hannes ist 4. Mit großen Augen schaut er mich an, wartet ruhig auf meine Kontaktaufnahme. Er ist lässig gekleidet mit Jeans, Sneakern und trendigem Sweatshirt mit dem Aufdruck: Save Our Nature, und mit einem Elefanten im Hintergrund.

Mich interessiert das sofort: Weiß Hannes, was auf seinem Shirt steht?

Mit ernster Miene erklärt Hannes mir, dass die Elefanten auf der Welt vom Aussterben bedroht sind. Das hat er sogar neulich in seiner Kindersendung gesehen. »Und Elefanten sind so tolle Tiere, die mag ich besonders gerne. Immer, wenn ich im Zoo bin, hält mein Vater mich über den Zaun, damit ich sie mit Äpfeln füttern kann. Der Rüssel kitzelt dann immer meine Hand. Ich möchte nicht, dass die Elefanten eines Tages nicht mehr da sind.« Hannes verschränkt die Arme und schaut mich weiter abwartend an.

»Weißt du, Hannes, was für ein Arzt ich bin?«, frage ich ihn. Weiß er, worum es geht?

Hannes berichtet mir, dass seine Mutter ihm erklärt hat, dass ich mich mit Kindern auskenne, die im Kindergarten noch in die Hose machen. Hannes möchte nicht darüber sprechen. Seine Mutter erklärt, dass er tagsüber immer wieder vergisst, zur Toilette zu gehen, und manchmal dreimal pro Tag die Hose wechseln muss. Er »verspielt sich«, wie die Mutter sagt, Hannes vergisst im Spiel zu merken, dass seine Blase voll ist.

Hannes bleibt sehr ernst. »Ich spiele sehr gerne mit meiner Freundin Hannah. Wir spielen ›Arbeit‹. Wir sind beide im Büro und arbeiten wichtige Sachen. Dazu müssen wir ganz viel schreiben. Die Arbeit macht Spaß, aber sie ist auch anstrengend. Dann legen wir uns hin und ruhen uns in der Leseecke aus. Der Tag im Kindergarten ist lang. Meine Lieblingserzieherin, Martha, muss ja auch viel arbeiten. Sie ist immer da. Manchmal gehe ich zu ihr, und dann wechselt sie meine Hosen. So schnell, dass es keiner merkt. Nur Hannah weiß, dass manchmal meine Hosen nass werden. Aber die findet das nicht schlimm. Wir bleiben beste Freunde. Aber die Toiletten im Kindergarten finde ich wirklich schrecklich. Immer ist es dort schmutzig, und durch die niedrigen Türen ist man nie alleine.«

Es wird unmittelbar klar, warum Hannes so ernst ist: Seine Tage sind Arbeit, nicht nur im Spiel, sondern auch durch die Dauer und das Erleben eines ständigen Versagens.

Hannes ist schnell geholfen. Wir wissen heute, dass Einnässen sich in der Regel nicht als Folge eines Erziehungsfehlers manifestiert, sondern genetisch bedingt ist. Mit einem speziellen Urotraining (eine Woche tagsüber mit speziell ausgebildeten Kinderkrankenschwestern Informationen und Übungen zum Thema Blase und Toilette) und einer Klingelhose ist Hannes schnell trocken.

Das ändert aber nichts an der Ernsthaftigkeit des Jungen. Nach wie vor bleibt der Eindruck, den ich heute bei vielen Kindern habe: Leben macht subjektiv Spaß, und die meisten Kinder sind zufrieden, aber ihr Leben gleicht in vielen Bereichen der Arbeit ihrer Eltern. Die sind auch zufrieden, arbeiten gerne, und doch ist eine gewisse Ernsthaftigkeit Grundlage des Lebensgefühls.

Auf die Wunschprobe (»Stell dir vor, du bist im Zauberwald, eine Zauberfee kommt zu dir und sagt: du hast drei Wünsche frei! Was würdest du dir wünschen?«) nennt Hannes: 1. dass alle in der Familie immer gesund bleiben, 2. dass Papa mehr zu Hause ist und 3. dass der Kindergarten kürzer ist. Hannes ist kein Kind, das gerne mit vielen anderen Kindern zusammen ist. Ihm reicht seine Hannah. Wenn zu vieles und zu viele auf ihn einstürmen, zieht er sich schnell zurück. Nachmittags kann er »stundenlang«, wie seine Mutter beschreibt, alleine in seinem Zimmer mit Lego spielen. Abends schaut er gerne seine Wissenssendung. Wenn der Vater nach Hause kommt, schläft Hannes oft schon. Er ist so identifiziert mit seinem Vater, dass er am liebsten »Büro« spielt. Gleichzeitig drückt es aus, wie Hannes sich in seinem kleinen Leben fühlt: Er arbeitet. Dadurch erfährt man Wert, bewältigt seine Probleme (seine Sehnsucht), und der Tag geht vorüber.

Bevor jetzt jemand aufschreit und den armen Hannes bedauert: Sein Leben unterscheidet sich nicht sehr von dem, was mir jeden Tag als kindliches Leben begegnet. Und auch, wenn es viele Kinder sind, die sich so ein Arbeitspensum aufbürden: Wir müssen eingestehen, dass sich Prozesse, die früher dem erwachsenen Arbeitsleben vorbehalten waren, auf die Kindheit ausgedehnt haben. Auch Kindergärten müssen wirtschaften, schließen Ziel- und Leistungsvereinbarungen ab und sind professionell organisiert. Sie haben Entwicklungspläne für Kinder, erkennen Förderbedarf und sind mit den Eltern über die Entwicklung der Kinder im ständigen Austausch. Wer wollte etwas dagegen sagen? Wir sollten uns nicht wundern, wenn die Kinder dies aufnehmen und zu ernsten Arbeitern an ihrer eigenen Entwicklung werden. Einnässen ist ein häufiges Symptom, das man in der Regel schnell behandeln kann, und es ist nicht automatisch ein Ausdruck von Überforderung. Das Einzige, was man bei Hannes ernst nehmen sollte, ist die Sehnsucht nach seinem Zuhause, sein relativer Rückzug im Kindergarten und seine Hoffnung auf mehr Zeit mit Papa. Familie H ist eine gut situierte Mittelstandsfamilie, die ihr Haus im Grünen abbezahlt und sich auf diese Familieninsel so gefreut hatte. Es ist klar, dass jeder seinen Part übernehmen muss, auch Hannes. Er wird das ohne Zweifel schaffen, er wird ein ernstes Kind bleiben, ohne dabei auffällig in einem manifesten depressiven Sinn zu werden, er wird sich ein gutes Abitur erarbeiten und dann weiterhin an und in seinem Leben »arbeiten«.

Arbeit ist in allen Industrienationen der zentrale Lebensbereich, über den wir uns definieren. Ist es verwunderlich, wenn die Kinder es uns nachmachen? Wir haben dem in der letzten Zeit allerdings noch einen Aspekt hinzugefügt, den es in dieser Weise zuvor nicht gab: Auch unsere Beschäftigung mit Kindern ist vielfach Arbeit, ein ganzes Heer von Erzieherinnen, Frühförderinnen, Ergotherapeutinnen, Logopädinnen, Lerntherapeutinnen, Lehrern, Psychologen, Kinderärzten und Kinderpsychiatern kümmert sich um das Wohl der Kleinen. Ich möchte nicht missverstanden werden: Noch nie waren Kinder so umsorgt und gut begleitet. Es kann nicht darum gehen, diese Entwicklung zu verdammen oder abzuschaffen. Aber sie hat Auswirkungen. Kindheit wird zum Arbeitsprozess. Und wir sollten das auch als ein Problem der Kinder verstehen: Die Gesellschaft ist heute wie ein riesiges Unternehmen, das ein beständig wachsendes Bruttosozialprodukt erwirtschaftet und aus sehr unterschiedlich großen ineinandergreifenden Zahnrädern besteht: Die kleinsten Rädchen sind unsere Kinder.

Liebe Beata,

ich berichte dir über deinen Besuch in meiner Ambulanz gemeinsam mit deiner Mutter am 6. August 2015.
Diagnose: Zum Ausschluss einer Erschöpfungsdepression Beata, du bist 15 Jahre alt. Du hast mir berichtet, dass du nicht ganz freiwillig zu mir gekommen bist. Nachdem wir geklärt hatten, für welche Kinder und Jugendlichen ich zuständig bin, hast du gemeint, dass es schon richtig sein könnte, dass deine Mutter den Termin bei mir ausgemacht hat und dass nichts dagegen spricht, wenn wir beide versuchen herauszufinden, ob du Unterstützung brauchst.
Du hast mir dann berichtet, dass dein Leben schon immer anstrengend war. Du bist eine gute Schülerin, die jetzt die 10. Klasse einer Gesamtschule besucht, immer schon warst du unauffällig – und immer schon ein ernstes Mädchen. Du findest nicht, dass dein Leben schlecht ist, im Gegenteil, du bist zufrieden, hast Freunde, und auch zu Hause gibt es wenig Streit. Dein jüngerer Bruder ist zwar manchmal anstrengend für dich, aber du magst ihn, und es gab und gibt immer wieder Phasen, in denen ihr zusammen etwas unternehmt oder früher gespielt habt.
Wir beide haben dann versucht, etwas näher zu umschreiben, was »anstrengend« für dich bedeutet, und du hast mir beschrieben, dass du schon seit langem Rückenschmerzen hast, oft auch gekoppelt mit dem Gefühl, dass dir »alles« weh tut. Du bist glücklich und zufrieden mit deinem Leben, aber du findest auch, dass sich alles anfühlt wie Arbeit. Wenn du deine Eltern anschaust, hast du den Eindruck, als wenn euer Leben sich nicht unterscheidet. Manchmal wirst du dann ganz pessimistisch und bist unsicher darüber, ob das Gefühl der Anstrengung jemals aufhören wird oder ob dein Leben so bleibt.
Deine Mutter hat deinen Bericht ergänzt, indem sie berichtet hat, dass du schon immer ein ernsthaftes Mädchen warst

und allen Anforderungen immer und gerne nachgekommen bist. Es gab nie Theater in der Krippe und im Kindergarten, eine vorübergehende Sprachheilbehandlung wegen einer Sprachentwicklungsverzögerung zeigte schnell Erfolg, und auch die anschließende musikalische Frühförderung hast du gerne mitgemacht. Bald schon ging es weiter mit einem Instrument, und du hast mit der Einschulung mit Geigenunterricht begonnen. Als Sport hast du dir Ballett ausgesucht, das heute in Modern Dance übergegangen ist. Die Gesamtschule haben deine Eltern für dich ausgesucht, weil sie den Eindruck hatten, dass du nicht immer die Schnellste bist und es gut wäre, wenn du mit G9 noch etwas mehr Zeit hast bis zum Abitur. Deine Mutter ist selber Lehrerin an einer anderen Schule, und dein Vater leitet eine Bankfiliale. Nun sind deine Eltern verunsichert darüber, ob dein beständiges Gefühl von Anstrengung und deine häufigen Schmerzangaben nicht doch behandlungsbedürftig sein könnten. Der Orthopäde und auch der Kinderarzt hatten nichts gefunden.

Mein Eindruck von deinem Leben, Beata, ist, dass du dich tatsächlich schon immer angestrengt hast. Das hat nichts damit zu tun, dass du grundsätzlich überfordert sein könntest (der Intelligenztest, den wir gemacht haben, hat gezeigt, dass du leicht überdurchschnittlich intelligent bist, allerdings in der Verarbeitungsgeschwindigkeit ein klein wenig verlangsamt), sondern wahrscheinlich hast du über deine Verarbeitungsgeschwindigkeit schon immer das Gefühl, nicht ganz hinterherzukommen. Das paart sich bei dir, Beata, mit großer Ernsthaftigkeit und großem Engagement, mit dem du alles angehst. Dann kann sich tatsächlich nicht selten ein Gefühl ausbreiten, dass »alles« so anstrengend ist. Deine Rückenschmerzen sind Ausdruck dieser Anstrengung. Wenn dir manchmal alle Gelenke wehtun, sind das wahrscheinlich am ehesten Wachstumsschmerzen, die nichts Schlimmes bedeuten, die aber dein Gefühl der Anstrengung verstärken.

Insgesamt bist du ein liebenswertes, wunderbares Mädchen, Beata. Aus meiner Sicht bist du gesund und brauchst dir keine Sorgen zu machen. Wir haben in einer gemeinsamen Analyse deines Kalenders versucht, ein klein wenig umzuschichten. Eine Lerntherapeutin wird dir vorübergehend helfen, wie du mit neuen Lernstrategien deine Verarbeitungsgeschwindigkeit zumindest zum Teil umgehen kannst. Eine Physiotherapeutin wird dir helfen, dich zu entspannen. Alle Maßnahmen, die wir besprochen haben, sollen nur vorübergehend sein, damit du nicht noch mehr Termine wahrnehmen musst. Wir haben darüber gesprochen, was Selbstfürsorge für dich bedeuten könnte. Und ich bin der Meinung, dass du wunderbar bist, wie du bist, Beata. Du musst dich nicht verändern, darfst gerne ernsthaft bleiben und musst nicht das nach außen fröhliche Mädchen vorspielen, das du nicht bist. Deine innere Zufriedenheit ist das Entscheidende: Erhalte sie dir.

Ich danke dir für dein Vertrauen und wünsche dir alles Gute.

Prof. Dr. med. Michael Schulte-Markwort

Beata ist ein Prototyp der Kinder, die mich zu dieser Kapitelüberschrift gebracht haben – Kindheit ist vielfach zu einem Arbeitsprozess geworden. Unsere Kinder gehen in betreuende, fördernde, die Entwicklung optimierende Institutionen, und zwar genau so, wie ihre Eltern morgens zur Arbeit gehen, um die Entwicklung ihres Unternehmens und die eigene Entwicklung lebenslang zu optimieren. Unbeschwerte Kindheit gibt es nicht mehr. Gut, Kindheit war noch nie wirklich unbeschwert, sie ist es vielleicht per se nicht. Kinder sind immer ernsthaft, was nicht bedeutet, dass sie keinen Spaß am Leben haben, sie können gleichzeitig zufrieden und fröhlich sein. Blickt man als Erwachsener zurück auf die eigene Kindheit, spürt man, dass Anforderungen mit dem Alter zugenommen haben, und manchmal sehnt man sich zurück zu den Phasen der Kindheit, als die Zusammenhänge der Welt noch unkomplizierter erschienen und man kindlich-optimistisch in die Welt geschaut hat. Ich weiß: Das bedeutet nicht automatisch, dass der Blick damals derselbe war, den wir heute unterstellen!

Doch im Gegensatz zu früher ist »glückliche Kindheit« inzwischen ein explizites Ziel geworden, auf das Eltern hinstreben. Eltern wollen diesen Mythos »glückliche Kindheit« bei ihren Kindern Realität werden lassen. Doch das hat seinen Preis. Erst einmal deshalb, weil niemand genau sagen kann, was eine »glückliche Kindheit« ist. Und dann, weil es zu einer ungeheuren Bürde werden kann, wenn man als Kind nicht nur so sein darf, wie man ist, sondern unter einem besonderen Glücklichkeitsgebot steht. Stellen Sie sich vor, Ihr Vorgesetzter würde von Ihnen immer erwarten, dass Sie glücklich sind! Die vielen Menschen, die in Dienstleistungsunternehmen immer so tun müssen, als wären sie gut gelaunt, wissen, wie anstrengend das ist und wie erholsam, wenn man dann nicht mehr lächeln muss.

Und dadurch, dass wir uns so um eine optimale Kinderzeit bemühen, hat sich der Akzent in den letzten zehn Jahren noch weiter verschoben, und wir fädeln unsere Kinder immer eher ein in einen Workflow, dessen Ende vorgezeichnet ist. Die Eltern streben auf ein wesentliches Ziel hin: das Kind mit der optimalen Entwicklung. Wir können uns kaum noch überraschen lassen von Entwicklungsbrüchen oder Entwicklungssprüngen, da diese uns meist verunsichern. Denn eines ist doch klar: Richtung Abitur geht eine Einbahnstraße, die nicht zur Disposition steht. Leben ist Arbeit, und am besten, man sorgt früh dafür, dass diese Arbeit maximal entlohnt wird. Und das gelingt nur mit optimierter Schul- und Ausbildung. Und das wiederum lässt sich nur erreichen, wenn wir unsere Kinder beständig an unseren Monitor anschließen.

Kindheit unter Beobachtung

Beobachtung ist eine wesentliche Grundlage kinder- und jugendpsychiatrischer Arbeit. Meine Kollegen und ich müssen unsere Patienten im Kontakt mit uns, mit ihren Eltern und mit anderen Kindern wahrnehmen und Rückschlüsse ziehen auf deren innerseelische Welt, Aussagen treffen über intrapsychische Konflikte, über Beziehungsverhalten und -fähigkeit, über die Familiendynamik, kognitive Fähigkeiten, Gruppenfähigkeit und vieles mehr. Auch gut eingefühlte Eltern machen dies automatisch, allerdings ohne den professionellen Hintergrund. Ich freue mich, wenn aufmerksame Eltern an ihren Kindern rechtzeitig Veränderungen wahrnehmen, damit ebenso rechtzeitig eine Diagnostik stattfinden und eine Behandlung eingeleitet werden kann. Die Grenze zwischen wohlwollender und eher mal beiläufiger Beobachtung und der verfolgenden Observierung ist fließend. Kinder wollen gesehen werden, sie genießen es, wenn Eltern sie wahrnehmen, und fühlen sich aufgehoben unter deren wohlwollendem liebevollen Blick. Die Kunst ist es, diesen Blick nicht zu einem kontrollierenden, verfolgenden Suchscheinwerfer werden zu lassen, der Kindern keinen Freiraum für unentdeckte Entwicklung lässt. Was niemand gebrauchen kann, ist ein Suchscheinwerfer, der keinen freien Schritt zulässt. Ein Suchscheinwerfer, der einengt und verunsichert, statt der angenehm-hellen Beleuchtung, die dem Kind den Weg weist und Sicherheit schafft.

Laslo, 14 Jahre alt, sitzt verbockt im Wartezimmer. Die Kapuze seines grauen Hoodies lässt kaum einen Blick auf sein blasses, ein wenig pickliges Gesicht zu. Er sitzt drei Stühle entfernt von seiner Mutter, vornübergebeugt und auf sein Smartphone starrend, und würdigt mich keines Blickes, als ich auf seine Mutter und ihn zukomme. Frau L springt beflissen auf, als ich mich nähere, und entschuldigt sich schon bei der Begrüßung für ihren Sohn. Laslo gibt mir zur Seite weggestreckt und spürbar widerwillig die Hand. Schnell entscheide ich mich um und verlasse mein übliches Setting, bei dem ich zunächst immer alle hereinbitte, die da sind. Diesmal bitte ich nur Laslo, mit in mein Zimmer zu kommen, und weise den fragend-verunsicherten Blick der Mutter entschieden zurück, sodass Frau L sich wieder hinsetzt. Laslo steht etwas überrascht auf und folgt mir mit gesenktem Kopf. Als er mir gegenübersitzt, wird deutlich, wie angespannt und misstrauisch er ist. Ich erkläre ihm, dass es mir wichtig ist, zunächst allein mit ihm und ohne seine Mutter zu sprechen, weil ich schon im allerersten Kontakt den Eindruck hatte, dass es zwischen ihnen erhebliche Spannungen gibt und er auf mich den Eindruck machte, zu mir »geschleppt« worden zu sein. Da das keine gute Voraussetzung für ein gemeinsames Gespräch ist, wenn ein Kind komplett unfreiwillig und verweigernd vor mir sitzt, versuche ich, Laslo zu gewinnen. Etwas widerwillig lässt er sich ein. Er erfährt, dass ich mich nur für ihn interessiere und dass die Einschätzungen seiner Mutter erst einmal nicht wichtig sind. Ich kann glaubhaft versichern, dass ich komplett unvoreingenommen bin, weil ich tatsächlich keine Vorinformationen habe. Auch den im Vorfeld zurückgeschickten Fragebogen konnte ich wegen Zeitmangels nicht lesen, was jetzt von Vorteil ist, weil Laslo die Chance hat, seine Sicht auf die Dinge zum Tragen kommen zu lassen.

»Meine Mutter ist schrecklich«, beginnt Laslo. »Seit ich denken kann, ist sie hinter mir her. Mach dies, mach das! Ständig schimpft sie, und wir streiten. Ich habe keinen Bock mehr. In der Schule habe ich ständig Ärger mit den Lehrern, immer bin ich es, den sie auf dem Kieker haben. Zu Hause gibt es jeden Tag Ärger wegen der Schularbeiten, und außerdem findet meine Mutter, dass ich zu viel am PC abhänge. Irgendwann schaltet sie die Sicherung aus und schließt den Sicherungskasten ab. Dann bin ich so sauer, dass ich ihr schon angedroht habe, sie zu schlagen. Dann ist alles zu spät. Mein Leben ist Scheiße.« Bei diesen Worten starrt er mich herausfordernd an, dann fährt er fort: »Natürlich weiß ich, dass sie es gut meint. Meine Mutter hat es auch echt nicht leicht mit ihren zwei Jobs. Aber wenn sie mich doch einmal in Ruhe lassen würde!«

Eine verfahrene Situation. Frau L ist vor 15 Jahren alleine schwanger aus Polen nach Deutschland gekommen, weil sie sich mit ihrem Mann, der sich als Alkoholiker erwiesen hatte, keine Zukunft vorstellen konnte. Entsprechend wollte sie für ihr einziges Kind, für das sie alles tut, nur das Beste. Wenn sie schon auf so vieles verzichten musste, dann doch nur für ihr Goldkind. Frau L kann nicht verstehen, dass Laslo sich ihr schon lange widersetzt. Sie erreicht ihn nicht mehr, und das Herausdrehen der Sicherung spät in der Nacht ist eine hilflose Reaktion. Frau L hat so große Angst, dass Laslo wird wie sein nichtsnutziger Vater, der sie als knapp 20-jährige Frau in die Emigration nach Deutschland getrieben hat, um wenigstens für sich und ihr Kind eine Chance zu bekommen. Frau L weint. Wenn wenigstens eine väterliche Hand da gewesen wäre, dann hätte Frau L nicht ihre große Unsicherheit ständig auf ihr Kind übertragen. Es ist keine Selbstverständlichkeit, in Deutschland erfolgreich zurechtzukommen. Immer wollte sie doch nur, dass Laslo in Deutschland besteht. Wie viele Kränkungen sie dabei über sich hat ergehen lassen. Jetzt verweigert Laslo nicht nur ihre Muttersprache, sondern lässt sich überhaupt nicht mehr erreichen.

Laslos Innensicht sieht dagegen so aus: »Ich muss immer mehr abliefern, als ich kann. Nie genüge nur ich. Mama vertraut mir nicht, ständig zupft sie an mir herum, staffiert mich aus, versucht, mich zu formen wie Knete. Und am Ende bin ich nichts. Wer weiß, warum sie meinen Vater verlassen hat, der sich auch nie gemeldet hat. Und diese verdammte polnische Sprache: peinlich! Ich will so sein wie die anderen. Aber wahrscheinlich bin ich sowieso zu dumm für alles. Am besten sind die Ego-Shooter-Spiele. Dann fühle ich mich stark und träume von der Fremdenlegion. Dann kann mir keiner was.«

Ein Leben lang hat Frau L ihren Sohn ängstlich-besorgt beobachtet. Hatte er alles, um in Deutschland zu bestehen? Sie selber musste immer wieder die Erfahrung machen, dass sie als polnische Putzfrau mit Kind keine Chancen hatte. Wollte sie Laslo und sich eine gute Lebensgrundlage schaffen, musste sie arbeiten, immer nur arbeiten. Vor lauter Sorge ist ihr Zutrauen komplett verloren gegangen. Ihr Zutrauen in sich und die gemeinsame Zukunft ist konzentriert auf Laslo, der unter dieser Last in eine tiefe Verweigerung gerät und am Ende das bestätigt, was seine Mutter immer schon am meisten fürchtet: sein Scheitern.

Nachdem wir festgestellt haben, dass Laslo ausreichend intelligent ist für seine Stadtteilschule (Gesamtschule), versuche ich, Frau L mehr Zutrauen in ihren Sohn zu vermitteln. Sie muss aus der Falle der ständigen Kontrollen heraus, sie muss aushalten, dass Laslo eine eigenständige Entwicklung nimmt, bei der sie nur vertrauensvoll zuschauen kann. Sie sollte sich nicht komplett und schon gar nicht beleidigt zurückziehen, aber sie muss ihrem Sohn zutrauen, dass er seinen eigenen Weg geht.

Auf dieser Basis gelingt es mir auch, mit Laslo gut zu vereinbaren, dass er seinen eigenen Beitrag im Rahmen der Verselbständigung beisteuern muss.

Laslo ist ein maximal und mit unsicherem Blick beobachtetes Kind. Dieser defizitorientierte Versuch, immer das Beste für ihn vorzuhalten, wird zu einem Korsett, das ihn schließlich an der Atmung hindert und in seiner Entwicklung massiv beeinträchtigt.

Warum Laslo jetzt hier auch in die Kategorie eines Super-Kids gehört? Laslo erfüllt einerseits die ängstlichen Erwartungen seiner Mutter, andererseits kann auch er trotz seines Widerstands seine Situation, sein Leben hervorragend reflektieren.

Sein Bemühen ist deutlich, ebenso wie sein Aufstecken unter der ängstlich-misstrauischen Beobachtung. So wichtig eine adäquate Wahrnehmung des eigenen Kindes und seiner Entwicklung ist, so sehr darf es nicht zu einer übermäßigen Kontrolle ausarten, die letztendlich die Entwicklung des Kindes behindert. Wenn jeder Schritt im Voraus bedacht ist, gibt es keine eigenständige Entwicklung mehr, und das Aufgeben, der Bruch einer ursprünglich liebevollen Beziehung ist vorgezeichnet.

Die heutige Technikwelt bietet noch so viel mehr Möglichkeiten der Überwachung. Was wie eine liebevolle Kontrolle daherkommt, kann unter falschen Bedingungen zu einer misstrauischen Überwachung ausarten. Es ist verständlich, wenn Eltern froh darüber sind, immer zu wissen, wo sich ihr Kind aufhält. Die elterliche Sorge um das Wohl des Kindes wird mit jeder (insgesamt seltenen!) Nachricht über eine Kindesentführung und -tötung größer. Ein Leben in völliger Sicherheit gibt es nicht, und kindliche Entwicklung kann am Ende nur stattfinden, wenn Kinder bestimmten Anforderungen und Risiken ausgesetzt sind. Es geht nicht darum, überbesorgte Eltern vorschnell zu verurteilen. Ihre Sorge ist genauso ernst zu nehmen wie die Sorgen der Kinder, auch wenn sie uns klein erscheinen. Die Auswirkungen einer übermäßigen elterlichen Sorge, die man heute angemessener mit »Drohnen-Eltern« statt »Helikopter-Eltern« beschreiben würde, weil die Drohne noch näher dran, noch genauer verfolgend ist, sind nicht selten fatal und erreichen das Gegenteil dessen, was sie in ihrer ursprünglichen Sorge eigentlich wollen.

Katja ist 15 Jahre alt. Ihre Mutter stellt sie vor, weil Katja in der letzten Zeit in der Schule nicht mehr »performt«. Bislang war sie immer eine gute Schülerin, und auch die Mutter-Tochter-Beziehung war »sehr gut«, wie Frau K betont. Jetzt will Katja ständig feiern gehen, vernachlässigt ihre Hausaufgaben und versinkt – in der Wahrnehmung von Frau K – in Lustlosigkeit und Apathie. Frau K ist maximal beunruhigt. Sie hat bislang immer alles getan, um Katja maximal zu fördern. Bei den kleinsten Ungereimtheiten war sie mit ihr beim Kinderarzt, Katja hat Ergo- und Lerntherapie erhalten, die besten persönlichen Ratgeber und Coaches waren für Frau K gerade gut genug, um die Entwicklung von Katja in einer optimalen Bahn zu halten. Nun droht das alles zusammenzubrechen, und jetzt muss auch der »beste« Kinderpsychiater her, um den nahenden Zusammenbruch des Lebenswerkes von Frau K zu verhindern.

Entgegen meiner sonstigen Art ist Katja bislang nicht zu Wort gekommen. Es spiegelt die Situation wider: Die Angst und die daraus resultierende Kontrollwut von Frau K sind mächtiger als mein übliches Setting. Ich lasse sie gewähren, weil ich alleine darüber viel verstehen kann von der Situation ihrer Tochter.

Mit der spreche ich im Anschluss lieber alleine, weil ich befürchte, dass Katja in Gegenwart ihrer Mutter nicht das wird sagen können, was sie wirklich beschäftigt.

»Ich bin noch keine 2 Minuten aus dem Haus, da ruft meine Mutter mich das erste Mal an. Ständig bombardiert sie mich mit Fragen, mit Hinweisen, was noch zu tun ist, was noch fehlt. Ihr wäre es am liebsten, wenn ich eine Kamera über mir hätte, mit der sie jeden Schritt kontrollieren könnte. Ich habe kein Privatleben. Eine Zeitlang habe ich sie ausgenommen, von ihr ständig viele neue Klamotten verlangt und unendlich viele Kosmetika. Ich wusste, dass sie mir das alles kaufen würde. Ich denke manchmal, das war wie eine Rache von mir. Inzwischen ist es mir egal, meine Mutter ist mir egal, und ich bin es mir selber auch. Ich habe keinen Bock zu nichts!«

Das »Drohnen-Kind« Katja lässt sich entleert und erschöpft fallen und protestiert unbewusst und hilflos gegen die Überfürsorge.

Frau K ist nicht wirklich erreichbar für den Zusammenhang zwischen ihrer übermäßigen Kontrolle und dem emotionalen

Zustand von Katja. Immer, wenn sie in ihrer Wahrnehmung weniger kontrolliert, sich weniger sorgt, wird Katja schlechter in der Schule, macht noch weniger als ohnehin schon, sodass Frau K sich aufgefordert fühlt, wieder mehr zu kontrollieren. Sie hat kein Gefühl dafür, was dabei viel oder wenig ist, und sie kann auch nicht sagen, wann und wie das alles angefangen hat.

Nachdem intensive Versuche der Arbeit sowohl mit Frau K als auch mit Katja und ihr daran scheitern, dass die Mutter ihre Beziehung zu ihrer Tochter nicht verändert, greife ich schließlich einen Wunsch von Katja auf: Sie möchte für mindestens ein Jahr auf ein Internat in die USA. Frau K lässt sich davon überzeugen, dass auch dort für die optimale Weiterentwicklung ihrer Tochter gesorgt wird, und Katja freut sich auf die Unabhängigkeit und Eigenständigkeit. Ein Jahr später wird sie bei ihrer Mutter mit meiner Unterstützung durchsetzen, bis zum Schulabschluss im Internat zu bleiben.

Wenn Eltern auf dem Handy ihrer Kinder eine App installieren, mit der sie jederzeit nachschauen können, wo sich ihr Kind gerade aufhält, so ist das eine unzulässige Grenzüberschreitung gegenüber dem eigenen Kind. Das Leben unserer Kinder ist heute nicht so gefährlich, dass man immer genau überwachen müsste, wo sie sich aufhalten, und selbst in gefährlicheren Gegenden der Welt nützt es wenig, wenn man den letzten Aufenthaltsort seines Kindes kennt, bevor ihm etwas passiert. Es gibt weder für Kinder noch für Erwachsene eine Lebensversicherung, die uns vor Schaden bewahren könnte. Obwohl unser Sicherheitswahn uns das bisweilen vorgaukelt und es im Prinzip nicht schlecht wäre. Wenn Eltern sich (vielleicht im Unterschied zu Bullerbü!) permanent dafür interessieren, wo sich ihr Kind aufhält, so ist das extrem lebensbehindernd und entwicklungshemmend. Beobachtung ist nur so lange hilfreich, so lange sie wertschätzend geschieht und fürsorglich ist. Kontrollierende Maßnahmen sind aus kinderpsychiatrischer Sicht oft entbehrlich und nur im Notfall einzusetzen. Kinder entwickeln sich umso leichter, je mehr Zutrauen sie spüren und je mehr der elterliche Blick wie ein Leitstrahl (das Gegenteil eines Suchscheinwerfers) ihnen den Weg weist. Wenn dieser Strahl möglichst breit leuchtet, hat das Kind die Möglichkeit, den eigenen Weg zu wählen.

Wer beobachtet, sammelt automatisch Daten über sein Beobachtungsobjekt. Insofern werden Kinder heute nicht nur intensiver beobachtet, sondern auch beständig vermessen.

Vermessene Kindheit

Bei fast allen Kindern und Jugendlichen, die mir vorgestellt werden, veranlasse ich einen Intelligenztest. Zusätzlich müssen häufig Fragebögen ausgefüllt werden, die sich auf die Vorgeschichte beziehen, aber auch Untersuchungsbögen, mit denen wir die Ausprägung depressiver, ängstlicher oder anderer Symptome und Erkrankungen »objektivieren« wollen, d. h. von unserer subjektiven Einschätzung unabhängig halten wollen. Unterliegen wir damit schon einem Vermessungswahn? Wo fängt er an – und wie kann man ihm entgehen, diesem Wahn, der uns auch durch die Nutzung des Internets beständig beschäftigt, wo unser Verhalten erfasst wird, damit die Industrie auf möglichst präzise Vorhersagen unseres Kaufverhaltens zurückgreifen kann?

Wir Eltern wollen wissen, wie die Lernprognose unseres Kindes ist, wie es am besten gefördert werden kann. Wir wollen beispielsweise wissen, wie groß die Tochter mit 18 Jahren wird, damit wir körpergrößensteuernd eingreifen können. In Kindergarten und Schule sind die Lernentwicklungsstandgespräche gekoppelt mit schulen- und länderübergreifenden Tests zum

Lernstand unserer Kinder. Manche Schulen sprechen mit den Kindern Ziel- und Leistungsvereinbarungen ab.

Moderne Weiterentwicklungen in der Medizin führen immer dazu, dass wir besser, schneller und mehr Krankheiten feststellen können. Von Zeit zu Zeit wird den Medizinern das vorgeworfen, als wenn wir Ärzte ein Interesse daran hätten, möglichst viele Krankheiten zu diagnostizieren.

Das Dilemma liegt darin, dass wir nichts übersehen möchten und unsere diagnostischen Möglichkeiten beständig verfeinern. Wir wissen heute beispielsweise, dass wir früher viele psychischen Erkrankungen im Kindes- und Jugendalter nicht angemessen diagnostiziert und Diagnosen übersehen haben. Das galt eine Zeitlang für das ADS, dann für Erkrankungen aus dem Autismus-Spektrum, aktuell bezieht sich das auf affektive Dysregulationen oder Erschöpfungsdepressionen. Dabei wissen wir, dass die genaue und erweiterte Diagnostik tatsächlich in eine Falle führen kann und wir überdiagnostizieren.

Ein aktuelles Beispiel hierfür in der Kinder- und Jugendpsychiatrie ist die Diagnose eines Asperger-Autismus. Schnell werden heute schon Kindergartenkinder, die sich in der Wahrnehmung der Erziehrinnen nicht gut in andere Kinder einfühlen können, von besorgten Eltern zur Diagnostik vorgestellt. Da es nicht leicht ist, diese Form des Autismus nachzuweisen, führen wir eine aufwendige videogestützte Untersuchungstechnik durch. Oft ist dann die Frage, wie man die Kinder einordnet, die in der Untersuchung nur grenzwertig abschneiden. Ohne die Untersuchungstechnik hätten wir sie früher als unauffällig eingestuft, jetzt, mit der Methode des genaueren Hinschauens entstehen plötzlich mehr »Fälle«.

Trotzdem ist es fast nicht möglich, auf eine genaue Diagnose zu verzichten. Denn übersehe ich etwas, werde ich einem Kind nicht gerecht und verhindere eine gute Entwicklung oder leiste einer späteren Chronifizierung Vorschub. Abgesehen davon, dass eine Unterlassung in der Medizin eine potentielle Straftat ist.

Naomi, 12, wird vorgestellt, weil sie nach problemlos durchlaufener Grundschule nun in der 6. Klasse zu scheitern droht. Naomi ist weder faul, noch können ihre Eltern glauben, sie sei zu dumm für das Gymnasium. Ein erster orientierender Intelligenztest ergibt einen Gesamt-IQ von 109, was einem Prozentrang von 75 entspricht (d. h. von 100 Mädchen aus der Altersgruppe von Naomi sind 74 weniger intelligent als sie und 25 besser als sie). Damit liegt Naomi im oberen Drittel ihrer Altersnorm, und das Gymnasium sollte kein Problem für sie sein.

Bei genauer Durchsicht ihres Intelligenzprofils fällt allerdings auf, dass sie einen sehr schlechten Wert im Bereich Arbeitsgedächtnis aufweist. Dieser Wert bezieht sich wesentlich auf das akustische Kurzzeitgedächtnis des Mädchens, das deutlich im unterdurchschnittlichen Bereich liegt und aus dem übrigen Profil herausfällt. Naomi kann sich Dinge, die sie gehört hat, nicht im Kurzzeitgedächtnis merken. Das hat erhebliche Konsequenzen für den Schulalltag und erklärt, warum Naomi immer schlechter geworden ist: Der Umfang der Informationsmengen, die sie zuerst im Kurzzeitgedächtnis abspeichern muss, hat kontinuierlich zugenommen, und es haben sich schon Wissenslücken aufgetan. Das Lernen und Abfragen zu Hause über das akustische System ist kaum wirkungsvoll, und Frau N, die Mutter von Naomi, kann gut beschreiben, wie sehr ihre Tochter in der letzten Zeit allem Abfragen und mündlichen Lernen von sich aus ausgewichen ist.

Wie gut, dass wir Naomi getestet haben. Nun kann sie sich mit einer Lerntherapeutin Strategien aneignen, die ihr akustisches Kurzzeitgedächtnis nach Möglichkeit umgehen, sodass sie vornehmlich im visuellen Wahrnehmungssystem lernt.

Kinder und Jugendliche, die mit psychischen Symptomen

vorgestellt werden, müssen oft nur dann getestet werden, wenn sie in der Schule schlecht geworden sind oder immer schon waren. Allerdings wäre es fatal, wenn ich den Zusammenhang einer Depression mit einer Teilleistungsstörung übersehe. Andererseits soll keine »Überdiagnostik« durchgeführt werden. Dabei einen guten Mittelweg zu finden ist nicht immer ganz leicht. Als Dienstleister komme ich natürlich auch den Wünschen von Eltern entgegen. Immer mit der Unterstellung, das sie die Experten für ihr Kind sind ...

Es wird nicht mehr lange dauern, und wir werden auch unsere Kinder mit Armbändern ausstatten, die deren Bewegung, deren Schlaf und viele Gesundheitsparameter mehr erfassen. Der total vermessene Mensch ist ein Phänomen unserer Zeit, das vor unseren Kindern nicht haltmachen wird. Die Jugendlichen werden es im allzeit übermächtigen Vermessungs- und Optimierungswahn von alleine übernehmen, sodass wir nur entscheiden müssen, wann wir sie in welchem Umfang vermessen und verwalten möchten. Plastikarmbänder mit Schrittzähler und Fitnessberatung existieren bereits. Vorstellbar sind Chips an den Armen der Säuglinge, die alle wichtigen Parameter wie Schlaftiefe, Puls und vieles andere mehr auf das Smartphone der Eltern senden. Auch hier gilt: War das gute alte Babyfon schon der Eintritt in eine übermäßige Überwachung durch Eltern oder lediglich die Vergrößerung der sowieso und notwendig vorhandenen elterlichen Ohren? Oder war es der Beginn eines Überwachungswahns, der sich nun in der digitalen Technik automatisch und unaufhaltsam fortsetzt?

Jeder muss für sich selbst entscheiden, wie viel Vermessung er für sich zulassen oder nutzen möchte. In Bezug auf unsere Kinder müssen wir jedoch einen Schritt weitergehen und für sie die Verantwortung übernehmen. Welche Daten über mein Kind dienen wirklich der »Überwachung« einer guten Entwicklung – und welche dienen nur dem elterlichen Gewissen? Wir müssen aufpassen, unsere Kinder nicht in eine Ecke zu sperren und sie nur als potentiellen Quell der Beunruhigung wahrzunehmen, weil wir es nicht aushalten, dass es im Leben unserer Kinder spannende und manchmal unvorhersehbare Entwicklungen gibt, an denen wir wie selbstverständlich teilhaben wollen. Die vermessene Kinderwelt darf nicht nur dazu dienen, eine Landkarte anzufertigen, in der es keine Überraschungen mehr gibt, in der jeder Weg vorgezeichnet ist und wir genau wissen, in welchem Planquadrat sich unser Kind gerade befindet.

Kinder, die aus dem Raster fallen, können eine Herausforderung sein, es kann auch sein, dass ihr Herausfallen Ausdruck einer psychischen Krankheit ist, es kann aber auch sein, dass sich besondere kreative Kräfte und Stärken zeigen, die nur nicht eingezeichnet waren auf unserer Landkarte in einer total vermessenen Kinderwelt. Wir sollten den Mut haben, an der richtigen Stelle oder manchmal auch komplett ungeplant die Landkarte wegzustecken oder auch beim Anlegen sehr genau darauf zu achten, wo weiße Flecken bleiben dürfen oder sogar müssen.

Was Kinder in ihrer Entwicklung nicht gebrauchen können, sind misstrauische Ratschläge an Eltern, die sie vor kindlichen Tyrannen warnen, das Horrorszenario digital dementer Kinder an die Wand zeichnen oder Eltern pauschal unterstellen, sie würden zu wenig Nein sagen. Die vermessenen Kinder müssen uns dazu dienen, uns so gut mit ihnen auszukennen, dass wir sie angemessen begleiten können. Dafür braucht man nicht alle Messwerte und vor allem: nicht ständig aktuelle. Alle Eltern besitzen eine Intuition, eine Einfühlung für ihre Kinder und trauen sich doch immer weniger, sich darauf zu verlassen. »Sie sind die Experten für Ihr Kind«, ist ein Satz, den ich häufig zu Eltern sage, manchmal auch als Aufmunterung, sich mehr auf das eigene Einfühlungsvermögen zu verlassen.

Die Kinder sind bislang nicht komplett zu den Marionetten geworden, die man ihnen auf Grund ihrer Plazierung in einer

Landkarte zuschreiben könnte. Dieses Phänomen ist ein Geschenk der SuperKids.

Warum sie dennoch super sind

Allen immer wieder auftretenden Unkenrufen zum Trotz: Unsere Kinder haben sich in den letzten 20 Jahren besser entwickelt denn je. Die positiven Konsequenzen aus der Tatsache, dass Eltern sich heute um ihre Kinder kümmern und ihnen die kindliche Entwicklung nicht egal ist – und sie auch nicht einfach darauf setzen, dass mehrere Sommer in Bullerbü es schon richten werden –, zeigen sich in den Kindern. Sie sind die wirklichen Superhelden, die sich trotz enorm gestiegener Anforderungen und einer deutlich veränderten Kindheit so entwickeln, dass sie es einem leicht machen, mit ihnen in eine gute Beziehung zu treten. Sie können Beziehungen auf Augenhöhe eingehen, über sich in einer Art und Weise nachdenken, die mir als Kinderpsychiater immer wieder berührende Anregungen geben. Was mir begegnet, sind Kinder und Jugendliche, die mir oft genug durch ihre Art, sich zu öffnen, mit mir nach Lösungen zu suchen, mich ernst zu nehmen, ins Herz springen, mich emotional öffnen und für sich gewinnen. Diese SuperKids muss nicht ich erreichen, wie das früher oft der Fall war, sondern sie sind es, die offen und authentisch mir gegenübersitzen und mich bereichern. Wir dürfen dabei nicht vergessen, wie belastend es ist, wenn man als optimiertes Kind aufwächst, wenn es immer einen Teil in der Entwicklung gibt, der fehlt, der immer noch verbesserungswürdig ist. Dieses Buch widme ich den SuperKids in dem Wissen, dass sie tatsächlich super sind, dass sie aber nie ankommen können, weil immer etwas fehlt. Wer hat sich schon optimal entwickelt, kann man fragen, und lebt dennoch gut. Aber genau das ist der Punkt: Wir geben uns nicht mit einer suboptimalen Entwicklung unserer Kinder zufrieden. Mehr ist immer besser.

Bei allem Lob gibt es natürlich auch noch Bereiche, in denen die allgemeine Entwicklung hinterherhinkt. Nach wie vor ist vieles, was mit Kindern zu tun hat, weniger wert, gerade wenn wir vergleichen, wie mit Erwachsenen umgegangen wird. So handeln wir oft nach der Devise: je kleiner, desto unwichtiger. Das bedeutet, dass die ganz Kleinen mit Erzieherinnen ohne akademische Ausbildung auskommen müssen, Grundschullehrer weniger Anerkennung (und Verdienst) haben als die Gymnasiallehrer, Kinderärzte in der Verdienstkette aller Ärzte am Ende der Skala stehen ... Ich könnte noch viel mehr Beispiele nennen.

Neben der Abwertung – oder besser ausgedrückt: ungenügender Wertschätzung – unserer Kinder gibt es Eltern, die sich gewandelt haben, Eltern, die sich maximal um ihre Kinder bemühen. Sie schaffen eine Welt, sorgen für Sicherheit und ein tiefes Gefühl des Geliebt-Werdens. Und auch diese SuperKids mit ihren Supereltern brauchen einen angemessen besorgten Blick, nicht im Sinne einer weiter ausgefeilten Optimierung, sondern im Sinne von mehr Sicherheit in sich, mit sich und ihren Kindern. Die Balance zwischen optimieren und sich selbst überlassen findet ohne Netz statt, und wer herunterfällt, verliert die Orientierung und den Anschluss. Und es sind nicht die SuperKids der gleichnamigen Sendung in einem Privatsender, die ich hier meine! Die im Fernsehen sind die ausgebeuteten und vorgeführten SuperKids, die von ihren Eltern in der Hoffnung auf eine optimale Karrierechance auf die Bühne geschickt werden.

Die Welt ist aktuell ernster geworden, weil archaische Konflikte weltweit für Aufruhr sorgen und auch wir nicht davon verschont bleiben. Global betrachtet erstreckt Kindheit sich von den amerikanischen Castingmädchen, die von ihren Eltern zum Geldverdienen im Alter von drei Jahren auf den Laufsteg geschickt werden, über die Mehrheit bei uns, die adäquat umsorgt ist, bis hin zu den kriegstraumatisierten Kindern in den Kriegs- und Flüchtlingszentren dieser Welt, aktuell auch gerade in Deutschland. Bullerbü hat es in dieser Form nie gegeben und ist lediglich eine romantische Verklärung wohlwollender Verwahrlosung, was wir nicht vergessen sollten: Unsere Kinder haben nur im Kleinen ihrer Welt zu Hause Gründe, fröhlich und zufrieden zu sein. Es ist allerdings eine Zufriedenheit, die mehr und mehr das Unbeschwerte ablegt, ablegen muss, weil unsere Kinder nur zurechtkommen werden, wenn sie sich behaupten in dieser zerrissenen Welt. Es ist phantastisch, wie ihnen das gelingt. Sie schaffen nicht nur den Spagat zwischen den Widersprüchen im Inneren, sondern sie tragen es auch nach außen, »performen«. Spätestens mit diesem Wort wird deutlich, wie hoch die Anforderungen sind, tatsächlich super zu sein. Damit wachsen unsere Kinder mit einem doppelten Superlativ auf: Sie sind super – und sie müssen es auch beständig sein. Erstaunlich, dass die Rate an bekannten psychischen Störungen nicht zunimmt, sieht man einmal von den Erschöpfungsdepressionen – dem Burnout – und Schmerzerkrankungen (die wahrscheinlich zum Teil immer schon mehr recht als schlecht von den Kinderärzten behandelt wurden) ab.

Es ist erstaunlich, wie wunderbar sich alle trotzdem entwickeln.

Unsere Kinder sind tatsächlich SuperKids – und sie müssen es auch sein. Diese doppelte Bedeutung des Attributs »super« macht eigentlich aus unseren Kindern ein super^2, indem sie auf der einen Seite ihr Potential maximal ausschöpfen und dies noch steigern, indem sie unseren Anforderungen nach Entwicklungsmaximierung tatsächlich nachkommen. Sie entwickeln sich immer besser – super –, und sie stecken die andauernde Anforderung nach dem »super« auch bravourös weg. Vor lauter »super« wird mir schon beim Schreiben schwindelig. Die SuperKids sind Hochleistungssportler, die manchmal ahnen, dass ihre Muskeln und Gelenke bei diesen Anforderungen kein Leben lang halten werden. In dieser Vorahnung werden sie nachdenklich. Wir können nicht erwarten, dass sie dem fröhlich entgegenblicken. Wir sollten dankbar sein, dass sie es so fraglos tun. Und wir dürfen die Ernsthaftigkeit nicht mit Unzufriedenheit oder Traurigkeit verwechseln (die es natürlich auch gibt).

Den SuperKids stehen Eltern gegenüber, die es sich zum Ziel gesetzt haben, ihre Kinder möglichst optimal zu formen, um ihnen die optimalen Möglichkeiten für eine optimale Zukunft einzuräumen. Aber ist das wünschenswert? Jedenfalls haben unsere SuperKids natürlich SuperEltern.

Die Supereltern

Elternleben ist Erziehungsleben

Dr. B ist glücklich. Sein erstes Kind ist gesund zur Welt gekommen, ein Wunschkind des jungen Paares, beide arbeiten als Ärzte in der Facharztweiterbildung. Der kleine Benjamin ist wohlauf, und ein neues Leben als Familie kann beginnen. Eine befreundete Kinderkrankenschwester gratuliert schriftlich zur Geburt des Kindes: »Herzlich willkommen im Club der schlaflosen Eltern!« Herr B ist ein wenig empört. Wie kann man nur bei dem Glück, das ihm gerade zuteilgeworden ist, daran denken, was auch schwierig sein könnte? Benjamin schläft viel, und nur das nächtliche Stillen ist anstrengend für seine Frau. Wenn dann der kleine Prinz am Tag ausgeruht in die Welt schaut, überwiegt die grenzenlose Freude. Ein paar Wochen später wird für den glücklichen Vater deutlich, dass die Krankenschwester Recht hatte. Benjamin wird insbesondere am späten Nachmittag unruhiger, lässt sich nicht mehr so leicht ablegen, und der junge Vater fühlt sich abends nach der Arbeit aufgerufen, seine Frau maximal zu entlasten, was zu langen Spaziergängen mit einem unruhigen und häufig schreienden Säugling führt. Es ist nicht herauszufinden, ob oder woran Benjamin leidet. Der Kinderarzt beruhigt: Das ist eine Dreimonatskolik, die manche Kinder eben haben und die in der Regel nach drei Monaten vorbei ist. Geduld ist gefragt. Die Hilflosigkeit und Ratlosigkeit, die einen erfasst, wenn man einen schreienden Säugling zu beruhigen versucht, der sich nicht beruhigen lässt, steigert sich schnell in Verzweiflung. Obwohl Dr. B selber in der Weiterbildung zum Kinderarzt ist, nützt ihm sein Fachwissen wenig. Benjamin bringt seine Eltern fast jeden Abend an den Rand der Erschöpfung. Abwechselnd versucht das junge Elternpaar, sich gegenseitig etwas Schlaf und Erholung zu ermöglichen, indem sie wechselweise versuchen, Benjamin zu beruhigen, was wesentlich ein Begleiten ist, denn der kleine Prinz reagiert auf keinerlei Angebote, wenn er sich einmal festgeschrien hat. Die Ratschläge der Großeltern nützen genauso wenig wie die der Freunde oder der Kollegen. Angst kommt auf. Wird sich Benjamin gut entwickeln? Was kann man tun, damit er weniger schreit? Ist sein Schreien Ausdruck von großem Unwohlsein?

Kaum etwas ist interpretationsbedürftiger als ein Säugling, der noch keine Möglichkeiten hat, selbst auszudrücken, was hinter seinem vordergründigen Affekt steht, also zu erklären, warum er schreit. Für uns Erwachsene ist Schreien ein Ausdruck von Schmerz oder Unwohlsein. Da niemand heute mehr das Schreien eines Säuglings mit den Worten abtun würde, dass die Lungen sich nun einmal kräftigen müssten, sind Eltern mit dem extremen Aufforderungscharakter der Lautäußerungen ihres Kindes allein gelassen. Um der Interpretationsnot gerecht zu werden, hat sich über lange Zeit die Vermutung etabliert, dass diese Kinder schmerzhafte Vorgänge im Darm erleiden, welche die Ursache des Schreiens sind.

Heute wissen wir, dass es keinen Zusammenhang zwischen der Darmtätigkeit eines Säuglings und seinem potentiellen Schreien gibt. Manchmal kommen Kinder zur Welt, die größere Anpassungsprobleme haben als andere. Diese Schwierigkeiten können sich in Regulationsstörungen äußern, die unterschiedlich schwer ausgeprägt sein können. Bei entsprechendem Schweregrad wird eine Schreiambulanz Linderung schaffen können, indem sie der Mutter, den Eltern hilft, sich an den besonderen Rhythmus oder die besondere Empfindlichkeit des Kindes anzupassen. Oft muss man in der Tat geduldig abwarten, bis die Anpassung an das kleine Leben besser gelungen ist.

Dr. B ist in die Realität als Vater geworfen: Er macht sich viele Gedanken, mit welchen erzieherischen Maßnahmen er auf seinen Sohn reagiert. Am Ende ist der beständige Rat seines alten Chefs entscheidend, der ihn ermuntert, sich wie ein Marathonläufer auf die lange Distanz einzustellen, für ausreichend Kräftigung bei sich und seiner Frau zu sorgen und im Übrigen aktiv auf das irgendwann nahende Ziel einzustellen. Es ist nicht leicht, den Kontakt zur älteren Generation zu halten, um dann auch die richtigen Ratschläge anzunehmen, denn allzu viele Erziehungsvorgaben von früher gelten heute zu Recht nicht mehr.

Es wird nicht lange dauern, und Dr. B ist vor weitere Fragen gestellt: Ab wann sollte Benjamin in eine Krippe eingewöhnt werden, damit Frau Dr. B wieder zumindest halbtags arbeiten gehen kann? Die Erziehung hat begonnen, sobald ein Kind auf der Welt ist. Elternleben ist Erziehungsleben, und eine gelungene Erziehung schafft Elternzufriedenheit. Aus Erziehungsleben wird Erziehungsehrgeiz. Ehrgeiz ist kein guter Berater, wenn es darum geht, optimistisch mit seinen Kindern in das Leben zu starten. Dann wird der Ehrgeiz schnell zum Optimierungsdruck.

Das Erziehungsleben ist gekennzeichnet davon, dass Eltern das Beste für ihre Kinder wollen. Was aber ist das Beste? Ist es das, was maximal die Begabungen des Kindes entdeckt und fördert? Oder geht es um ein maximal zufriedenes und fröhliches Kind? Gibt es einen Weg dazwischen, und lässt sich nicht beides nach Möglichkeit optimal miteinander verbinden, Begabungsförderung und Fröhlichkeit?

Treffen Eltern gerade junger Kinder aufeinander, dauert es meist nicht lang, und ein intensiver Austausch über die Entwicklung der Kleinen beginnt, ein Austausch, der nicht selten schnell zu einem Wettrennen um die besten Fördermöglichkeiten wird – ein Wettrennen, aus dem gerade die Mütter oft verunsichert und genervt hervorgehen, weil sie den Eindruck haben, die anderen Mütter machten viel mehr als sie, um ihr Kind zu fördern. Viel zu viel wird dann auch laut geäußert. Gleichzeitig entsteht im Inneren vieler Mütter eine Unsicherheit darüber, ob es nicht doch gut wäre, das eigene Kind auch noch mehr zu fördern.

Elternleben ist Erziehungsleben geworden, weil viele Eltern ihre ganze Aufmerksamkeit der Entwicklung ihrer Kinder widmen. So werden Eltern zu Erziehern, die mit den professionellen Erziehern ihrer Kinder – den »echten« Erzieherinnen in den Kindergärten und den Lehrern in den Schulen – um die besten Methoden für eine optimale Entwicklung ihres Kindes konkurrieren. Kindergärten sind schon lange keine Gärten mehr, in denen nach dem romantischen Vorbild einer Blumenwiese glückliche und unbeschwerte Kinder umhertollen. Vielmehr erwarten nicht nur die Eltern, sondern wir als Gesellschaft gut ausgebildete Frühförderer, die Begabungen und Defizite in der Entwicklung der Kinder rechtzeitig erkennen und entsprechend gegensteuern.

Dabei stehen sie unter ständiger Beobachtung. Denn das Heer elterlicher Erzieher wirkt wie eine Armee, die im eigenen Land die kindlichen Entwicklungsmöglichkeiten schützen muss. Beständig muss diese Armee sich auf den neuesten Stand der Forschung bringen, um sowohl im eigenen Land als auch im weltweiten Vergleich nicht abgehängt zu werden. Das Tempo nimmt dabei zu, jedenfalls ist das der Eindruck, den viele Eltern mir vermitteln, und schnell entsteht dadurch ein Gefühl des Abgehängtseins.

Dieses Gefühl, längst den Anschluss verloren zu haben und auf verlorenem Posten zu kämpfen, ist umso schwerer auszuhalten, weil es ja gar nicht um die eigene Person der Eltern geht, sondern um die schutzbefohlenen Kinder, die nichts für ihre Eltern können, im Gegenteil: Sie sind auf sie und ihre Fördermöglichkeiten angewiesen. Eine ganze Generation entwickelt daher ein Gefühl der eigenen Unzulänglichkeit und der

Selbstzweifel: Was, wenn mein Kind sich auf Grund meiner mangelhaften Förderung nicht optimal entwickelt? Optimal, da ist es wieder, das Zauberwort einer ganzen Generation von Supereltern, die sich vor Fragen wie diesen sehen: Was, wenn mein Kind nur einen Realschulabschluss macht, obwohl es vielleicht doch hätte studieren können? Was, wenn ich mein Kind überfordere und es unglücklich im Studium wird, während es in einem handwerklichen Beruf vielleicht glücklicher geworden wäre? Und immer ist da dieser Gedanke, dass Eltern für das Glück oder Unglück ihrer Kinder verantwortlich sind. Wann aber entlässt man sein Kind mit dem Hinweis, dass es nun seines eigenen Glückes Schmied ist? Bei manchen Kindern hat man den Eindruck, dass sie in der Wahrnehmung der Eltern lebenslang wie Knete sind, die ständig geformt und angepasst werden muss.

Amanda ist 4 Jahre. Sie geht in den Kindergarten, wo es ihren besten Freund Karl sowie ihre Lieblingserzieherin Frau A gibt. Amanda schaut mich freundlich an, sie ist sehr gepflegt, ihre dunklen Haare sind zu einem kleinen Zopf geflochten, der als Kranz nach oben gelegt ist, ihre kleinen Ohrringe blitzen, und ihr rosa Sweatshirt trägt den Namen einer Kultmarke der Jugendlichen. Schon mit diesem Auftritt macht Amanda den Eindruck von viel Fremdbestimmung. Als wenn es jemandem sehr wichtig ist, dass Amanda besticht. Im direkten Gespräch ist Amanda ein unauffälliges, altersentsprechend entwickeltes Mädchen. Sie spielt gerne mit Puppen, manchmal auch mit den Autos ihres Freundes Karl, und neuerdings nimmt sie am Instrumentenkarussell der Kindermusikschule teil, damit herausgefunden werden kann, für welches Instrument sie am ehesten geeignet ist. Einmal in der Woche geht sie nachmittags in eine Spielgruppe, in der Englisch gesprochen wird. Amanda macht das alles »gerne«. Amanda ist allerdings auch ernst. Sie erinnert mich an die vielen jugendlichen Mädchen in meiner

Ambulanz, die sich sehr anstrengen, allen Anforderungen – den inneren wie den äußeren – gerecht zu werden. Selbst ihr Sweatshirt ist schon jugendlich.

Frau A, eine alleinerziehende Frau Anfang 30, ist nach dem Abitur aus Polen nach Deutschland gekommen, um hier zu studieren und um sich aus der Enge ihres Elternhauses und der relativen Armut ihres Landes zu befreien, wie sie sagt. Die Beziehung zu Amandas Vater hat nicht lange gehalten, er war überfordert mit dem entschlossenen und für ihn zu schnell in die Wirklichkeit umgesetzten Kinderwunsch von Frau A. Jetzt muss sie umso mehr dafür sorgen, dass sie beide nicht untergehen, ihr Wunschkind und sie selbst. Sie will sich im Gegenteil als stark und erfolgreich erweisen. Frau A arbeitet als Übersetzerin und hat dadurch ein gutes Einkommen für Amanda und sich.

Frau A findet, dass Amanda sich sehr gut entwickelt. Sie ist ein wissbegieriges und kluges Kind, das schon etwas Englisch kann, nachdem sie sowieso fließend polnisch und deutsch spricht. Auch die Musiklehrer der Musikschule melden zurück, dass Amanda sich »gut anstellt« beim Herausfinden des für sie optimalen Instruments. Frau A vermutet bei Amanda eine Hochbegabung und wünscht sich von mir eine Untersuchung ihres Intelligenzquotienten. Ich erkläre Frau A, dass die IQ-Tests in dem Alter von Amanda noch nicht sehr zuverlässig sind und es besser wäre, damit noch zwei Jahre zu warten, bis Amanda eingeschult wird. »Es könnte ja aber sein, dass Amanda früher eingeschult werden sollte oder schon jetzt besondere Förderprogramme braucht«, hält Frau A dagegen. »Ich muss es auch gar nicht ganz genau wissen, aber ich möchte besser einschätzen können, ob und wie ich Amanda optimal fördern kann.«

Der IQ-Test ergibt ein ausgeglichenes Profil eines Kindes, das in allen Bereichen etwa bei einem IQ von 110 liegt. Das entspricht bei Amanda einem Prozentrang von 75, d. h. von

100 Mädchen in Amandas Alter zeigen 74 einen schlechteren IQ und 25 einen höheren. Damit liegt Amanda mit ihrem Ergebnis im oberen Durchschnitt. Ich bin froh, dass sich keine Hochbegabung herausgestellt hat, weil ich weiß, wie viele Schwierigkeiten hochbegabte Kinder in unserem Schulsystem nach wie vor haben.

Meine Erleichterung kommt bei Frau A allerdings nicht an. Sie ist spürbar enttäuscht und deutet das »oberer Durchschnittsbereich« für sich negativ um. In einem ausführlichen Gespräch über Intelligenz, über Förderung und Überförderung, die schnell zur Überforderung werden kann, wird deutlich, wie ängstlich-angespannt Frau A ist. Sie ist getrieben von der Idee, sich mit ihrer Tochter im gelobten Land optimal zu entwickeln und zu etablieren. Wie unter einer beständigen Beweisschuld den eigenen Eltern und dem Vater von Amanda gegenüber muss sie trotzig-ängstlich beweisen, was in ihnen steckt, den beiden Frauen, der großen und ebenso der kleinen. Nur mit Mühe ist Frau A erreichbar, als ich ihr diese Dynamik aufzeige. In dem Moment, in dem sie erkennt, welchem Schema sie sich unterwirft und auch ihre Tochter untergeordnet hat, bricht sie unter ihren Schuldgefühlen in Tränen aus. Das wollte sie nicht! »Ich will doch nur, dass Amanda alle Möglichkeiten in ihrem Leben offenstehen und sie nicht so einen anstrengenden Weg wie ich gehen muss!«

Ich entlasse Frau A mit dem Gefühl, dass sie sich schnell wieder auf ihren Weg der maximalen und optimierten Förderung zurückfallen lassen wird. Ich kenne diesen Druck zu gut, den viele Eltern sich selbst machen – und einfach auf ihre Kinder übertragen.

Wer jetzt vorschnell Frau A verurteilt, unterschätzt, dass eine gute, eine optimale Erziehung für unsere Kinder als solche noch nichts Schlechtes bedeutet. Frau A hat wie viele Eltern mindestens zwei Berufe. Sie arbeitet als Übersetzerin, um den Lebensunterhalt für ihre Tochter und sich zu verdienen. Und in ihrem zweiten Beruf hat sie sich komplett der Erziehung ihrer Tochter verschrieben.

Es ist heute selbstverständlich geworden, dass Eltern Verzichtsleistungen erbringen und die Erziehung ihrer Kinder neben der eigenen Arbeit zum zentralen Bestandteil ihres Lebens machen.

Wobei Eltern immer noch mehrheitlich die Mütter meint, während die Väter es nach wie vor viel mehr als selbstverständlich ansehen, dass sie nach der Arbeit, welche die materielle Grundlage des familiären Lebens schafft – so die Begründung –, noch ein Anrecht auf zusätzliche Freiräume wie Sport o. Ä. haben. Im Zweifelsfall aber sind doch beide Elternteile mit der Erziehung beschäftigt – und das ist gut so.

Insgesamt ist der Druck größer geworden auf die einzelnen Elternteile, gerade weil »nebenher« ja noch der Beruf da ist. Die einen müssen gelungene Kinder vorweisen, um zu rechtfertigen, dass sie als Mütter den Kindern keinen Schaden zufügen, weil sie arbeiten gehen und sich selbst verwirklichen. Und die anderen müssen vorweisen, dass sie moderne Väter sind, die sich beobachtend und prüfend dem Geschehen zu Hause widmen (wenn sie schon nicht die Zeit haben, sich aktiv zu beteiligen, kann ihnen niemand vorwerfen, sie hätten keinen Anteil genommen). Doch so sind beide Elternteile damit beschäftigt, etwas zu rechtfertigen. Und nicht etwa eigene Entscheidungen, sondern deren Einfluss auf das Kind, wodurch sich erst einmal eine genaue und ständige Beobachtung des Kindes ergibt. Entspricht es den Erwartungen? Oder habe ich/hast du etwas falsch gemacht, was sich vorwerfen lässt? Ein »wir haben etwas falsch gemacht« höre ich jedenfalls nie, es sind immer die Schuldzuweisungen der Mütter an ihre Ehemänner – oder die Vorwürfe der Ehemänner, die Frauen würden ja mehr mit dem Beruf und Haushalt überfordert sein, als richtig ist ... Alleine dieser Rechtfertigungsdruck erhöht die Unsicherheit und unterstreicht die Sehnsucht nach optimaler

Entwicklung der Kinder. Dann kann jedenfalls niemand Vorwürfe erheben.

Natürlich gibt es Auswüchse, es gibt Eltern, die übertreiben, die ihre Kinder nicht in Ruhe lassen können, wie wir gesehen haben. Mehrheitlich aber machen Eltern heute einen Superjob. Es ist ihnen nicht egal, was aus ihren Kindern wird, sie möchten sie unterstützen, fördern und ihnen einen optimalen Weg ebnen in das Leben. Allerdings wird die Unsicherheit darüber, wie denn das Optimum entsteht, immer größer.

Kinder entwickeln sich nicht von allein. Indem Eltern ihre Erziehungsaufgabe so ernst nehmen wie heute, wird die Kindererziehung zu dem zentralen Motor in den Familien. Wie ein gigantisches Erziehungsunternehmen kümmern sich Eltern in unserer Gesellschaft darum, unsere Kinder zu optimieren und ihnen beste Entwicklungen zu ermöglichen. Fast kommt es einem vor wie eine einzige Artistenfamilie, die darauf angewiesen ist, dass jeder in der Familie seinen Platz einnimmt, seine Rolle optimal einübt, damit bei der abendlichen Vorstellung keine Patzer vorkommen. Alle sind voneinander abhängig, und auch die Kinder müssen ihre Rolle ausfüllen, weil sonst nichts mehr geht.

Im Alltag werden Supereltern eher eine einseitige Abhängigkeit spüren, nämlich das Gefühl, dass von ihnen mehr abhängt als von ihren Kindern, aber das Bild hält bei genauer Betrachtung nicht stand. Versagende Kinder sind heute die größte Katastrophe, die in Familien geschehen kann. Denn das Versagen der Kinder fällt in der Beurteilung von außen fast reflexhaft auf die Eltern zurück, die offensichtlich in ihrer Erziehung etwas falsch gemacht haben. Der Anspruch auf Perfektion gilt auch für die Eltern als Ehepaar.

Das perfekte Ehepaar – das perfekte Elternteam

Frau E ist verzweifelt. Kaum hat sie gemeinsam mit ihrer Tochter Ella (9) bei mir Platz genommen, wird sie von den eigenen Tränen überrascht. »Entschuldigen Sie«, beginnt sie, »ich hatte mir fest vorgenommen, hier nicht zu weinen, aber jetzt ist es schon gleich passiert.« Frau E fasst sich etwas und berichtet, dass sich ihr Mann vor vier Wochen völlig überraschend von ihr getrennt hat und auch sofort ausgezogen ist. Sie fühlt sich zutiefst verletzt, betrogen und verraten. So sehr sie Ella da heraushalten wollte, so sehr hat diese natürlich alles mitbekommen und ist ebenfalls sehr traurig. Nun hat Ella eine für die Mutter besorgniserregende Symptomatik entwickelt: Ella muss von Zeit zu Zeit und für sie und alle unvorhersehbar »mit den Beinen zappeln«. Sie kann sich dann nicht mehr bewegen, muss sich hinlegen und strampelt mit den Beinen, sodass man fast denken könnte, es sei ein Krampfleiden. Das hat aber der Kinderneurologe schnell ausgeschlossen.

Frau E kommt mit einem Gefühl der Traumatisierung. Nichts ist mehr wie vorher. Sicher, in der letzten Zeit hatte es immer wieder Unstimmigkeiten mit ihrem Mann gegeben, der sich seit der Geburt von Ella benachteiligt gefühlt hatte, aber Frau E war davon ausgegangen, dass sie das wieder hinbekommen würden. Es war doch schon so lange so, dass sie dachte, ihr Mann habe sich daran gewöhnt. Nun aber hat er ihr deutlich gesagt, dass er die Zurücksetzung nicht länger erträgt und Ella und seine Mutter verlässt, um mit einer anderen Frau zusammenzuziehen. Auch Ella ist tief getroffen. Sie spürt, dass aus der Sicht ihres Vaters sie die Schuld an der Trennung trägt, weil ihre Mutter sich immer zu sehr um sie gekümmert habe. Wortwörtlich ist ihr der Schmerz in die Beine geschossen, die ihr nun immer wieder den Dienst versagen. Diese Konversionsstörung, so der Fachbegriff, ist schnell behandelt. Ella wird mit autogenem Training und Physiotherapie behandelt. Später erhält sie noch psychotherapeutische Unterstützung, um die Trennung vom Vater besser zu verarbeiten. Frau E begibt sich ebenfalls in eine Psychotherapie, um ihre gescheiterte Beziehung für sich aufzuarbeiten.

Familie E gehört zu den knapp fünfzig Prozent der Ehen in Deutschland, die wieder geschieden werden. Ein Grund dafür mag eine abnehmende Disziplin von Eheleuten sein, sich immer wieder zusammenzuraufen und etwas aktiv dafür zu tun, dass man gegenseitig attraktiv bleibt. Ein anderer Grund liegt in den Ansprüchen, die heute wirksam sind: Eheleute müssen letztlich genauso perfekt sein wie Eltern.

Woher kommt er, dieser Anspruch, absolut glücklich sein zu wollen (in der Ehe) und dieses Glück quasi weiterzuvererben? Maximales Glück verspricht, den Unbill des Alltags, das Grau des normalen Lebens vergessen und hinter sich lassen zu können. Dieser narzisstische Übersprungversuch setzt viele Kräfte in uns frei, weil das Grau nur zu schwer auszuhalten ist. Der Anspruch an das absolute Glück und die perfekten, optimierten Kinder hat schließlich mit der Lebensrealität nichts zu tun. Wirft man den Blick von außen, sieht man das eher, als wenn man selbst drinsteckt in dem Ringen um Perfektion. Als behandelnder Arzt kann ich mir diesen analytischen Blick erlauben. Herr E war offensichtlich so konfliktunfähig, dass er eine Lösung durch Fremd- und Weggehen herbeiführen konnte. Der Perfektionismus seiner Frau ist eine andere Sache. Oft ist Perfektionismus eine Strategie, mit der man mehr oder weniger unbewusst dafür sorgen kann, dass Ziele nicht erreicht werden können. Dann ist ein Scheitern vorprogrammiert, und die Schuld ist schnell beim Anderen gefunden – und Frau E ist aus dem Schneider, wenn auch mit dem Gefühl, traumatisiert zu sein. Frau E hat ihren Perfektionismus nicht bewusst in ihrer Beziehung eingesetzt, schon gar nicht, um ein Scheitern herbeizuführen. Dennoch ist eine Dynamik entstanden, in der deutlich wird, dass ihr Perfektionismus und seine Konfliktunfähigkeit sich gegenseitig aus dem Haus treiben.

Perfektionismus setzt immer dann ein, wenn die eigenen Grenzen oder die Unwägbarkeit der Umwelt nicht auszuhalten sind. Ein unsicheres Kind wird dann versuchen, mit einem extremen inneren Anspruch über sich hinauszuwachsen, aber auch alle Bedingungen zu kontrollieren, unter denen etwas stattzufinden hat. Perfektionismus ist der Gegenspieler von Chaos, von Lust und ungeregelten Strukturen. Bezogen auf die herrschenden Ansprüche in unserer Gesellschaft an die perfekte Erziehung und die perfekten Kinder kann das auch heißen, dass wir kollektiv etwas unterstützen, um uns dann aber gleichzeitig – halbherzig – dagegen zu wenden.

Moderne Ehen oder Beziehungen, in denen die Eheleute oder Partner zu Eltern werden, haben wie ein Kleinunternehmen viele Aufgaben zu bewältigen: die Pflege der ehelichen Beziehung, die Pflege der Kinder, die Pflege der eigenen Karriere und des eigenen Fortkommens, die Pflege des sozialen Netzwerkes ... Was wie ein Pflegeberuf klingt, ist in Wirklichkeit ein der beständigen Optimierung unterworfenes Unterfangen – und ein Rundumjob im Vierundzwanzig-Stunden-Schichtdienst. In allen Bereichen muss das Beste entstehen, und ich beobachte, dass die Mütter mit ihren Bedürfnissen und ihrem Bedarf nach wie vor hintanstehen. Ihre Verzichtsleistungen sind oftmals eine wichtige Grundlage dafür, dass aus dem Ehepaar ein Elternteam wird – und bleibt. SuperKids lernen dabei, dass sie nur entstehen, wenn ihre Mutter auch bereit ist, diese Verzichtsleistung zu vollbringen. Es ist ähnlich, wie schon in meinem Buch über Burnout-Kids beschrieben: Nur durch maximale Mama-Logistik ist die Kindererziehung zu optimieren.

Von meinem Schreibtisch aus beobachte ich zufällig eine alltägliche Szene. Vor meinem Haus geht eine junge Familie spazieren. Der etwa zweijährige Junge müht sich, mit einem für ihn etwas zu großen chromglänzenden Laufrad vorwärtszukommen. Hinter ihm geht sein Vater, der versucht, ihm durch Instruktionen zu helfen, mit dem Rad zurechtzukommen. Nebenher geht die Mutter mit einem Kinderwagen, in dem offensichtlich ein Säugling liegt. Der Junge kommt nicht klar mit dem Laufrad, er wackelt immer wieder und schimpft lauthals. Der Vater beginnt gegenzuhalten und wird seinerseits lauter. Schnell eskaliert der Streit, und der Vater entreißt seinem Sohn das Rad, um es demonstrativ wegzutragen. Der Junge beginnt zu weinen, läuft dem Vater hinterher, hält ihn am Hosenbein fest. Der Vater dreht sich um und schickt seinen Sohn mit entschlossener Geste zurück. Der Vater trägt das Rad zehn Meter weiter und stellt es hinter einer Hecke ab. Der Junge ist inzwischen wieder am Kinderwagen neben seiner Mutter und protestiert lauthals. Er strampelt, wirft sich auf den Boden und schreit seinen Vater verängstigt an, weil er Sorge um sein neues Rad hat. Der Vater kommt zurück und kniet sich vor seinen Sohn, um ihm eindringlich zu erklären, dass sein Verhalten nicht in Ordnung gewesen ist. Der Junge weint. Schließlich richtet der Vater sich wieder auf und holt das Laufrad hinter der Hecke hervor. Entnervt stellt er es vor seinen Sohn, der inzwischen von seiner Mutter getröstet worden ist. Sie nimmt sich des Rades an, der Junge steigt auf und fährt wackelig, aber von der Mutter gestützt, weiter. Der Vater greift den Kinderwagen und marschiert entschlossen ohne die beiden los.

Was ich gesehen habe? Ein überforderter Vater versucht mit mittelalterlichen Methoden, seinen Sohn zu etwas zu bringen, was diesen offensichtlich überfordert, und straft alle am Ende mit Missachtung.

Eine Alltagsszene, die wie eine Metapher für viele Familien gilt: Väter sind ungeduldig, Mütter halten sich auffallend zurück, lösen die Situation schließlich und versuchen, schwer zu verbindende Familienbeziehungen zu halten. Immer noch sind Geschlechtsstereotype wirksam, und dann sind es nach wie vor die Mütter, die alles zu überbrücken versuchen. Und immer noch gibt es männliche Erziehungsstrategien, die davon getragen sind, dass Sanktionen Kinder positiv verändern. Das ist ähnlich wie in der Weltpolitik: Eskalationen zwischen Völkern werden u. a. dadurch aufrechterhalten, dass auf jede gegnerische Aktion mit Sanktionen reagiert wird, die ihre Legitimation dadurch erhalten, dass sie lediglich reagieren, nur eine »gerechte Strafe« des anderen darstellen.

Ein paar Tage später sah ich Vater und Sohn wieder, der diesmal ein Laufrad benutzte, das offensichtlich eine Nummer kleiner war, sodass der Junge sich sicher bewegen konnte.

Diese Vignette zeigt einmal mehr, wie sehr Väter Träger einer Ungeduld sind, die sich in diesem Fall nicht einmal eingestehen kann, ein falsches, ein zu großes Laufrad gekauft zu haben, sondern die sie an der vermeintlichen Unfähigkeit des Kindes festmacht. Das alte Laufrad ein paar Tage später, auf dem ein gelöster Junge sitzt, zeigt, wie es gehen kann. Wir müssen allerdings damit rechnen, dass der Junge mit einem Gefühl des Scheiterns auf seinem Rädchen sitzt. Ich möchte das nicht dramatisieren: Daran wird man in seiner Entwicklung als Junge nicht krank, aber man lernt sehr früh, dass nur Leistung am Anschlag die väterlichen Anforderungen erfüllt.

In meiner Ambulanz erlebe ich oft, wie sehr sich alle ohne Ausnahme in der Familie anstrengen. Dann wird das Ehepaar zu einem Elternteam, das ständig auf der Suche nach der Optimierung aller Lebensbereiche – insbesondere der kindlichen Entwicklung – ist und aufpassen muss, nicht im Wahn zu versinken. Einem Optimierungswahn, der den Blick für die Realität komplett verstellen kann.

Erziehung im Optimierungswahn

Das Ehepaar T ist ohne seinen Sohn Tassilo (8) gekommen. Ganz selbstverständlich nehmen sie sich an einem Arbeitsvormittag die Zeit, um meinen Rat einzuholen. Ein ansehnliches, freundliches, gepflegtes Ehepaar, Herr T ist Anwalt in eigener Kanzlei, Frau T ist Zahnärztin und arbeitet seit zwei Jahren wieder halbtags in einer Praxis mit.

»Wir wissen nicht genau, ob es richtig ist, zu Ihnen zu kommen«, beginnt Frau T, »deshalb sind wir auch erst einmal ohne unseren Sohn Tassilo gekommen. Wir möchten ihn nicht unnötig unter Druck setzen, sehen aber auch, dass er sich jetzt in der dritten Klasse mit den ersten Zensuren etwas schwertut. Wir haben ihn immer maximal fördern lassen. Er ist ein fröhlicher Junge, der Tennis spielt, Klavierunterricht hat, und unser Kinderarzt hatte uns schon einmal Ergotherapie verschrieben, weil Tassilo in seiner Entwicklung nicht so ganz hinterherkam. Das hat aber nichts verändert.«

»Ich habe manchmal Probleme mit meinem Sohn«, ergänzt Herr T, »weil ich nicht weiß, ob er sich verweigert, bockig ist, oder was mit ihm los ist. Ich habe immer den Eindruck, dass meine Frau ihn übermäßig in Schutz nimmt und er dann umso weniger Anreiz hat, sich anzustrengen. Er kann sich stundenlang mit Lego verspielen oder mit dem Gameboy, aber wenn ich mit ihm etwas lernen möchte, dann wird er schnell bockig oder weinerlich. Ich bin auch sehr unsicher, ob es nicht doch maßlos übertrieben ist, mit diesem lächerlichen Thema zu Ihnen zu kommen. Sie haben sicherlich ständig mit viel schwereren Fällen zu tun, denen wir jetzt den Platz wegnehmen.«

Herr T ist spürbar enttäuscht von seinem Sohn. »Wir haben von Beginn an alles getan, damit dieses Kind sich unter optimalen Bedingungen entwickeln kann. Man muss heute gut aufgestellt sein, um zu bestehen. Das kenne ich zur Genüge aus meiner Welt.«

Die Bedingungen sind optimal: eine junge Akademikerfamilie mit gutem Auskommen, ein angenehmes Wohnviertel mit hervorragender Infrastruktur, in der von Sport über Musik bis Freizeit alles geboten wird – und nun sprengt dieses Kind den Rahmen, den die elterlichen Bemühungen vorgeben. Besonders Herr T macht deutlich, wie groß seine Angst ist, dass ein Kind mit so einer »Verweigerungshaltung« durch alle Maschen des gesellschaftlichen Netzes fällt. Typisch auch die klassische Aufteilung zwischen Mutter und Vater: Während er immer ungeduldiger wird, versucht sie, Tassilo zu schützen. Aber auch Frau T weiß, dass ihr Sohn so nicht bleiben kann, wenn er bestehen soll.

Ich erkläre den Eltern, dass ich froh bin über ihr Kommen, weil es ja offensichtlich ein erklärungsbedürftiges Verhalten von Tassilo gibt. Frau und Herr T sind liebevolle, bemühte Eltern, die sich seit der Geburt ihres Sohnes intensiv darum kümmern, ihm beste Bedingungen für seine Entwicklung zu bieten. Zunächst sah alles auch gut und normal aus. Da Tassilo ihr erstgeborenes Kind war, fielen ihnen Entwicklungsverzögerungen, die sich jetzt auch erst auf Nachfrage herausarbeiten lassen, nicht auf. So konnte Tassilo erst mit anderthalb Jahren laufen, und viele andere Bereiche der motorischen Entwicklung verliefen verzögert. »Es könnte sein, dass Sie ein Kind mit einem umschriebenen Entwicklungsrückstand der motorischen Entwicklung, einer Entwicklungsdyspraxie, haben«, erkläre ich den Eltern. Eine schnell durchgeführte testpsychologische Untersuchung in Kombination mit einer neurologischen Untersuchung bestätigt den Verdacht: Tassilo hat das »Syndrom des ungeschickten Kindes«, ist tolpatschig und hat neben einer spezifischen Förderung und Behandlung ein Anrecht auf einen Nachteilsausgleich in der Schule, weil er tatsächlich in vielem zu langsam ist und seine Auge-Hand-Koordination schlecht ausgebildet ist.

In einem ersten Reflex könnte man auf das Ehepaar T reagieren, indem man ihnen insgeheim Recht gibt mit der Vermutung einer übertriebenen Sorge. Familie T ist ein Prototyp der Supereltern. Sie sind über alles gut informiert, sie kümmern sich rechtzeitig, und man könnte sie einsortieren in den allgemeinen Optimierungswahn, der auch vor Familien und ihren Erziehungsbemühungen nicht haltmacht. In diesem Optimierungswahn muss alles gelingen, es kann nicht sein, dass man mit den vielen Informationen, mit der großen Schar an Helfern wie Ergotherapeuten, privat engagierten Musik- und Sportpädagogen sowie den eigenen Bemühungen zu Hause das Kind nicht auf das richtige Gleis bekommt. Denn das ist die Vorstellung: Fährt ein Kind auf dem richtigen Gleis, ist der gute Weg vorgezeichnet. Dann gibt es zwar noch Weichen, aber dem Fahrplan kann man schon jetzt das Ziel entnehmen. Wenn nicht irgendwelche unvorhersehbaren Naturkatastrophen den Zug aufhalten, wird er mit an Sicherheit grenzender Wahrscheinlichkeit am vorbestimmten Ziel ankommen. Mit solchen Gedanken beruhigen wir uns. Unser Sicherheitsdenken betrifft inzwischen alle Bereiche des Lebens: Wir sind nicht nur gegen Krankheit versichert (wie soll das eigentlich gehen?), sondern auch gegen Schäden all unseres Besitzes. Eine »Kinderentwicklungsversicherung« wäre nur eine konsequente Fortentwicklung dieses unermesslichen Wunsches nach Einschätzbarkeit.

Die Prämisse dafür – die noch vor einigen Jahrzehnten niemand so in den Raum gestellt hätte: Kinder sind in ihrer Entwicklung vorhersagbar. Nun, wenn das gilt, dann doch auch für unser eigenes Leben – und auch wenn wir nur deshalb vorausschauen, um unsere Unsicherheit zu besiegen und sie zu verleugnen. Das mag uns guttun, aber wir dürfen dies für unsere Kinder nicht vorwegnehmen. Wir müssten mit Geduld abwarten. Doch diese Kraft scheint uns Eltern verloren gegangen zu sein. Und durch die beständige Optimierung unserer Erziehungsbemühungen versuchen wir, die Unsicherheit zu überspringen, wir hüllen uns und unsere Kinder ein in ein Korsett (oder ist es ein Neoprenanzug?) aus sicherheitsspendenden Spangen, die uns suggerieren, dass nichts passieren kann. Ein medizinisches Korsett ist immer dann indiziert, wenn der Körper sich nicht selber halten kann und gestützt werden muss. Wenn wir nicht wissen, wie, mit welchen Mitteln und wohin wir unsere Kinder erziehen wollen, woher wir Werte und Sicherheit dafür nehmen, dann wäre es doch gut, wir könnten uns einfach ein Korsett überstreifen und wüssten, woher die Sicherheit kommt. Wenn ich mit meinem Neoprenanzug vor Kälte geschützt und doch bewegungsfähig bin, so kann ich meine Fähigkeiten, zu surfen, länger ausüben, als das Wetter und die Wassertemperatur dies normalerweise zulassen würden. Optimal wäre eine Kombination aus Stützapparatur und Kälteschutz. Eine Anleitung zu einer Absicherung unserer Erziehungsunsicherheit hin zu einer Erziehungsoptimierung, bei der Eltern immer wissen, woran sie sind, und vor allem, dass ihre eigenen Fähigkeiten dazu ausreichen. Das Korsett sieht man ja nicht.

Natürlich braucht man für sein eigenes Leben und das seiner Familie ein grundlegendes Gefühl von Sicherheit, und von der beständigen Aufzählung aller täglichen Gefahren würde man krank werden: Dieses Gefühl der Sicherheit sollte aber einem gesunden Optimismus entspringen – und nicht einer Verleugnung der Risiken. Optimismus, der sich darauf stützt, dass in der Regel das eigene Leben und die Entwicklung der Kinder gut verlaufen werden, ist eine Quelle von Kraft. Das ist eine Alltagserfahrung: Wenn ich davon ausgehe, dass ich den Ball treffe, und es keine grundsätzliche Überschätzung ist, wird es mir auch gelingen.

»Ich habe mein ganzes Leben auf meine Familie ausgerichtet«, berichtet Frau O, die etwas nervös und angespannt vor mir sitzt. »Olga ist das mittlere von unseren drei Kindern. Sie ist jetzt vierzehn Jahre alt und hat zwei Geschwister, einen sechzehnjährigen Bruder und eine elfjährige Schwester. Wir leben zufrieden in unserem Haus am Stadtrand, mein Mann ist Ingenieur in einer Firma, die Messinstrumente herstellt, und ich habe bis zur Geburt des ersten Kindes als Krankengymnastin gearbeitet. Wir haben nie übertrieben, glaube ich, aber haben uns doch immer sehr darum bemüht, beste Bedingungen für unsere Kinder zu schaffen. Man weiß ja heute überhaupt nicht mehr, auf wen man hören soll. Die Elternbesprechungen in den Schulen meiner Kinder sind schon lange ein Horror für mich. Es entsteht immer ein Riesendruck, alle Eltern vermitteln, was für tolle, hochbegabte Kinder sie haben, die nicht ausreichend in der Schule gefördert werden. Ich sitze dann immer da und denke, ich bin die Einzige, die normal begabte Kinder hat. Es entsteht eine Stimmung, in der ich dann glaube, meine Kinder – und ich eingeschlossen! – sind dumm. Diese leistungsorientierten Eltern verlangen von den Lehrern mehr Druck, mehr Disziplin, mehr Lernerfolg, und ich gehe dann nach Hause und denke, wir haben alles falsch gemacht oder wir haben Kinder, die für diese Welt nicht geschaffen sind. Wie viele Bücher habe ich gelesen! Und eigentlich dachte ich immer, ich wüsste schon etwas auf Grund meines Berufes. Aber Olga war von Beginn an ein Kind, das mich so sehr beansprucht und gefordert hat, dass ich schnell am Rand meiner Kräfte war. Mein Mann konnte das oft nicht verstehen, ebenfalls wenn er am Wochenende selber erleben musste, dass er auch nicht mit diesem launenhaften Kind zurechtkam. Olga war und ist extrem empfindlich, zeigt unglaubliche Stimmungsschwankungen und ist immer wieder nicht erreichbar. Im Gegensatz zu meinen anderen Kindern kann ich dieses Kind nicht erfühlen, ich weiß nicht, was in ihr vorgeht und warum sie so oft grundlos schlecht gelaunt und reizbar ist. Und eines ist völlig klar, wenn Olga so weitermacht, dann wird sie in ihrem Leben scheitern. Ich habe oft den Eindruck, dass ich mit Olga und ihren – unseren – Problemen auf einem anderen Stern lebe. Die anderen Eltern können sich um die Optimierung der Entwicklung ihrer Kinder kümmern, und ich kann mit meiner Tochter oft nicht einmal sprechen, sie schneidet mich, uns, ist aggressiv und zurückweisend. In der Schule kommt sie wohl einigermaßen zurecht, streitet sich aber auch dort oft mit Lehrern, die mir zurückmelden, wie schlecht erzogen dieses Kind ist. Ich weiß nicht mehr weiter. Wir sind mit Olga komplett abgehängt. Wo es doch heute so wichtig ist, zu performen! Und Olga wollte natürlich nicht mit zu Ihnen kommen. Ich streiche die Segel.«

Es ist nachvollziehbar, dass Frau O nicht mehr weiterweiß. Sie ist ein Beispiel für die maximalen Anstrengungen, die manche Eltern bei der Erziehung leisten. Bislang waren sie mit der Erziehung von Olga verbunden, und Frau O verweist auf die Elternarena Klassentreffen, bei dem die maximale Förderwilligkeit der Eltern und ihr Versuch der Leistungsoptimierung eine Eigendynamik entwickelt. Wer sich entzieht, gehört nicht dazu. Wer ein Kind hat, das da nicht hineinpasst, kann sich am besten gleich der Loser-Selbsthilfegruppe anschließen, die es auch nicht gibt. Frau O ist verloren in einer Welt aus Erziehungs- und Optimierungswahn. In dieser Welt gibt es keinen Platz für das unerklärliche Verhalten eines Kinds, das wie eine Verweigerung aussieht.

Im Anschluss an das Gespräch mit Frau O diktiere ich einen Brief an Olga.

Liebe Olga,

du wirst dich wahrscheinlich sehr wundern, dass du einen Brief von einem Arzt bekommst, den du gar nicht kennst und der sogar noch ein Kinder- und Jugendpsychiater ist.

Ich schreibe dir, weil ich mir Sorgen mache um dich. Bevor du dich jetzt wie so oft von den Erwachsenen bedrängt und missverstanden fühlst, möchte ich dir gerne mitteilen, dass ich aus den Berichten deiner Mutter verstanden habe, dass du das meiste, das dir passiert, nicht absichtlich machst. Ich glaube nicht, dass du etwas dafür kannst, wenn du immer wieder so viel Ärger bekommst.

Ich bin froh darüber, dass deine Mutter bei mir war.

Ich möchte dir gerne vorschlagen, dass wir beide einmal versuchen, herauszufinden, was wirklich los ist. Ich verspreche dir, dass nichts gegen deinen Willen geschehen wird und dass du kein weiteres Mal zu kommen brauchst, wenn du nicht möchtest. Ich bitte dich nur darum, einmal zu kommen.

Ich würde mich freuen, wenn ich dich kennenlernen darf!

Ich grüße dich unbekannterweise,

Prof. Dr. Michael Schulte-Markwort

Das ist meine durchgängige Erfahrung: Wenn ich einen eigenen Kontakt zu den Kindern und Jugendlichen herstelle, gelingt es immer, sie zu gewinnen. Das ist ein Wesensmerkmal der SuperKids! Und dass Olga dazugehört zu diesen SuperKids, daran zweifle ich nicht, auch wenn ihrer Mutter der Glaube daran verloren gegangen ist. Olga ist ein Mädchen mit einer roten und einer gelben Strähne im Haar. Dazwischen wächst ihr struppeliges schwarzes Haar. Sie trägt ein schwarzes Kleid mit löchrigen schwarzen Strümpfen und dunkelroten Boots einer Kultmarke. Auf den ersten Blick ein Protestmädchen, das sich nicht anpassen will, das sich verweigert und auf jeden Fall den Eindruck erwecken möchte: Ich gehöre nicht zum Mainstream. Misstrauisch begrüßt sie mich. Olga hat wenig gute Erfahrungen mit Erwachsenen. Schon immer war sie empfindlich, hatte starke Stimmungsschwankungen und fühlte sich schnell angegriffen. Vor allem fühlt Olga sich anders als die anderen, anders als ihre Geschwister, bei denen immer alles klappt. »Warum bin ich nur so anstrengend für andere?«, fragt Olga mich.

Ich lasse ihr Zeit und versuche, lediglich einen annehmenden, freundlichen Beziehungsraum zu schaffen. Mir muss sie nichts beweisen, ich werfe ihr nichts vor, ich interessiere mich nur für ihr Inneres, für das, was in ihr vorgeht. Schneller als gedacht, kann Olga diesen Raum nutzen. (Das ist für mich wunderbar festzustellen: Je erfahrener ich werde, desto schneller zeigt dieser Raum Wirkung. Eine zentrale Grundlage dafür ist meine Authentizität. Die Kinder müssen sich darauf verlassen können, dass ich ehrlich bin und keine Tricks oder Strategien anwende, um sie irgendwo hinzubekommen.) »Am besten, mich würde es nicht geben. Meine Mutter hat so viele Sorgen mit mir. Sie ist manchmal zwar ätzend, wenn sie mich nicht in Ruhe lassen kann mit ihrem ›mach dies, denk an das und hast du schon‹, aber eigentlich weiß ich, dass man mich oft nicht erreicht. Ich bin dann weit weg, am liebsten auch in meinem Zimmer mit meiner Ratte. Die ist einfach nur da, und ich bin die Einzige in der Familie, der sie vertraut. Auch in der Schule gehöre ich nicht dazu. Die anderen sind in ihren Designerklamotten versteckt und haben Angst vor mir, weil ich manchmal rumzicke oder die anderen auch anschreie. Ich schaffe es kaum noch zur Schule, die mich unendlich anstrengt. Die Lehrer ätzen rum, machen mich immer für alles verantwortlich. Ich glaube, für sie bin ich einfach nur eine ungezogene Göre.«

»Ich stelle mir das anstrengend und sehr einsam vor«, antworte ich Olga.

Ihr schießen die Tränen in die Augen. »Ich kann eigentlich nicht mehr«, stöhnt sie und versucht, ihre Tränen zu verbergen.

Als wir dann noch über ihre Ratte sprechen und sie mich aufklären kann über die verschiedenen Rassen und die Umgangsregeln mit so einem Tier, hellt sich Olgas Stimmung schnell wieder auf. Sie erzählt, dass sie gerne Tierärztin werden möchte und nur deshalb versucht, die Schule durchzuhalten. Das Bild hat sich – wie so oft – gewandelt: Aus dem trotzigen Protestmädchen ist eine traurige und verzweifelte Olga geworden, die ihr ganzes Leben lang das Gefühl hat, sie ist anders und gehört nicht dazu. Diese Binnensicht ist wirklich kaum erträglich, und wenn man sich einmal selbst in dieses Leben hineinversetzt, erkennt man rasch, wie schrecklich es tatsächlich ist: Egal, was ich mache, egal, wie sehr ich mich anstrenge, ich schaffe es doch nicht, Anschluss zu finden oder Anerkennung.

Olga leidet seit ihrer Geburt an einer affektiven Dysregulation. Das Kennzeichen solcher Kinder ist – oft schon im Säuglingsalter – eine Unfähigkeit, eigene innere Gefühlszustände (Affekte) zu steuern. Die Folge ist, dass schon kleine »Neins« der Welt (es regnet, oder die Schule fängt jetzt an) ausreichen, um diese Kinder in Affektstürme zu stürzen. Dann können sie sich nicht mehr steuern und reagieren auf Kleinigkeiten so, als wäre etwas sehr Schlimmes passiert. Schnell fühlen sie sich angegriffen und grenzen sich entsprechend empfindlich, oft ohne dass etwas Nachvollziehbares geschehen ist, von ihren Mitmenschen ab. In der Pubertät sind solche Jugendlichen nicht selten depressiv und verzweifelt.

Olga hat ein Anrecht darauf, dass ihr und ihren Eltern zunächst einmal der Zusammenhang und das Krankheitsbild erklärt werden. Alle reagieren entlastet, als deutlich wird, dass niemand durch eine falsche Erziehung die Symptomatik bei Olga erzeugt hat. Frau O hat allerdings ein schlechtes Gewissen, dass sie sich nicht schon längst an einen Kinder- und Jugendpsychiater gewandt hat. Olga reagiert mit nie gekannter Entspannung. Alle sind einverstanden, dass es jetzt um eine kombinierte antidepressive Medikation und zusätzlich eine intensive Psychotherapie gehen muss, von der Olga schnell profitieren wird.

Olga passt nicht in den Optimierungswahn. Sie ist ein Kind, das sich allen Anforderungen, sich in den Mainstream einzufügen, widersetzt hat, und das von Beginn an. Ratschläge anderer Eltern, dass solch ein starker Wille auch einmal gebrochen gehört, hat Frau O zum Glück nicht befolgt. Jetzt, wo sie versteht, was mit ihrer Tochter los war und ist, kann sie sich an ihre Seite stellen und versuchen, Olga durch die täglichen inneren Stürme zu helfen. Meinen Rat, Olga möge einen Namen für ihre Zustände finden, beantwortet sie in der ihr eigenen Originalität: Es ist Ad (»Äd«), der sie immer wieder im Griff hat. Damit wird die affektive Dysregulation (aD) zu einem Begleiter von Olga, mit dem sie sich fortan auseinandersetzen und mit Hilfe der Psychotherapie auch irgendwann versöhnen kann.

Ein SuperKid ist Olga – und doch passt sie erst einmal nicht in das Bild, das sich unsere Gesellschaft von Kindern gemacht hat, davon, wie Kinder sein sollen. Olga ist nicht optimal, sie ist nicht perfekt, und doch hat sie ein Recht darauf, dass wir sie mit ihren Stärken und Schwächen akzeptieren. Ebenso wie ihre Mutter, die sich durch die Über-Eltern unter Druck gesetzt fühlt. Man darf spekulieren, was die anderen Eltern aus der Klasse über Frau O sagen würden. Eine, die es eben nicht hinbekommt? Die es nicht schafft, Olga vernünftig zu erziehen? Man sieht es doch gleich, wie die schon angezogen ist. Wenn das mein Kind wäre …! Frau O hat auch lange gebraucht, um sich für Olga Hilfe zu holen. Sie hat immer gespürt, dass etwas anders ist mit ihrer Tochter, aber sie hat sich nicht getraut, sich auf ihre Einfühlung zu verlassen. Sie hat sich Vorwürfe gemacht, sich unter Druck gesetzt, sich isoliert und am Ende damit dafür gesorgt, dass Olga erst spät Hilfe bekommt. Ein verständnisvoller Blick der anderen Eltern hätte vielleicht geholfen, dass Frau O nicht so lange trotzig gegenhalten wollte.

Caspar ist 15 Jahre. Er kommt, weil seine Eltern mit seinen guten Schulleistungen nicht zufrieden sind. Ich stutze. »Meine Eltern wollen das Beste. Und bald komme ich in die Oberstufe, und dann zählt alles. Meine Eltern sagen, dass ich mich vielleicht nicht gut konzentrieren kann. Insbesondere, wenn ich mit den Hausaufgaben anfangen soll, dauert es. Ich habe keine große Lust auf Schule. Mein Leben ist überhaupt komplett wie Schule: Ich übe täglich Saxophon, spiele im Schulorchester und gehe zweimal in der Woche zum Fechten. Da bleibt nicht viel Zeit. Ich mag nun mal Computerspiele gerne. Am liebsten Ego-Shooter. Aber das dürfen Sie meinen Eltern nicht sagen. Wenigstens etwas, was sie nicht mitkriegen.«

Auch die Eltern von Caspar sind Supereltern, die alles richtig machen möchten. Musikalische und sportliche Bildung ist in das Leben ihres Sohnes integriert, und eigentlich macht er alles ganz ordentlich. Nur die Noten könnten besser sein, es sind »nur« Zweier. »Das Ätzende ist, dass sich mein Leben immer mehr aufspaltet: auf der einen Seite meine PC-Welt und auf der anderen dieser Druck. Ich erfülle die Anforderungen meiner Eltern, besonders die meines Vaters nicht. Je mehr ich das spüre, desto mehr haue ich innerlich ab. Ich finde meine Eltern ganz okay, aber mit mir hat mein Leben nichts zu tun. Meine Eltern sind wie Supernannys, die hinter mir herrennen, am Ende bin ich zwar schneller, aber mein Leben ist Scheiße.«

Um die Eltern nicht von vornherein zu verprellen, machen wir eine Intelligenz- und eine Konzentrationsdiagnostik: alles unauffällig. Caspar hat einen durchschnittlichen IQ und eine gute Konzentrationsfähigkeit. Kein ADS, keine versteckte Hochbegabung, wie es der Vater vermutet hat. Bei dem durchschnittlichen IQ von Caspar hätte ich vor 20 Jahren von einem Gymnasium abgeraten, weil wir früher tatsächlich davon ausgegangen sind, dass man für diese Form der weiterführenden Schule überdurchschnittlich intelligent sein müsse. Schon lange habe ich die Erfahrung, dass auch die Kinder mit einem durchschnittlichen IQ ausreichend gut durchkommen, wenn sie entsprechend anstrengungsbereit sind. Caspar ist ein völlig unauffälliger, gesunder Junge, dessen Bereitschaft zur Leistung sich auf Grund des beständigen Drucks seiner Eltern in eine gewisse Verweigerungshaltung gewandelt hat. Eine Verweigerungshaltung, die sich nicht offen zeigt, sondern versteckt in den aggressiven Computerspielen ausgelebt wird.

Ich versuche, den Eltern (diesmal habe ich darauf bestanden, dass auch der Vater mitkommt) zu erklären, dass sie mit ihren ständigen Optimierungsversuchen ihrem Sohn zu wenig Freiraum für eine eigene Entwicklung und eigene Interessen lassen und ihn damit möglicherweise (ich verrate Caspar nicht) in verbotene Zonen treiben. Herr C, der sowieso spürbar widerwillig zu mir gekommen ist, zeigt sich enttäuscht. »Jetzt lassen Sie mich extra kommen, um mir zu sagen, dass aus Ihren fragwürdigen Testuntersuchungen nichts herausgekommen ist?« Auch wenn Frau C ein klein wenig erreichbarer wirkt, fragt sie mich, ob denn diese Ergebnisse überhaupt zuverlässig sind, wo es doch sein könnte, dass ihr Caspar an dem Tag einfach schlecht drauf war oder nicht so richtig mitgearbeitet hat?

Ich gebe mir noch einmal in einem langen Gespräch viel Mühe, die Eltern C zu erreichen, muss aber bald feststellen, dass es vergebliche Liebesmühe ist. Sie werden so weitermachen wie bisher. Schließlich kennen sie ihren Sohn am besten. Vielleicht werden sie in einem oder zwei Jahren noch einmal woanders die Diagnostik wiederholen in der Hoffnung, dass ihnen jemand die Ergebnisse schönredet. Caspar wird weiter in seine zweite Welt der PC-Spiele flüchten. Wenn es gut ausgeht, bleibt er bei seinem Zweier-Abitur, wenn es schlecht läuft, wird er sich mehr verweigern, offener gegen die Optimierung protestieren, was sich am Ende aber gegen ihn richten wird. Wahrscheinlicher ist es, dass Caspar sich wie gewünscht anpasst und seine heimliche Welt weiterlebt.

Die Eltern C sind nicht in der Lage, von ihren Erziehungsmaximen abzurücken. Sie sind die Vertreter eines Wahns, der alle Eltern heute berührt. Solange Eltern bestimmte Überzeugungen haben in Bezug auf ihre Erziehung, wird man in der Regel mit ihnen darüber in ein Gespräch kommen können. Wenn Überzeugungen sich immer weiter verfestigen, können sie zum Wahn werden. Ein Wahn ist dadurch gekennzeichnet, dass der betroffene Mensch unter einer unverrückbaren Wahrnehmung oder Einbildung leidet und keinen angemessenen Abgleich mit der Wirklichkeit leisten kann. Und ein wenig scheint allen Eltern heute dieser Bezug zur Wirklichkeit verloren gegangen zu sein. Wie ich darauf komme? Wer möchte nicht, dass sich das eigene Kind optimal entwickelt? Wer kann sich den Ratschlägen und Vergleichen anderer Eltern entziehen, bei denen alles so einfach erscheint? Optimierung ist ein Vorgang, gegen den an sich niemand etwas haben kann. Optimal, gut gelaufen – wer hätte etwas dagegen? Und dennoch scheint dieses Wissen abhandengekommen zu sein: Seelische Entwicklung ist nichts Gradliniges, nichts, was in eindeutig vorgebahnten Spuren abläuft. Der Beruf des Kinder- und Jugendpsychiaters wird u. a. deshalb nicht langweilig, weil tatsächlich jedes Kind anders ist, auch wenn Krankheitssymptome und -geschichten sich überschneiden oder deckungsgleich sein können. Wollte man uns alle über einen Kamm scheren, wir würden uns wehren. Doch seltsamerweise ist diese Distanz zu den eigenen Kindern nicht mehr existent: Unsere Kinder sollen überhaupt optimal sein, ein optimales Leben haben und optimal glücklich sein ...

Der Wahn einer Optimierung lässt für Unterschiede keinen Platz, Abweichung darf nicht vorkommen. Eltern heute geraten in Panik, wenn sich herausstellt, dass ein Kind in ihren Augen oder in den Augen der Lehrer/Freunde/des Umfelds/ der Gesellschaft »versagt«. Doch ist es nicht eigentlich das Versagen des Systems, das ein Kind nicht angemessen fördert – und zwar ausgehend von den Veranlagungen des Kindes? Und ich meine angemessen, nicht unbedingt optimiert. Diese Voraussetzungen der Kinder sollten wir im Blick behalten. Zumindest wenn wir uns aufmachen, den Anspruch von Chancengleichheit tatsächlich umzusetzen. Und wie oft postulieren wir diesen Anspruch, ja wir fordern ihn ein, wenn wir über Integration sprechen, über Inklusion, über die Gleichstellung von Kindern mit unterschiedlichen Voraussetzungen. Die Supereltern von heute sind dabei nicht weniger in einer unmenschlichen Maschinerie gefangen als ihre Kinder. Einem Wahn wird man aber nur entkommen, wenn man sich entschlossen auf die Seite der Realität stellt, die in diesem Fall immer die Seite des Kindes ist. Filme wie »Die Welle«, in dem bei einem Schulexperiment deutlich wird, wie autoritäre Strukturen entstehen, haben gezeigt, dass wir alle anfällig sind dafür, unkritisch die Meinung einer Autorität oder einer Mehrheit zu übernehmen. In Zeiten des Informationszeitalters stehen uns eigentlich alle Quellen zur Verfügung, um objektiver zu sein. Die Unübersichtlichkeit ist allerdings so groß geworden, dass niemand mehr durchblickt. Und am Ende gewinnt der Wunsch der Mehrheit, zu den Gewinnern der Gesellschaft zu gehören – oder zumindest den Kindern diese Möglichkeit einzuräumen.

Ratgeber, Medienschelte und die Folgen

Engagierte Eltern gehen heute nicht mehr davon aus, dass ihre elterliche Intuition ausreicht, um die Kinder zu erziehen. Da es auch keine Tradition der Großfamilie mehr gibt und Großeltern es gelernt haben, den eigenen Kindern nach Möglichkeit nicht reinzureden bei der Erziehung der Enkel, bleibt nur der Griff zur Ratgeberliteratur. Diese ist allerdings widersprüchlich und vielfach gekennzeichnet durch populistische Ansätze. Da geht es um Kindertyrannen, um Eltern, die unfähig sind, ihren Kindern ein »Nein« entgegenzuhalten, um Helikoptereltern – und so sind Eltern immer wieder hin- und hergerissen zwischen dem Gefühl der Anstrengung, alles richtig machen zu wollen, ja, alles richtig machen zu müssen, und einem Impuls des »Schluss jetzt!«, der sich nur zu oft gegen die Kinder wendet. Bin ich meinem Kind gegenüber zu durchlässig, mache ich aus der Kindheit meines Kindes eine Krankheit, wenn ich mir ärztlichen Rat hole? Zwischen den Kinderkrankmachern und der Forderung: »Kindheit ist unantastbar«, gibt es keine Verbindung. Entweder Eltern sind übertrieben ängstlich, grenzüberschreitend, oder sie dürfen ihr Kind nicht antasten. Wer soll da seinen eigenen Weg finden?

Wie schön wäre es, wenn man von Zeit zu Zeit einfach diesen anstrengenden Trip durchs Großwerden unterbrechen könnte, diesen Trip auf die Fünftausender dieser Welt bei entsprechender Atemnot, ein Sherpa würde einen sicher ins Tal führen, wo in der Oase der Liegestuhl mit angenehmen Getränken und guter Literatur bereitsteht. Doch das Elterndasein kennt keine Auszeit. Und längst sind auch die Ruhephasen durchgetaktet. Auch die Urlaube müssen maximal organisiert sein, unterschiedliche Interessen unter einen Hut gebracht werden, sodass die Anstrengung der Erziehung zu keiner Zeit unterbrochen wird und auch nicht unterbrochen werden darf. Erziehung ist ein Job von Eltern, der nur durch den Erziehungserfolg belohnt wird. Und was Erfolg ist, das bestimmen die anderen, Erziehung muss sich bezahlt machen. Denn wir in unserer Gesellschaft sind es gewohnt, immer in Wert und Gegenwert zu denken. Also müssen auch wir Eltern bei der Erziehung darauf achten, dass etwas Optimales aus unseren Kindern wird. So etwas wie Erziehung und ein Leben mit Kindern zum Selbstzweck gibt es nicht (gab es vielleicht noch nie?), und was bleibt, ist die verzweifelte Suche der Erziehereltern nach dem Lohn für ihre Mühen. Der Lohn ist jedoch in der Hand der anderen Partei in diesem Rennen um Anerkennung, es sind die Kinder, die das Zünglein an der Waage darstellen. Daher müssen Eltern und Kinder miteinander aushandeln, was perfekt, optimal, gelungen ist. Und keiner weiß, wie der Deal aussieht.

Da niemand von den Kindern einen echten Deal erwartet, dreht sich alles um das scheinbar objektive Ergebnis, das uns, die Eltern, die Gesellschaft entlohnt. Objektiver Erfolg, was ist das? Ein gutes Abitur, eine gute Ausbildung und danach die Entlassung in die Unabhängigkeit, die Selbständigkeit, wenn die Kinder auf eigenen Füßen stehen? Da Kindheit und Adoleszenz heute jedoch länger dauern bzw. in ihrer eigentlichen Dauer endlich anerkannt sind, müssen wir bis zum 25. Lebensjahr unseres hoffnungsvollen Nachwuchses warten, ehe wir die Früchte ernten können. So lange warten auf Anerkennung – das Resultat ist elterliche Verunsicherung.

Kein Wunder, dass wir von Ratgebern überflutet werden, die nur bedingt und nur im Einzelfall helfen und sich darüber hinaus auch noch komplett widersprechen. Die Medien tun das Ihre dazu, um die Verunsicherung von Eltern weiter voranzutreiben. Sie zitieren vorzugsweise einzelne Forschungsergebnisse, die geeignet sind, die Verunsicherung zu vergrößern, oder führen eigene Untersuchungen durch, die mit uns Eltern schimpfen: Wir sind alle Helikopter-Eltern, können unsere Kinder nicht loslassen, wir sind selbstsüchtig und lassen sie zu früh alleine, wir ... Diese Medienschelte ließe sich endlos fortsetzen. Und jetzt komme ich noch mit dem Optimierungswahn. Einstweilen werden ständig neue Formate kreiert, die Kinder vermeintlich zu Stars machen und sich an die Spitze des Optimierungswahns setzen. Aus diesem Wahn zu erwachen ist ein zentrales Anliegen dieses Buches. Ich möchte aufzeigen, dass Bemühungen und Fürsorge um Kinder nicht im Optimierungswahn enden müssen, auch wenn es bisweilen aussichtslos erscheint, sich den wahnhaften Bestrebungen zu widersetzen.

Eltern können in dieser Welt eigentlich nur resignieren – oder sich noch mehr anstrengen. Für mich als Kinderpsychiater gilt Ähnliches: Auch ich bin ständigen Anforderungen nach Neuerung, neuesten Studien und evidenzbasierter Medizin ausgesetzt. Und auch ich bin Vater ...

Die Resignation ist allerdings keine Option, weil wir nichts zu Lasten unserer Kinder machen möchten. Im Zweifelsfall fällt doch alles auf uns zurück. Zwischen Rabeneltern und Helikopter-Dasein: Wirkliche Alternativen sind das nicht. Eltern leben mit ihren Schuldgefühlen und jonglieren mit den verschiedenen Ansprüchen in sich und der Umwelt. Sie haben immer einen Teller zu viel auf den Jonglierstäben, sodass der Zusammenbruch der Vorführung beständig droht. Fällt im Zirkus nur ein Teller herunter, wird er schnell wieder aufgehoben. Oder er zerschellt. Doch was hier zerschellt, das sind Kinderleben, Persönlichkeiten, die sich nicht entfalten können. Jeder Jongleur weiß, dass es eine Grenze gibt, die er nicht überschreiten darf, wenn er nicht scheitern will. Selbst das Gezeigte gelingt ja nur mit maximalen täglichen Übungen! Ähnlich wie der Jongleur sind auch die heutigen Eltern: Sie üben, verbessern sich täglich, dabei geht es meist um nur ein Kind, das Geübte wird später nie wieder angewendet werden können, und sie sind gefährdet, zu viele Teller aufnehmen zu wollen. In diesem Bemühen rühren mich die Eltern ebenso an wie die Kinder. Auch Eltern wollen alles richtig machen, alles soll gut werden, optimal.

Deshalb sind die Eltern, die mir heute begegnen, Supereltern. Sie sind Supereltern, weil sie sich großartig engagieren, weil es ihnen nicht egal ist, was aus ihren Kindern wird, weil sie sich darum bemühen, die Kinder ernst zu nehmen und sie zu wappnen für diese komplizierte Welt. Die Supereltern kümmern sich, kommen und fordern Antworten und Ratschläge. Sie haben Kinder erzogen, die es gewohnt sind, einbezogen zu werden, die ihren Wert spüren, die aber auch wahrnehmen, wie angestrengt ihre Eltern sind. Sie ahnen, dass sich diese Anstrengung nicht nur auf die Arbeit bezieht, den bezahlten Job, sondern auch auf die Erziehungsarbeit. Die Supereltern von heute machen einen Superjob. Ich gäbe etwas dafür, sie intensiver, als dies im Einzelgespräch möglich ist, zu entlasten.

Deshalb schreibe ich dieses Buch. Es kann eben nicht darum gehen, sich entspannt zurückzulehnen, weil davon die Kinder auch nicht groß werden. Wir sitzen in der Falle, wir alle, unsere Gesellschaft, doch es ist an der Zeit, darüber nachzudenken, wie wir uns daraus befreien können oder wie es zumindest für alle – auch die Kinder – erträglicher werden kann.

Super – muss das sein?
Familiäre Wirklichkeit heute

Die Familie als Kleinunternehmen

Familien sind heute nicht mehr nur besondere psychosoziale Gebilde, die auf der Grundlage von Liebe, Zuneigung und dem funktionieren, was man gemeinhin Blutsbande nennt. Familien sind heute Mikroorganisationen, die nach modernen Gesetzen wie Unternehmen organisiert und deren Strukturen der Optimierung untergeordnet sind. Innerhalb dieser Systeme kann niemand ausscheren. Es genügt nicht, dass Eltern ihre Kinder lieben und diese liebevoll begleitet einfach vor sich hin aufwachsen. Das alleine käme schon einer Verwahrlosung nahe. Kinder sollen sich optimal entwickeln, die gesamte Familie sucht ihr Optimum, vom Hausbesitz oder Wohnungseigentum über die jährliche berufliche Weiterentwicklung der Eltern bis zur Altersversorgung – die optimale Entwicklung der Kinder nicht zu vergessen.

Frau E ist alleine in meine Sprechstunde gekommen. Der eigentliche Anlass ist Eila, ihre 12-jährige Tochter. Frau E wollte aber lieber erst einmal mit mir sondieren, ob sie »richtig« ist oder nur übertreibt, und überprüfen, ob ich der richtige, vertrauenswürdige Arzt für sie und ihre Tochter bin. Kaum sitzt sie vor mir, kommen ihr die Tränen. Es ist spürbar, dass Frau E verzweifelt und erschöpft ist.

»Es tut mir leid, das wollte ich nicht, hier gleich in Tränen ausbrechen. Aber jetzt, in dem Moment, in dem ich hier sitze – und ich habe ja erst lange gewartet, bis ich überhaupt einen

Termin verabredet habe, der dann auch noch drei Monate gedauert hat –, merke ich, wie viel sich bei mir angesammelt hat. Entschuldigen Sie, es sollte doch um Eila gehen und nicht um mich.«

Frau E ist Anfang 40, eine gepflegte, modisch gekleidete, schlanke Mutter von zwei Kindern, neben der 12-jährigen Eila gibt es noch Erika, 10 Jahre. Das blonde Haar in Form einer Kurzhaarfrisur verleiht Frau E ein dynamisches Aussehen, welches mit der modischen, engen Jeans, dem schlichten Pullover und unauffälligem Schmuck korrespondiert. Sie arbeitet wöchentlich 30 Stunden in einer Modefirma, in der sie als Designerin für die Koordination der Einkäufe zuständig ist. Ihre Arbeit macht ihr sehr viel Spaß, allerdings ist der Arbeitsaufwand nur schwer planbar, was dazu führt, dass sie sich sehr abhetzen muss, um alles zu schaffen. Herr E ist Lehrer an einem Gymnasium und unterrichtet Naturwissenschaften.

»Mein Mann ist ein Kopfmensch. Er geht davon aus, dass man alles planen kann, die eigene Entwicklung ebenso wie die der Kinder. Wir haben uns schon in der frühen Schwangerschaft von Eila mit Literatur versorgt. Eines war immer klar: Beide Mädchen sollten sich optimal entwickeln. Ich war mit ihnen bei der musikalischen Früherziehung, in einer englischsprachigen Kinderspielgruppe, einer Bewegungsgruppe in dem Sportverein unseres Viertels. Die ersten fünf Jahre habe ich mich ausschließlich um die Kinder gekümmert, das hat mir auch nichts ausgemacht. Die Mädchen haben sich wunderbar entwickelt, mein Mann hat viel gearbeitet und sich in schulübergreifenden Modellprojekten für die MINT-Fächer engagiert. Er ist sowieso der Nüchterne von uns, ein Kopfmensch, der nicht viel Verständnis für Schwächen hat. Vielleicht läuft es deshalb auch jetzt so über bei mir. Ich habe einfach keinen Raum für mich. Ich bin nur froh, dass die Kinder immer funktioniert haben. Als ich wieder halb anfing mit der Arbeit, war Erika drei und Eila fünf Jahre alt. Sie haben den Kindergarten und die Vorschule hervorragend hinter sich gebracht, Erika immer schon etwas leichter als Eila. Es war immer klar, dass beide Mädchen das Gymnasium besuchen würden, das hat insbesondere mein Mann nie in Frage gestellt. Beide Mädchen spielen Klavier bis heute und Tennis bzw. Hockey. Mein Leben war und ist komplett auf die Familie ausgerichtet, meine Arbeit ist so etwas wie ein Hobby, bei dem ich manchmal das Gefühl habe, ich erhole mich sogar, weil sie mich so ablenkt. Alles Drumherum ist maximale Logistik, ich kümmere mich darum, dass die Mädchen immer dahin kommen, wo sie hinmüssen, ich bespreche abends mit meinem Mann die Fortschritte der beiden, und wir überlegen, was wir noch tun können, um sie immer optimal zu fördern. Mein Mann kennt ja die neueste pädagogische Literatur und weiß, wie sich die Schulen entwickeln, was man braucht, um gut zum Abitur zu kommen.«

Fast atemlos berichtet Frau E, und man merkt, wie sehr sie einerseits von Schuldgefühlen belastet ist und andererseits mit aller Kraft ihr kleines Unternehmen funktionieren lassen muss. Ein erster Reflex führt dazu, dass ich tatsächlich den Eindruck vermittelt bekomme, es gibt gar keinen »wirklichen« Grund, zu mir zu kommen. Ich argwöhne, ich soll einmal mehr zum Familienoptimierer gemacht werden. Gleichzeitig ist die Verzweiflung von Frau E deutlich spürbar. Ich warte, und aus Frau E sprudelt es weiter.

»Eigentlich haben wir kein wirkliches Leben mehr. Alles ist einem rationalen Funktionieren untergeordnet, es gibt kaum Genuss, und wir Eltern starren auf die ›fröhlichen‹ Kinder, denen wir alles geben, damit sie sich optimal entwickeln. Manchmal habe ich wirklich das Gefühl, als wenn die Mädchen, insbesondere Eila, uns ihre Fröhlichkeit nur vorspielen. Und bei allen anderen Familien um uns herum läuft es ebenso. Ich habe sogar den Eindruck, die anderen sind tatsächlich unbeschwerter, echt fröhlich. Und wir sind hinter der Fassade müde. Mein Mann ist dafür überhaupt nicht erreichbar. ›Ich

Die Familie als Kleinunternehmen

weiß nicht, was du willst‹, ist sein Standardsatz mir gegenüber, und dann kann ich wieder sehen, wo ich mit meinen Sorgen bleibe. Die größte Sorge seit dem Übergang auf das Gymnasium ist Eila. Sie tut sich schwer, arbeitet viel und schreibt trotzdem nur Dreien. Die Hausaufgaben mit mir werden immer mehr zu einem Desaster, und wir streiten am Ende fast immer. Mein Mann, der eigentlich von Berufs wegen die Hausaufgaben besser betreuen könnte als ich, ist immer hinter seiner Arbeit verschanzt. Er bleibt immer länger in der Schule, und ich weiß nicht wirklich, ob er tatsächlich so lange zu arbeiten hat. Seine Kollegen sind jedenfalls viel früher da. Aber jetzt bin ich wieder bei ihm und nicht bei Eila. Ich habe den Eindruck, dass sie manchmal sehr langsam und unkonzentriert ist. Sie ist sehr klug, das weiß ich. Aber irgendwie kann sie es nicht umsetzen. Ich habe mir das jetzt fast zwei Jahre angesehen, aber jetzt habe ich lange genug gewartet. Es muss etwas passieren! So kann die Schule für Eila – und für mich! – nicht weitergehen.«

Ein häufiger Vorstellungsgrund in der Kinder- und Jugendpsychiatrie: Schulleistungsprobleme. Dahinter kann sich sehr viel verbergen: eine kognitive Überforderung (der IQ ist nicht hoch genug), eine Teilleistungsstörung (Legasthenie z. B.), ein ADS (Aufmerksamkeitsdefizit-Syndrom) oder andere Belastungsfaktoren im Kind oder seiner Umgebung, die das Lernen erschweren. Viele dieser Fragen nach zugrunde liegenden psychischen Erkrankungen erfordern eine testpsychologische Untersuchung, weshalb sie zum Standard in der kinder- und jugendpsychiatrischen Praxis gehört. Bei Eila zeigt sich folgendes Bild: Sie hat einen IQ von 89 mit einem ausgeglichenen Profil, keine Hinweise auf Teilleistungsstörungen und keine Hinweise auf ein Konzentrationsdefizit. Eila ist mit dem Gymnasium schlicht überfordert. Mit ihrem IQ erreicht sie einen Prozentrang von 19, d. h. von 100 Mädchen ihres Alters haben 81 einen höheren und nur 18 einen niedrigeren Intelligenzquotienten. (Ein IQ von 100 ist normal und entspricht einem Prozentrang von 50, bei einem IQ von 85 beginnt die Lernbehinderung, und ab 125 bzw. 130 beginnt die Hochbegabung.) Zu den schwierigsten Ergebnisbesprechungen nach erfolgter testpsychologischer Untersuchung gehört heutzutage in meiner Praxis die Mitteilung, dass ein Kind für einen bestimmten Schultyp, meistens das Gymnasium, nicht ausreichend intelligent ist, oder die Mitteilung, dass ein Kind lernbehindert ist. Entsprechend ausführlich führe ich Frau und Herrn E (der Vater ist dieses Mal dabei) durch die Ergebnisse des IQ-Tests.

»Wollen Sie damit sagen, mein Kind ist zu dumm für das Gymnasium?«, fragt Herr E mich empört. Frau E beginnt zu weinen. Herr E hakt nach und fragt mich nach der Zuverlässigkeit des Tests. Könnte es nicht sein, dass Eila nur einen schlechten Tag hatte? »Wir kommen zu Ihnen, weil Eila sich in der Schule etwas schwertut, und Sie präsentieren uns jetzt einfach solche Ergebnisse? Hatten wir danach gefragt?«

Ich warte ab. »Ich kann verstehen, dass Sie geschockt sind«, sage ich in Richtung von Frau E.

»Eigentlich habe ich es schon länger geahnt«, flüstert sie, »es war in der Grundschule schon nicht immer alles so leicht für sie wie für Erika oder ihre Freundinnen. Mein Gott, was soll jetzt nur aus ihr werden?«

Ich erkläre den Eltern, dass die Messung eines Intelligenzquotienten nicht vergleichbar ist mit der Messung der Körpergröße oder eines Blutwertes. Natürlich ist Intelligenz eine Konvention, bei der die Leistung mit Normwerten einer Vergleichsstichprobe verglichen wird. Und natürlich bedeutet ein Wert von 89, dass der wahre Wert zwischen 84 und 94 schwankt und »nur« mit 95-prozentiger Wahrscheinlichkeit bei 89 liegt. Klinisch interpretiert liegt Eila aber mit ihrem Wert im Grenzbereich der Lernbehinderung. Ihre Überforderung im Gymnasium ist eindeutig.

Für die Eltern bricht eine Welt zusammen. Alles darf man heute sein, und auch fast jede Krankheit kann die moderne

Medizin heilen. Aber Dummheit? Das ist wie ein soziales Todesurteil, gleichgesetzt mit dem gesellschaftlichen Aus und der Unfähigkeit, für das eigene Leben zu sorgen. Bilder von Werkstätten für geistig Behinderte tauchen auf. Der Garant für ein erfolgreiches Leben ist heute: Intelligenz. Die Kennzeichnung »dumm« für ein Kind ist so tabuisiert, dass es nicht mehr korrekt ist, dieses Wort in den Mund zu nehmen. Jugendliche benutzen das Wort »dumm« als Schimpfwort. Schlimmer geht es nicht: Ein Kind ist weniger intelligent als der Durchschnitt! Wir sprechen dann lieber von »unterdurchschnittlicher Intelligenz«. Wie oft ich schon Testergebnisse anderer Praxen mit Eltern besprochen habe, weil sie nicht verstanden hatten, was die Ergebnisse bedeuten, und sich verwundert an mich wenden, weil trotz des »durchschnittlichen« oder »leicht unterdurchschnittlichen« Ergebnisses ihres Kindes der Schulerfolg ausbleibt. Klugheit ist der Stoff, aus dem heute erfolgreiche Kinder gemacht werden.

Nach meiner Erfahrung kann der Fortgang mit Familie E jetzt zwei Verläufe nehmen: Frau und Herr E glauben die Ergebnisse nicht, verleugnen sie entweder oder lassen Eila auf hochbegabt testen, so lange, bis tatsächlich annähernd ein IQ von über 100 attestiert ist (es gibt testpsychologische Praxen, die solche Ergebnisse liefern). Oder es gelingt, Herrn E über die bessere Einfühlung seiner Frau in Eila zu erreichen, und wir können gemeinsam überlegen, wie ein guter Weg für Eila aussehen kann, ein Weg, der ihr nicht jeden Tag demonstriert, was sie alles nicht kann, und auf dem sie vieles nicht versteht, ein Weg, der ihr die Zufriedenheit (bitte nicht: Fröhlichkeit) beschert, die sie verdient hat.

Es gilt, ein sehr trutziges Gebäude zum Einsturz zu bringen. Die Eltern E sind innerlich darauf angewiesen, dass ihre Tochter »natürlich« so klug ist, dass ein Gymnasium ein Selbstläufer wird. Ich ringe mit den Eltern um eine angemessene Einschätzung ihrer Tochter. Die Verknüpfung von Erfolg, Glück und Intelligenz ist allerdings kaum aufzuheben. Es ist, als wollte ich den Eltern eine Krankheit ihrer Tochter einreden, die sie nach Meinung insbesondere des Vaters nicht hat – und auf keinen Fall haben darf.

Eila ist ein schüchternes Mädchen mit blonden langen Haaren, die zu einem dicken Zopf gebunden sind, der ihr vorne seitlich auf das Sweatshirt fällt. Sie ist modisch gekleidet, und man merkt sofort, dass sie sehr intensiv mit ihrer modebewussten Mutter identifiziert ist. Eila nimmt vorsichtig Kontakt zu mir auf. Sie kann gut beschreiben, wie schwer es für sie in der Schule ist und wie anstrengend.

Eila ist nachdenklich: »Vielleicht wäre es besser für mich, wenn ich auf die Gesamtschule gehe. Da ist auch eine Freundin von mir. Die muss viel weniger arbeiten als ich. Aber das will Papa bestimmt nicht. Der sagt immer, dass Erika und ich die klügsten Kinder von der Welt sind.« Bei diesem Satz schießen Eila die Tränen in die Augen. Sie ahnt, dass sie ihren Vater enttäuschen wird. Eila ist super, weil sie viel weiter ist in ihrer Selbstwahrnehmung und Reflexionsfähigkeit als ihr Vater. Da ist wieder so ein SuperKid, das Erwachsene an die Hand nimmt mit den eigenen emotionalen Fähigkeiten.

Die Enttäuschungsangst seiner Tochter bahnt schließlich einen Weg zu Herrn E. Er spürt, wie anstrengend es für seine Tochter sein muss gegenzuhalten, um ihm die kluge Gymnasialtochter zu präsentieren. Endlich können wir gemeinsam darüber nachdenken, was der richtige Weg für Eila sein kann. Die Angst aber bleibt: Kann sich ein Kind mit so einem IQ gut entwickeln und ein erfolgreiches Leben führen?

Im Unternehmen E ist ein Zahnrad ausgefallen, so fühlt es sich an. Man könnte auch sagen: Ein Zahnrad ist ständig mit zu hoher Umdrehung gefahren worden und drohte, überlastet zu werden. Nun muss die Geschwindigkeit im Unternehmen angepasst werden. Herr E tut sich schwer damit, Frau E ist entlastet. Gleichzeitig entstehen bei Frau E neue Schuldgefühle: Hat

Die Familie als Kleinunternehmen

sie in der Schwangerschaft etwas falsch gemacht, sodass dieses Kind »nicht klug genug« geworden ist? Der Wert eines Kindes in heutigen Familienunternehmen speist sich wesentlich aus seiner Intelligenz. Sie ist die Währung, mit der heute bezahlt wird. Intelligenz ist die wichtigste Kraft, für die es sich im Unternehmen Familie zu investieren lohnt. Es geht nicht darum, individuelle Lebensentwürfe für jedes einzelne Kind zu begleiten, sondern es geht immer mehr darum, jedes Kind so zu fördern und zu optimieren, dass es sich dem Mainstream möglichst ohne Ecken und Kanten anpasst.

Um nicht falsch verstanden zu werden: Das Übersehen einer besonderen Begabung, einer besonders hohen Intelligenz, weil Eltern sich gar nicht um Förderung und Wecken von Talenten kümmern, ist keine Alternative. Natürlich sehen wir auch heute noch Kinder, deren Hochbegabung nicht erkannt wurde, und die Einzigen, bei denen man in diesem Fall nachsichtig sein sollte, sind die Flüchtlingsfamilien. Für alle anderen etablierten Familien in Deutschland gilt: Wer sein Kind nicht optimal fördert, wer nicht auf der Suche nach der optimalen Erziehung ist, gerät in den Verdacht einer verwahrlosenden Haltung.

Was aber ist optimale Erziehung überhaupt? Die optimale Erziehung bezieht sich nicht nur auf die Intelligenz bzw. die pädagogisch-schulische Förderung eines Kindes. Die SuperKids von heute müssen wohlgeraten sein. Keine Schlenker in der Entwicklung, keine krummen Wege. Das Unternehmen Familie setzt auf Rendite, und die Geschäftsführerinnen – die Mütter – arbeiten intensiv daran, dass die Gewinnmaximierung im Sinne einer optimalen kindlichen Entwicklung stimmt. Nicht selten übernehmen sie selber einzelne Bereiche, indem sie die Hausaufgaben oder die Präsentationsleistungen in der Oberstufe ihren Kindern abnehmen. Einerseits eine fürsorgliche Haltung, die Kinder im Leistungsstress schützt, andererseits der angestrengte Versuch, nichts Unvollständiges oder gar schlechte Leistungen nach außen dringen zu lassen. »Bist du dumm?«, ist ein zentraler Satz unserer Zeit, der widerspiegelt, was uns alle bewegt: Wer dumm ist, hat verloren, wer dumm ist, wird kein gutes Leben führen können, der wird zum Opfer. Und Inklusion? Inklusion ist eigentlich etwas Gutes. Geht es doch darum, Kindern in der ganzen Welt unabhängig von ihrer kognitiven Ausstattung oder körperlichen Handicaps eine Teilhabe am normalen Schulleben zu gewähren. Über die Inklusion sorgen wir dafür, dass nach außen der Eindruck bestehen bleibt, alle Kinder hätten dieselben Rechte. Innerhalb des Systems fühlen Lehrer sich jedoch nachvollziehbar überfordert, und die Betroffenen erfahren jeden Tag, was sie alles nicht verstehen und nicht können. Lehrer aus Hamburg berichten mir jeden Tag, wie sehr auch sie sich überfordert fühlen mit einer angemessenen Beschulung der Inklusionskinder. Längst sind die »inkludierten« Kinder in unseren Ambulanzen und Kliniken angekommen.

Das Unternehmen Familie funktioniert nur, wenn jeder die ihm zugewiesene Aufgabe erfüllt. Wer aber weist diese Aufgaben zu? Am Anfang steht ein glückliches junges Elternpaar, das sich vornimmt, alles zu tun, damit das gerade geborene Kind sich optimal entwickelt. Noch muss das kein Optimierungswahn sein. Sie lesen sich ausführlich alles Wissenswerte an und tauschen sich mit anderen Eltern intensiv aus. Wenn dann erste kleine Abweichungen auftauchen, ist viel Selbstbewusstsein gefragt, um der Norm standzuhalten und aufmerksam zu werden für eine mögliche Andersartigkeit des eigenen Kindes. Manche Eltern reagieren an solchen Stellen trotzig: Dann muss es gerade der Waldkindergarten ohne jegliche Elektronik sein, weil das Kind sich dort »natürlicher« entwickeln kann. In diesem Waldkindergarten, in dem Gesundheit und Entwicklung hauptsächlich aus der Begegnung mit der Natur und der frischen Luft entstehen sollen, wird dann aber vielleicht der spezifische Förderbedarf eines Kindes übersehen. Ich habe nichts gegen Kinder, die durch die Wälder toben. Ich habe etwas gegen romantisierende Szenarien für Kinder, die ja tatsächlich ein Recht auf eine gute Entwicklung haben. Was aber ist eine gute Entwicklung? Wie unterscheidet sich eine gute Entwicklung von einer optimalen? Kann man wirklich etwas gegen optimale Entwicklungen haben? In jedem Fall ist das Unternehmen Familie heute ein anstrengendes Unterfangen. Da lebt es sich nicht einfach nur so vor sich hin. Selbst die Fröhlichkeit der Kinder wirkt nicht selten angestrengt. Da wundert es nicht, dass der Wunsch nach innerfamiliärem Frieden eine Fata Morgana bleibt, der alle wie durstig durch die Wüste hinterherlaufen.

Es kann nicht immer friedlich sein: Sollbruchstellen

Die Geschichte der Familie E könnte auch so weitergehen: Frau E erträgt es nicht mehr, dass sie die Dummheit von Eila alleine abfangen soll und auch gegen ihren Mann anarbeiten muss, der die Abweichung seiner Tochter verleugnet. Er war und ist sowieso emotional kaum erreichbar gewesen! Frau E trennt sich. Dann ist wenigstens klar, dass sie alleine für ihre Töchter zuständig ist, auch, wenn Herr E die beiden alle 14 Tage am Wochenende zu sich holt. Herr E nimmt die Nachricht seiner Frau überrascht auf. Das hatte er gar nicht bemerkt: dass sie unglücklich neben ihm gelebt hat. Es wird allerdings nicht lange dauern, und er wird eine Beziehung mit der jungen Kollegin anfangen, die erst seit einem Jahr neu an seiner Schule ist. Frau E ist enttäuscht, verletzt und zieht sich eine Weile zurück. Die Avancen des Kollegen aus der PR-Agentur, mit dem sie beruflich immer wieder zu tun hat, übersieht sie. Erst ein paar Jahre später, wenn Eila und Erika deutlich älter sind, traut Frau E sich, eigene Bedürfnisse wieder mehr zu spüren – und zu leben. Erika muss ich zwischenzeitlich psychotherapeutisch helfen, den Schmerz zu überwinden, den die neue Frau an der Seite ihres Vaters in ihr ausgelöst hat. Sie will den Vater eine Weile lang gar nicht mehr sehen, weil sie sich verraten fühlt. Und von der »Neuen« hat Erika den Eindruck, dass diese die beiden Töchter ihres Mannes aus erster Ehe einfach nicht mag.

Den knapp 50 Prozent gescheiterten Ehen stehen die 100 Prozent gegenüber, die darauf angewiesen sind, dass mindestens nach außen das Bild von Glück und Frieden aufrechterhalten bleibt. Eine Streitkultur hat niemand für sich entwickeln können. Ähnlich wie in Unternehmen Konfliktkultur zu den schwierigsten Themen überhaupt gehört, hat im Unternehmen Familie niemand gelernt, wie man streitet, ohne dass es sofort zum Eklat kommt. Ich bin immer wieder überrascht, wie wenig Eltern miteinander über sich sprechen und wie oft Mütter in Vermutungen über das Innenleben ihrer Männer leben, während die Männer so tun, als würden sie sich sicherheitshalber nicht für Emotionen interessieren.

Sollbruchstellen sind normalerweise vorgesehene, manchmal sogar perforierte Bereiche innerhalb eines Materials, an denen es zum Bruch kommen soll, wenn die Überlastung zu groß ist und die übrigen Materialien geschont werden sollen. Eine kluge Beziehung weiß, wo die eigenen Sollbruchstellen sind. Dann kann man bestimmte Themen aktiv vermeiden oder von Zeit zu Zeit die Bruchstelle strapazieren in dem Wissen, dass der Rest geschont wird – und werden muss.

In einem großen Orchester ist es nicht schlimm, wenn mal ein falscher Ton entsteht. In der Regel wird er von der Mehrheit der übrigen Instrumente übertönt. In Orchestern allerdings, die aus vier bis sechs Instrumenten bestehen – Mutter, Vater und zwei bis vier Kinder –, sticht jeder falsche Ton sofort heraus. Wenn der Anspruch darin besteht, immer nur perfekt zusammenzuspielen und zu harmonieren, ist der Stress der falschen Töne für alle vorprogrammiert. Die entscheidende Frage ist, ob der Anspruch angemessen war. Ob das Repertoire wirklich geeignet ist, ein gemeinsames Lied entstehen zu lassen. Manchmal sind es dann vielleicht eher die einfachen Volkslieder, aus denen etwas entsteht, das sich für alle akzeptabel anhört. Aber nicht jedes Kind kann jedes Instrument lernen. Das müssen Eltern natürlich aushalten.

Die digitale Welt und der Teufel

In der realen Welt spielen Kinder heute sowieso viel lieber elektronische Spiele als Instrumente mit althergebrachten Klangkörpern. Für viele Eltern ist diese Familienrealität ein andauernder Quell von Streit und Frust. Sie haben sich größte Mühe mit Frühförderung und optimierter Entwicklung nach den neuesten Erkenntnissen der Hirnforschung gegeben, und jetzt das! Kinder, die wie süchtig nach der Spielkonsole oder dem PC greifen, dann kaum noch ansprechbar sind und wie debil – dumm! – auf den Bildschirm starren. Das kann doch gar nicht gut sein!

Viele Eltern haben den Eindruck, als wenn der Teufel in diesen Geräten steckte. Er verführt die Kinder zu sinnlosen, zeitraubenden und dumm machenden Freizeitaktivitäten. Diese zunehmende »Verblödung«, die sogar wissenschaftlich erwiesen scheint, ist das Gegenteil dessen, was heute Kinder auszeichnen soll. Wir brauchen aufgeweckte, wissbegierige, kluge, disziplinierte und coole Kinder, die ihren Weg gehen, den wir uns für sie ausgedacht haben. Kinder, die den elterlichen Pfad weitergehen und viele Früchte am Rande des Weges einsammeln. Und nun stecken sie in den Klauen des Teufels, der nicht nur PC-Game, sondern auch Facebook, Instagram und Co.

heißt. Da hilft nur: Verbote. Verzweifelte Eltern, die feste und strenge PC-Zeiten einführen, verzweifelte Eltern, die nachts die Sicherungen für das Kinderzimmer herausdrehen, um das Teufelswerk zurückzudrängen. Der Satz: »Lies doch mal ein gutes Buch!«, ist in meiner Generation an den Fix-und-Foxi-Heften abgeprallt, heute am PC und dem Smartphone. Wir haben den Eindruck, als wenn die heutige Kindergeneration immer weniger miteinander spricht, immer weniger Beziehungen pflegt, so gut wie gar nicht mehr telefoniert, sondern nur noch Nachrichten und Fotos austauscht, und sogar Sprachnachrichten werden lieber aufgezeichnet und dann verschickt, als dass man direkt miteinander spricht.

Die Angst der Eltern vor dem sittlichen und kognitiven Verfall ihrer Kinder ist groß und bestimmt das tägliche Leben in Millionen von Familien. Was wir meist vergessen: In jeder Generation seit Menschengedenken hat es auf der Elternebene die Angst gegeben, die nachfolgende Generation könnte am Ende doch nicht gut gelingen. Schon in der Keilschrift aus Ur in Chaldäa von ungefähr 2000 vor Christus heißt es: »Unsere Jugend ist heruntergekommen und zuchtlos. Die jungen Leute hören nicht mehr auf ihre Eltern. Das Ende der Welt ist nahe.« Und Aristoteles (384–322 vor Christus) warnte die Welt mit den Worten: »Ich habe überhaupt keine Hoffnung mehr in die Zukunft unseres Landes, wenn einmal unsere Jugend die Männer von morgen stellt. Unsere Jugend ist unerträglich, unverantwortlich und entsetzlich anzusehen.«

Da reiht sich nahtlos ein aktuelles Zitat von Manfred Spitzer aus der FAZ vom 14. September 2012 ein: »Was früher mit dem Kopf gemacht wurde, das erledigen heute Computer, Smartphones, Organizer und Navigationsgeräte. Wenn wir unsere Hirnarbeit auslagern, lässt das Gedächtnis nach, Nervenzellen sterben ab ... Die Folgen sind Lese- und Aufmerksamkeitsstörungen, Ängste und Abstumpfung, Schlafstörungen und Depressionen, Übergewicht und Gewaltbereitschaft.

Die Entwicklung ist besorgniserregend und erfordert vor allem bei Kindern Konsumbeschränkung, um der digitalen Demenz entgegenzuwirken.«
Gemeinsam ist allen drei Zitaten, dass mit großer Sorge auf die Entwicklung der nachfolgenden Generation geschaut wird. Sie ließen sich zwanglos mit weiteren Belegen aus allen Zeiten der menschlichen Entwicklung erweitern. Wenn man sie ernst nimmt, dürfte es uns schon lange nicht mehr geben! Denken Sie einmal daran, was Ihre Eltern für Befürchtungen gehegt haben, was Ihre Zukunft betraf. Immer gab es entweder gefährliche Verführer wie Drogen, Musik oder das Fernsehen oder intrinsische, d. h. aus den Kindern selbst entstandene Tendenzen, die dazu geeignet waren, dass Eltern dachten, aus den Kindern wird womöglich nichts.

Natürlich muss man jede Angst ernst nehmen. In der Angst der Eltern steckt eine Sorge. Von der Sorge ist es nicht weit bis zur Fürsorge – etwas, was ich als Kinder- und Jugendpsychiater sehr an Eltern, an Erwachsenen schätze. Manchmal jedoch schlägt die Sorge um in Misstrauen, und dann kann sich kein Kind mehr gut entwickeln. Neben der Angst steckt in der defizitorientierten Betrachtungsweise der nachfolgenden Generation gegenüber aber auch: Neid. Die Endlichkeit des eigenen Lebens scheint spätestens dann das erste Mal auf, wenn ein eigenes Kind zur Welt kommt und eine neue Sorge in einem guten Sinn entsteht, eine Fürsorge, die automatisch beleuchtet, dass das eigene Leben, sogar die eigene Sorge für Andere, für Jüngere begrenzt sein wird. Dann taucht auch gerne die große Generationenfrage auf, ob die Kinder (unter diesen Bedingungen) eines Tages die Rente der Eltern werden aufbringen können.

Otto ist 14 Jahre alt. Offensichtlich haben seine Eltern ihn überredet, zu mir zu kommen. Missmutig sitzt er vor mir und fürchtet neue Moralpredigten, wie sich später herausstellen wird. Otto geht davon aus, dass ich der verlängerte Arm seiner Eltern sein werde, und wappnet sich durch Verschlossenheit. Nachdem ich ihm – wie allen Kindern, wenn nötig – erklärt habe, was für ein Arzt ich bin, und ihn frage, ob er sich mit einem »klitzekleinen Rest« an Motivation auf ein Gespräch mit mir einlassen kann, ernte ich ein gequältes: »Na gut ...!« Wie immer genügt das, und ich kann mit Otto klären, worum es geht.

»Meine Eltern meinen, dass ich zu viel PC spiele. Aber das stimmt nicht! Ich kann mein Spiel nicht einfach jederzeit beenden, weil ich dann meine Kumpels im Stich lassen würde. Es sind doch auch nur noch ein paar Level, dann haben wir es geschafft. Und meine Hausaufgaben mache ich doch immer.«

Frau O, die neben ihm sitzt, verdreht die Augen, und Herr O schaut sehr streng und genervt bei den Worten seines Sohnes drein. Nur mit Mühe und größter Konzentration meinerseits auf Otto kann ich verhindern, dass die Eltern dazwischenreden. Mein konzentrierter Blick auf Otto und die Tatsache, dass er nun doch entgegen seiner Ankündigung mit mir spricht, hält sie davon ab. Es wird schnell deutlich, wie ungerecht behandelt sich Otto fühlt. Seine Zeitwahrnehmung ist eine komplett andere als die seiner Eltern. Außerdem machen es »alle«. Im Laufe des Gesprächs kann Otto sehr differenziert schildern, wie viel Spaß ihm das Spielen macht, wie sehr er sich aber auch manchmal eingestehen muss, nicht aufhören zu können oder auch direkt nach der Schule zu Hause an nichts anderes denken zu können. Den triumphierenden Blick der Mutter kann ich gerade noch mit einem strengen Blick meinerseits abfangen und sie so hindern, sich zusätzlich mit einem »Wusste ich es doch!« zu äußern. Ich ermutige Otto, bei seiner reflektierten Sichtweise zu bleiben. Daraufhin kann er noch beschreiben, wie intensiv seine Eltern jeden Abend fernsehen und wie oft sein Vater auch am Esstisch seine Mails checkt. Meine Frage an die Eltern, ob sie denn wissen, was für Spiele Otto spielt, beantworten beide mit einem fragenden Blick.

Da ich nicht den Eindruck habe, dass Otto tatsächlich PC-abhängig ist, verabrede ich einen neuen Termin mit Herrn O alleine. Ich frage ihn nach seiner Jugend, insbesondere nach den Dingen, die seinen Eltern nicht gefallen haben. Herr O schaut mich zunächst mit großen Augen an, berichtet dann aber doch von Alkohol- und auch Cannabisexzessen, als er nur wenig älter als Otto heute war. Er erinnert sich noch gut an die Streitigkeiten mit seinen Eltern, an die Heimlichkeiten und den Leistungsknick in der Schule. Schnell wird deutlich, dass sich mit Otto auf einer anderen Ebene – die weniger hirn- und leberschädlich ist! – etwas Ähnliches wiederholt. Nachdem ich Herrn O darüber aufgeklärt habe, wie groß das Schädigungspotential des Verhaltens seines Sohnes tatsächlich ist, frage ich ihn nach Gemeinsamkeiten zwischen Otto und ihm. Herr O wird nachdenklich. Im Gespräch können wir dann erarbeiten, dass es schlau wäre, wenn er sich von Otto an die Hand nehmen und in die Welt der PC-Spiele einführen ließe. Etwas unsicher nimmt Herr O den Rat jedoch auf und berichtet vier Wochen später davon, dass sich der Kampf um die PC-Zeiten zu Hause sehr entspannt habe und dass Otto und sein Vater bisweilen mit viel Spaß miteinander oder auch gegeneinander spielen. Jetzt müssen sie nur noch Frau O überzeugen, die befürchtet, nunmehr zwei PC-abhängige Männer zu Hause zu haben.

Den Teufel bekämpft man nicht durch Ausgrenzung. Wenn man sich traut, ihn an den Hörnern zu packen, sieht man ihm in die Augen. Und nur dann wird man ihn zähmen können. In dem Wissen, dass es kein Leben ohne Teufel gibt, wird es immer darum gehen müssen, ihn durch Anerkenntnis seines Daseins zu erdulden und dafür zu sorgen, dass er niemals übermächtig wird. In die Realität der heutigen Familien gehört der digitale Teufel allemal. Er ist weder wegzudenken noch auszugrenzen. Ein Leben mit ihm mag manchen schwerfallen, es wäre aber völlig weltfremd zu glauben, man könne ohne ihn leben.

Liebe ist nicht unerschöpflich

Zum Aufbruchsgefühl vieler junger Familien gehört nicht nur der Harmoniegedanke, sondern in dem Moment, wenn eine Familie entsteht, sind alle voller Liebe. Das erste Kind, das ist für alle großes Glück, wenn Mutter und Kind gesund sind – was auch nicht selbstverständlich ist. Daraus entwickelt sich die Grundannahme, dass so etwas Schönes gar nie enden soll und darf. Insbesondere die »bedingungslose« Liebe der Kinder zu ihren Eltern wird ausgelegt als unerschöpflicher Liebesquell, der alle für die nicht zu leugnende Anstrengung kompensiert. Passiert das nicht, ist der mindestens unausgesprochene Vorwurf schnell im Raum und spürbar. Das im Folgenden geschilderte Beispiel von Magdalena zeigt auf, dass es natürlich auch Gründe dafür geben kann, als Mutter angestrengt zu sein von einem Kind. Einem Kind, das nichts dafür kann, so anstrengend zu sein.

Frau M ist eine große, schlanke Frau, der man ihre Erschöpfung und Anstrengung ansieht. Sie ist blass, fahrig und greift sich immer wieder ordnend ins mittellange, etwas strähnige Haar. Sie ist mit Jeans und Pullover unauffällig gekleidet. Ich trete innerlich ein klein wenig zurück, und vor meinen Augen erscheint eine hübsche junge Frau, die sich ihr Leben einmal anders vorgestellt hat.

Frau M ist mit Magdalena gekommen. Magdalena ist 8 Jahre alt. Sie besucht die 2. Klasse der Grundschule. Magdalena ist groß für ihr Alter, schlank, und begrüßt mich im Warteflur mit ernstem und misstrauischem Blick. Ganz ohne Zögern folgt sie mir in mein Behandlungszimmer, nachdem ich ihr erklärt habe, dass ich ihre Mutter schon bei einem Gespräch ohne sie kennengelernt habe. Magdalena setzt sich mir gegenüber und stützt den Kopf in ihre Hände, die sie auf den für sie etwas zu hohen Tisch gelegt hat.

Spontan überkommt mich Traurigkeit. Ich schaue das kleine Mädchen vorsichtig und aufmunternd an. »Na, Magdalena? Was ist los?«, frage ich ganz entgegen meiner sonstigen Art des Abwartens. Hier halte ich es sofort nicht gut aus, dass dieses Kind schon im allerersten Kontakt so viel Traurigkeit verbreitet. Vorbereitet war ich auf etwas anderes. Nach den Schilderungen von Frau M war ich eingestellt auf ein zorniges, unzugängliches Mädchen, das sich allen Kontakten und Hilfsangeboten weitgehend verweigert. Deshalb wollte ich Magdalena alleine sprechen: Nicht nur, weil ich mit der Mutter schon eine Art Vorsprung hatte, den es galt wettzumachen, sondern weil ich dachte, es könnte gut sein, wenn Magdalena mir einen eigenen Eindruck von sich vermittelt. Und wie so oft geschieht es auch hier, dass Mutter und Tochter etwas ganz anderes schildern.

Magdalena seufzt schwer. »Mein Leben ist blöd. Alle finden mich blöd. Mit Mama habe ich nur Streit. In der Schule stehe ich immer alleine in der Pause. Immer geben die Lehrer mir die Schuld, wenn irgendwo Streit ist. Mama und Papa mögen Markus viel lieber als mich. ›Du bist ein schwieriges Kind‹, sagen sie immer. Ich glaube manchmal, Mama liebt mich nicht mehr. Ich bin soo anstrengend für sie, sagt sie oft.«

Auf Nachfrage schildert Magdalena, dass sie häufig schlechte Laune hat, besonders morgens beim Aufstehen und wenn es zur Schule gehen soll. Schnell gibt es dann Streit, weil sich alle angegriffen fühlen. Am besten, man spricht Magdalena morgens gar nicht an. Aber auch, wenn sie aus der Schule nach Hause kommt, kann es sein, dass sie wegen Kleinigkeiten richtig ausflippt.

»Das ist wie eine dunkle Wolke in meinem Kopf. Die ist fast immer da, aber manchmal kommen Blitze aus ihr raus, und dann könnte ich platzen vor Wut. Eigentlich weiß ich dann gar nicht, worauf ich eigentlich wütend bin. Auf Mama bin ich erst wütend, wenn die mich anschreit und wieder mal ungerecht ist zu mir. Wenn Markus dann in der Ecke steht und sein blödes Gesicht macht, ist alles vorbei bei mir.«

Frau M weint. Sie ist im Erstgespräch mit mir zutiefst beschämt darüber, dass sie sich eingestehen muss, wie schrecklich sie ihre Tochter tatsächlich vielfach findet. Wie sehr sie sich gequält fühlt von ihr. Wie hilflos sie ist. Und wie wütend. Für diese aggressiven Impulse der Tochter gegenüber verflucht sie sich selbst. Gleichzeitig kann ihr Leben so nicht weitergehen. Magdalena mischt die ganze Familie und bald auch die Schule auf. Sie ist ein wütendes Mädchen, das dabei ist, ihre gesamte Umwelt gegen sich aufzubringen. Und keiner weiß, warum.

»Ich kann manchmal nicht anders, als dass ich mir eingestehe, dass ich Magdalena hasse«, flüstert Frau M. »Haben Sie schon einmal so eine grauenvolle Mutter bei sich gehabt?«

Dieselbe Anrührung, die Magdalena bei mir auslöst, entsteht auch durch die Mutter. Frau M ist keine verwahrlosende Mutter, keine beziehungsunfähige Frau. Im Gegenteil, sie ist liebevoll und angemessen besorgt. Sie hat allerdings ein Mädchen zur Welt gebracht, das von Beginn an eine sogenannte affektive Dysregulation hat. Magdalena kann eigene innere Gefühlszustände nicht gut regulieren und fühlt sich um ein Vielfaches schneller angegriffen als andere Kinder.

»Ihre Tochter ist für das Nein dieser Welt nicht gebaut«, erkläre ich Frau M und versuche, sie ebenso zu trösten, wie ich es mit Magdalena gemacht habe. Beide, Mutter und Tochter, haben sich zeit ihres gemeinsamen Lebens angestrengt, miteinander klarzukommen. Frau M hat die vielen emotionalen inneren Stürme von Magdalena oft als gegen sich gerichtet wahrgenommen. Genau so sah es auch immer aus: Magdalena schien sich gegen alles, was von der Mutter kam, zu wehren. Wie sollte Frau M wissen, dass vorher oder zeitgleich eine »dunkle Wolke mit Gewittern« in der Seele von Magdalena ihr Unwesen trieb? Indem ich mit Magdalena bespreche, dass sie nichts dafür kann, wenn diese Gewitter sie immer wieder fest im Griff haben, und dass sie deshalb eine »Gewitterexpertin« werden muss, wird auch Frau M klarer, dass sie nicht versagt hat in der Erziehung ihrer Tochter, sondern dass ihr Gefühl, ein schwieriges Mädchen zu haben, tatsächlich angemessen war. Der Blick auf Magdalena verändert sich schlagartig, sobald das Mädchen selbst sich mit neuen Augen betrachtet. Magdalena muss nicht mehr das Gefühl haben, sie als gesamte Person sei schrecklich, sondern da ist eine Kraft in ihr, die sie nicht (noch nicht) beherrschen kann. Sie wird Expertin für innere und äußere Gewitter und lernt Unwetter vorherzusagen. Für Frau M wird es viel leichter mit ihr, weil sie nun gelernt hat, dass es innere Zustände gibt, in denen man Magdalena möglichst schonen und in Ruhe lassen muss. Darüber hinaus kann sie ihre Tochter nun nach der »Wetterlage« fragen und erwartet nicht mehr, dass Magdalena alles alleine steuert.

Herr M, der bislang noch gar nicht im Spiel war, lässt sich anhand der positiven Veränderungen seiner Tochter davon überzeugen, dass die Diagnose einer affektiven Dysregulation (englisch: Disruptive Mood Dysregulation Disorder) stimmt und seine Vermutung, dass lediglich seine Frau Schwierigkeiten mit Magdalena hatte, nicht zutrifft. Herr M kann sogar eingestehen, dass er seiner Frau Unrecht getan hat. Von Mal zu Mal berichtet Magdalena stolz, wie viele Unwetter nicht stattgefunden haben. Nebenbei lerne ich viel über Gewitter: Magdalena hat inzwischen eine ganze Buchsammlung dazu.

Manchmal fällt Liebe vom Himmel. So fühlt es sich zumindest oft an, wenn man die Geburt eines Kindes erlebt. Die unbeschreiblichen Gefühle, selbst, wenn es sich nicht um das eigene Kind handelt, sind überwältigend und in ihrer Einzigartigkeit nicht beschreibbar. Aus diesem Grund gibt es oft so eine große Diskrepanz zwischen den inneren Vorsätzen, die man sich macht, wenn man – noch kinderlos – Eltern mit ihren Kindern beobachtet und sich vornimmt: Das wird mir nie passieren!

Wie kann man nur so inkonsequent sein. Und kaum liegt das kleine Wesen vor einem, sind alle Vorsätze dahin, man wird von eigenen Gefühlen fortgeschwemmt an einen Ort, an dem man vorher noch nie war: erfüllt von einem Glück, das keiner Beschreibung standhält. Das sind die Momente, in denen tatsächlich die Liebe vom Himmel fällt. Man hat nichts getan dafür, außer der Biologie zu ihrem Recht verholfen, und nun springt einem ein schutzloses Wesen ins Herz, das man auf der Stelle verteidigen und versorgen möchte. Zum ersten Mal im Leben erfüllt Eltern der Verzicht mit Freude: Wenn das Kind noch etwas essen möchte, was man eigentlich selber gerne noch zu sich nehmen wollte, so wird der eigene Hunger kleiner, da man erlebt, das Kind verspeist das Angebotene mit Genuss.

Je älter die Kinder werden – und je mehr die eigene Persönlichkeit des Kindes eine Rolle spielt –, desto mehr nähert sich die Liebe zum Kind der Liebe zum Lebenspartner, den man sich zwar ausgesucht hat, den man aber natürlich nicht in allen Facetten kennen konnte. In beiden Beziehungen ist irgendwann aktive Beziehungspflege gefragt. Viele Eltern reagieren darauf irritiert, weil sie davon ausgehen, die Liebe zum Kind und umgekehrt sei tatsächlich so etwas wie »bedingungslos«. Auch das gehört zu der Wirklichkeit in Familien: Die Auseinandersetzung damit, dass für den Erhalt gegenseitiger Liebe auch beständig dieses Gefühl gepflegt werden will. Gerade die Pubertät ist eine Lebensphase, in der die Frage nach der Liebe neu und anders gestellt werden muss. Jugendliche müssen autonom werden und sich entfernen. Wie aber »entliebt« man sich von eigentlich geliebten Menschen? Doch nur dadurch, dass man konzentriert darauf achtet, was man am Anderen komisch, vielleicht sogar abstoßend findet. Das muss man als Eltern allerdings verstehen und darf sich davon nicht verletzen oder provozieren lassen.

Nur, wenn es gelingt, sich gegenseitig attraktiv zu halten, wird die Liebe Bestand haben. Während Eheleute selber verantwortlich sind dafür, müssen sie es im Falle ihrer Kinder für diese mit übernehmen: Erst der erweiterte und veränderte Blick ermöglicht es Frau M beispielsweise, Magdalena neu zu entdecken – und zu lieben. Verleugnet man (vor sich selbst), dass man enttäuscht ist vom Kind, vergrößert man die Enttäuschung, was zu unendlichen Schuldgefühlen führen kann. So lange unsere Gesellschaft davon ausgeht, dass Eltern ihre Kinder immer lieben müssen, so lange besteht die Gefahr, dass sich diese Enttäuschung verselbständigt, was Eltern und Kind unweigerlich in einen Teufelskreislauf eintreten lässt. Die elterliche Liebe ist naturgemäß immer eine doppelte: Eine, die dem Kind gilt, und eine, die dem Kind hilft, sich und seine Gefühle aufrechtzuerhalten.

Die familiäre Wirklichkeit ist in einer SuperWorld angekommen. Die SuperKids sind tatsächlich super, sie sind – wie alle Beispiele in diesem Buch – liebenswerte, reflektierte kleine Menschen, die in Familien aufwachsen, in denen immer klar ist: Die Kids müssen auch super sein. Die FamilyWorld ist wie ein Vergnügungspark, den Disney nicht in die Wirklichkeit umgesetzt hat, ist wie ein virtueller Vergnügungspark, durch den Millionen von fröhlichen Familien mit möglichst unangestrengten Gesichtern wandern. Der Unterschied zu einem real existierenden Vergnügungspark ist jedoch, dass in der FamilyWorld keine Fahrattraktionen warten, sondern aneinandergereihte Zonen, in denen die Familien die verschiedensten Aufgaben erfüllen müssen. Jedes Ergebnis wird erfasst, und beim Ausgang erfährt man die Gesamtpunktzahl und das Abschneiden der einzelnen Familien. Und dieses Tagesergebnis wird einem Ranking gegenübergestellt des jeweiligen Tages, des Jahres, und dort sind die Höchstpunktzahlen, die jemals erreicht wurden, als Vergleich herangezogen ... Ein Horrorszenario? Oder doch die Wirklichkeit in der Gefühlslage vieler Eltern und Kinder heute?

Wenn ich jeden Tag erlebe, mit welchen Ansprüchen, welchen Plänen, welchen Unterstützungsstrukturen, aber auch welcher Anstrengung Familien auf der »fröhlichen« Suche nach der optimierten Erziehungsstrategie sind, dann kommt es mir vor wie der verzweifelte Versuch, das eigene Leben in einen Vergnügungspark umzudeuten. Die vielen Quizaufgaben, die artistischen Einlagen, die Castingshows, die uns täglich im Fernsehen vorgeführt werden, sind ein Abbild des familiären Lebens. Ein Leben, das allerdings nicht dem Berühmtwerden oder dem Geldverdienen dient, sondern dem Kampf um das Überleben, das nur gelingt, wenn die Kinder super werden, super sind, jeden Tag. Die Kinder haben sich gewandelt von unserer Hoffnung zu unserer Lebensaufgabe – wer keine SuperKids hervorbringt, hat verloren. Die Scham, mit der Eltern heute eingestehen müssen, dass aus ihrem Kind nichts geworden ist – was auch immer »nichts« dann ist –, kommt einer Zahlungsunfähigkeit gleich. Die emotionale Währung, mit der unsere Kinder unsere immense Anstrengung wieder wettmachen können und sollen, heißt Erfolg, heißt: SuperKid.

Wie groß das Drama eigentlich ist, wird erst dann klar, wenn man berücksichtigt, dass die Kinder heute auch so schon, ganz ohne jedes Ranking und jeden Druck – ohne weitere Veränderung – super sind. Somit ist der Begriff SuperKid eine Zuschreibung, eine Hoffnung, und eine Aufgabe zugleich, eigentlich sind sie SuperKids hoch 2, also: SuperKids^2. Es liegt an uns, ob wir sie noch weiter antreiben wollen, zu noch mehr Performance, zu absolutem Erfolg und Glück. Die Auseinandersetzung mit den gesellschaftlichen Zwängen ist spätestens dann unvermeidbar, wenn wir Eltern versuchen, uns dem von außen kommenden Druck zu widersetzen, um unsere Kinder zu schützen.

Gesellschaftliche Zwänge: Eltern im Netz der Anforderungen

Vom Optimum zum wirklichen Leben

Das Optimum ist ein verheißungsvolles Ziel. Optimale Arbeitsbedingungen, ein optimales Leben – und dank optimierter Erziehung perfekte Kinder. Das Optimum ist zur Lebensmaxime geworden, es ersetzt Glück und Zufriedenheit, und das »Tool«, mit dem man es erreicht, heißt: Optimierung. Die Selbstoptimierung beginnt mit einer beständigen Datenerfassung des eigenen Körpers und der eigenen Befindlichkeit und endet als Vision eines Tages mit der Überwachung und Steuerung aller Lebensprozesse in Echtzeit. Dann bekommen wir unmittelbar über eine Maschine zurückgemeldet, was die nächsten Handlungen sein müssen, um das Optimum zu erreichen und zu erhalten.

Was Aldous Huxley in seinem 1932 erstmals veröffentlichten Roman »Schöne neue Welt« als pessimistische Schreckensvision einer totalen Überwachung und Unterdrückung durch einen totalitären Staat beschrieben hat, ist heute Wirklichkeit in Form selbstentwickelter und selbstgewählter Überwachungssysteme des eigenen Lebens. Der Selbstoptimierungswahn ist ein Dämon, dem man sich nicht wirklich entziehen kann. Wer kann schon etwas dagegen haben, möglichst lange gesund zu bleiben? Wer kann etwas dagegen haben, ein optimales materielles Auskommen zu haben? Und wer kann etwas dagegen haben, mit optimaler Erziehung dafür Sorge zu tragen, dass aus unseren Kindern SuperKids werden? Super erzogen, super klug, super gebildet, super Chancen ...

»Ich gehe schon längst nicht mehr zu den Elternabenden meiner Kinder«, klagt Frau R. »Dieser Leistungsdruck und dieses ständige Vergleichen der Eltern untereinander, das ist unerträglich. Ich fühle mich dann immer, als sei ich die einzige Mutter, die sich nicht ausreichend um ihre Kinder kümmert. Wie eine Steinzeitfamilie mit verwahrlosten, ungeförderten Kindern und Eltern, denen es egal ist, was aus ihnen wird. Die ständigen Nachfragen der anderen Eltern an die Lehrer, mit welchen pädagogischen Methoden sie das Leistungsniveau der Klasse noch zu steigern gedenken, die Klagen über ausgefallenen Unterricht und die Berichte über die super-hochbegabten Kleinen regen mich auf!« Frau R ist Ende 30, eine leicht adipöse Frau mit kurzen, dunklen Haaren, Jeans und einem weiten Pullover, der den fülligen Oberkörper verdecken soll. Sie wirkt unglücklich, sowohl über das, was sie berichtet, als auch mit ihrem Leben und ihren Kindern. Wegen Robert, 9 Jahre, ist Frau R eigentlich auch gekommen. Die Lehrer in der Grundschule hatten in einem Elterngespräch schon vor über einem Jahr den Verdacht geäußert, Robert könnte ein ADS haben.

»Erst habe ich das abgetan, weil es für mich in diese ständige Panikmache passte. Ja, Robert ist ein unruhiges Kind, schon immer eigentlich, aber das heißt doch nichts. Seine ältere Schwester, Roberta, 12 Jahre, ist ähnlich. Sie kommt allerdings in der Schule schon immer besser mit. Bei Robert sind die Leistungen seit der dritten Klasse, also seit es Zensuren gibt, immer schlechter geworden. Jetzt habe ich Angst, dass er die Empfehlung für das Gymnasium nicht bekommt. Er möchte doch unbedingt auf dasselbe Gymnasium wie seine Schwester! Und mein geschiedener Mann würde mal wieder sagen, dass ich in der Erziehung versagt habe, was er mir sowieso immer vorwirft, wenn aus seiner Sicht mit den Kindern etwas nicht so klappt, wie er sich das vorstellt. Ich bin komplett hin- und hergerissen, deshalb bin ich auch erst einmal alleine hier, ohne

Robert. Wenn ein Kind nicht in das Raster passt, dann gibt es gleich eine Diagnose und womöglich auch ein Medikament. Man kann ja sein Kind heutzutage gar nicht mehr alleine erziehen. Immer muss man alles abgleichen mit den anderen Eltern, den Lehrern, dem Mainstream. Wenn mein Ex dann gleich dazwischengrätscht, dann habe ich endgültig den Eindruck, ich erziehe meine Kinder im Korsett dieser Gesellschaft. Ich habe sogar schon darüber nachgedacht auszuwandern. Aber wo sollte es besser sein? Abgesehen davon, dass der Vater das nicht zulassen würde. Jetzt bin ich also hier, weil die Lehrer mich geschickt haben, und dafür habe ich über ein Jahr gebraucht. Ich sehe, dass Robert in der Schule und auch bei den Hausaufgaben nicht klarkommt, immer rumhampelt und tausendmal lieber Gameboy spielt, als Hausaufgaben zu machen. Ich habe bisher immer gedacht, dass diese Unlust eben typisch ist für den Jungen einer alleinerziehenden Mutter, und außerdem ähnelt er seinem Vater total. Aber, wenn ich jetzt doch etwas übersehe?«

Frau R ist eine von diesen Müttern, auf die sich die Last der Kindererziehung mit voller Wucht ablädt. Sie schwankt zwischen Trotz und Angst, möchte ihrem Kind keine Krankheit einreden und wünscht sich eine möglichst unbeeinträchtigte Kindheit für Robert und Roberta. Ist doch die Trennung der Eltern schon Belastung genug. Da muss ja nichts hinzukommen. Gleichzeitig steigt bei Frau R die Angst vor dem sich nähernden Schritt auf das Gymnasium. Was, wenn Robert das nicht schafft?

Ich versuche, Frau R zu beruhigen.»Ich habe nicht den Eindruck, dass es übertrieben ist, zu mir zu kommen«, sage ich ihr. »Sie haben ja Recht: Wenn wir ein mögliches ADS bei Ihrem Sohn übersehen und er deshalb in der Schule scheitert, dann würden Sie sich aus gutem Grund Vorwürfe machen. Ich kann Ihnen aber auch versichern, dass nichts Schlimmes passiert, wenn wir mit der Diagnostik herausfinden, dass Robert komplett unauffällig ist. Sie müssen nicht fürchten, dass wir auf der Suche nach Patienten sind. Wenn Robert gesund ist, freue ich mich, Sie beide wieder nach Hause zu schicken. Allerdings sind seine schlechten Leistungen und seine motorische Unruhe, so, wie Sie es beschreiben, schon auffällig. Ich schlage vor, dass wir zunächst einmal mit einer testpsychologischen Diagnostik beginnen. Wir machen einen IQ- und einen Konzentrationstest. Dann sehen wir weiter.«

Frau R bleibt hin- und hergerissen. Sie glaubt mir, dass ich kein Interesse daran habe, ihrem Sohn eine Diagnose einzureden. Aber wie sehr wünschte sie, ihn in Ruhe lassen zu können, und wie sehr fürchtet sie das Stigma ADS!

Kurz darauf treffe ich Robert zum ersten Mal bei mir in der Sprechstunde. Robert ist ein altersentsprechend entwickelter Junge, der nicht so recht weiß, was er bei mir soll. »Die Lehrerin schimpft immer so schnell und fast immer nur mit mir. Ich mache doch gar nichts! Die Schule ist blöd, aber bald bin ich ja auf dem Gymnasium bei Roberta. Da ist bestimmt alles besser, sagt sie mindestens.«

Immerhin kann ich Robert dazu gewinnen, bei der testpsychologischen Untersuchung, trotz der zwei Termine und der damit verbundenen Anstrengung, mitzumachen. Stolz erzählt er mir hinterher, dass es »babyleicht« gewesen sei.

Der Test ergibt einen leicht überdurchschnittlichen IQ mit einem homogenen Profil und ein sehr auffälliges Profil im Aufmerksamkeitstest. Damit ist klar: Robert erfüllt tatsächlich die Kriterien für ein ADS (Aufmerksamkeits-Defizit-Syndrom), genauer: ein ADHS (Aufmerksamkeits-Defizit-Hyperaktivitäts-Syndrom), weil er tatsächlich auch motorisch sehr unruhig ist.

Frau R bricht in Tränen aus. Hat sie jetzt doch alles falsch gemacht? Ich versuche erneut, sie zu beruhigen. Ein ADHS ist kein Ergebnis einer falschen Erziehung. ADS hat eine ausgeprägte Vererbungskomponente (Herr R wird mir in einem späteren Gespräch bestätigen, dass er als Junge genauso war wie Robert und dass er die Schule nur mit Mühe und auf dem zweiten Bildungsweg geschafft hat) und ist Ausdruck eines Dopaminmangels im Gehirn (Dopamin ist einer von mehreren Botenstoffen im Gehirn, der zuständig ist für Wachheit und Konzentration). Ich versuche, Frau R zu verdeutlichen, dass sie ein für das Gymnasium ausreichend intelligentes Kind hat, das lediglich auf Grund seiner Konzentrationsschwäche die eigene Leistungsfähigkeit nicht abrufen kann. Das erkläre ich auch gerne Herrn R, der dann nicht mehr auf die Idee kommen kann, seine Ex-Frau hätte »mal wieder« versagt. Ich behandele Robert mit einer Kombination aus Verhaltenstherapie und medikamentöser Therapie. Letztere ist so schnell erfolgreich, dass auch die Eltern nicht mehr an der Diagnose zweifeln. Robert kann sich auf Grund eines erhöhten Dopamins im Gehirn deutlich besser konzentrieren, was die häusliche Situation komplett entspannt.

Der Fall R macht auf bedrückende Weise deutlich, wie groß die Anforderungen und Zwänge heute sind. Frau R als alleinerziehende Mutter muss sich nicht nur gegenüber ihrem Mann rechtfertigen, sondern auch gegenüber den anderen Eltern und den Lehrern. So sehr eine Verweigerung der Diagnostik in diesem Fall einer mangelnden Fürsorge gleichkäme, so verständlich ist der Wunsch von Frau R, es möge reichen, wenn die anderen Eltern nicht so übermäßig leistungsorientiert wären.

Die Gruppe der Eltern, die im Optimierungszwang dafür Sorge tragen möchten, dass ihre Kinder möglichst viel lernen und mit guten Zensuren auf die weiterführende Schule wechseln, ist wie ein Trainerstab, der im Endspurt der Langläufer neben diesen herrennt und sie zur letzten Höchstleistung anfeuert. Das ist immer ein Bild, das mich beeindruckt: Skilangläufer werden auf den letzten Metern vor dem Ziel oft von ihren nebenherlaufenden Trainern begleitet, die ihre Sportler dabei lauthals anfeuern. Erwachsene Sportler mögen frei sein, sich diesem Schicksal hinzugeben, Kinder haben den Trainerstab nicht bestellt. Sie möchten es ihren »Trainern« – und das sind in ihrem Fall nun einmal die Eltern – recht machen, sie erfüllen alle Anforderungen bestmöglich, hinterfragen wenig und verhalten sich sogar in der Oberstufe weitgehend angepasst. Der Trainerstab wird unterdessen immer größer, immer professioneller, und verausgabt sich auf der Suche nach den perfekten Trainingsmethoden, um noch die letzte Zehntelsekunde herauszuholen. Eltern sind Trainer, sind »Übungsleiter«, die nichts anderes können, als mit den Kindern beständig zu üben, wie diese sich verbessern können. Dabei sind viele Eltern heute selber hervorragend durchtrainiert, kennen sich bestens aus mit der Selbstoptimierung – und der Selbstausbeutung. Das macht sie leider nur zu oft immun gegen die Wahrnehmung, wie groß der Druck auf die »Trainees« – die SuperKids – tatsächlich werden kann.

Der Spagat zwischen dem Wunsch, die Kinder könnten einfach so mitlaufen, sich von alleine entwickeln, und der Anforderung an maximierte pädagogische Unterstützung und optimierte medizinische Diagnostik und Behandlung ist wie eingefroren, und Eltern verharren in dieser angespannten Haltung. Ein Entweder-oder ist zu beobachten, als ob es nur entweder Verwahrlosung oder diese unerbittliche Überfürsorge gäbe. Und in der Mitte dazwischen? Dort ist für die Eltern ein Kind oft nicht einzuordnen, als stünde es auf beiden Beinen im Niemandsland, weil es keine Norm für die Mitte gibt. Das empfinden die Eltern als Bedrohung, und dadurch nehmen sie sich selbst gefangen in der Haltung dieses Spagats, der das Nichts überbrücken soll. So wird der anstrengende Spagat für alle zum Dauerzustand einer Elterngeneration, die in dieser Haltung gefangen bleibt, denn Bewegung ist so nicht mehr möglich, keine Drehung, keine Wendung, keine Flexibilität. Stattdessen sind alle bis an die Schmerzgrenze überdehnt im Anspruch an sich selbst. Was im Zirkus oder im Sport so leicht daherkommt, ist Ausdruck intensiven Trainings – und dennoch fühlt es sich von innen nicht ausbalanciert an.

Balance unter erschwerten Bedingungen

»Ich bin nur noch unausgeglichen«, beginnt Sixtus, 16 Jahre alt, sein Erstgespräch bei mir. Sixtus – schon in diesem seltenen und originellen Namen vermittelt sich mir eine Suche nach Einzigartigkeit (seitens seiner Eltern) – trägt die aktuellsten Jeans, die einen Blick auf seine beiden Knie erlauben, und ein schlichtes T-Shirt, das seinen durchtrainierten Körper voll zur Geltung kommen lässt. Ein modischer Haarschnitt lässt erkennen, dass es Sixtus, dem »Glatten«, wie es sich aus dem Lateinisch-Griechischen ableiten lässt, darum geht, gepflegt, hübsch und tatsächlich unauffällig glatt zu sein. Sogar sein erster Satz scheint dazu zu passen. »Ich mache wirklich alles«, erläutert Sixtus weiter. »Ich spiele Tennis, Saxophon, bin gut in der Schule, habe ein tolles Elternhaus mit verständnisvollen Eltern, wir sind auch nicht arm und können uns vieles leisten, und ich schlage mich jetzt schon seit mindestens einem halben Jahr damit herum, dass ich oft schlecht gelaunt und empfindlich bin. Sogar von meinen Freunden ziehe ich mich mehr und mehr zurück. Ich schlafe schlecht, wache mitten in der Nacht auf und wälze mich spätestens ab fünf Uhr morgens im Bett hin und her. Morgens darf mich dann niemand ansprechen. Ich mache mir schwere Vorwürfe, weil es überhaupt keine Gründe dafür gibt. Mein Vater guckt mich auch immer voller Unverständnis an. Meine Mutter ist schon besorgt, sie hat mir ja auch diesen Termin bei Ihnen vereinbart, aber ihr sorgenvoller Blick nervt mich auch. Ich möchte wieder so sein wie früher!«

Frau S ist eine Mutter der maximalen Mama-Logistik, wie

ich es in meinem Buch »Burnout-Kids« beschrieben habe. Sie ist extrem leistungsorientiert – und zwar gar nicht unbedingt auf ihre Kinder bezogen, bei denen war und ist es selbstverständlich, dass sie gute Schüler sind, sondern vielmehr auf sich selbst. Frau S, 48 Jahre alt, hat Jura studiert und auch eine Weile in einer Anwaltskanzlei mitgearbeitet, aber es war ihr immer klar, dass sie sich ab der Geburt ihres ersten Kindes komplett um die Kinder und Familie kümmern würde. Familie S hat drei Kinder, neben Sixtus noch eine ältere Schwester, die gerade Abitur gemacht hat, und einen jüngeren Bruder, der die 10. Klasse besucht. Frau S hat mit großem Engagement alles getan, um ihre Kinder maximal zu unterstützen. »Ich möchte nicht eingebildet klingen, aber ohne meine Unterstützung wäre das mit der Entwicklung der Kinder nicht so gelaufen wie bisher. Allerdings habe ich auch, außer sie außerhalb der Schule umfangreich zu unterstützen, kaum etwas getan. Natürlich war es aufwendig, sie alle zu ihren Sportvereinen, zum Instrumentenunterricht und allen anderen Aktivitäten zu fahren. Die Elternabende, die Lehrertermine und die vielen Gespräche mit anderen Eltern sowie immer die neueste Ratgeberliteratur – das hat schon alles viel Zeit gekostet. Aber ich habe es gerne gemacht, weil mein Mann und ich eine klare Aufteilung hatten. Sixtus macht mich jetzt komplett ratlos. Er fällt mit seinen Symptomen völlig aus unserem Raster. Ich weiß nicht, ob ich ihn fordern oder beschützen soll. Sage ich zu ihm, er soll sich morgens nicht so anstellen, jeder hat doch mal einen schlechten Tag, dann schießen ihm die Tränen in die Augen. Mein Mann darf das gar nicht sehen. In dessen Welt kommen solche Schwächen nicht vor. Dann stehe ich zwischen meinem Mann und meinem Sohn, völlig hilflos. Das Gefühl kannte ich bislang gar nicht!«

Ein Kind fällt aus dem Raster. Überrascht nimmt Frau S zur Kenntnis, dass es Entwicklungsverläufe gibt, die nicht gradlinig verlaufen. Der Reflex, dem jetzt mancher nachgeben mag, dass eine übertriebene Leistungserwartung zu dem depressiven Zustand von Sixtus geführt hat, greift zu kurz. Es ist glaubhaft, dass bis vor einem halben Jahr alles wie von selbst und ohne Anstrengung gelaufen ist. Selbst wenn einem von außen betrachtet der Anspruch der Vorzeigefamilie S hoch erscheint, ist doch wie immer klar, dass Kinder ohne Handicap sich diesen innerfamiliären Normen und Anforderungen ohne Mühe anpassen. Das ist auch nicht verdächtig. Auffällig ist, wie sehr Frau S verunsichert ist und wie sehr sie bislang offensichtlich selbstverständlich ihre Normen gelebt hat – und wie wenig eingefühlt das war. Sie ist eine Hightech-Mutter, die optimal für alles einsteht, mit vielen Helfern für eine maximal gute Entwicklung ihrer Kinder sorgt, doch Abweichungen, zumal wenn sie emotionaler Natur sind, kann sie nicht einordnen.

Ich versuche, sowohl Sixtus als auch seine Mutter zu entlasten. Es ist gut, dass sie »schon« nach einem halben Jahr zu mir gekommen sind. Die depressive Entwicklung von Sixtus hat offensichtlich eine Eigendynamik, und nicht nur das, sie ist getragen von endogenen Triggern. Im Außen lassen sich keine Belastungsfaktoren festmachen. Sixtus ist überdurchschnittlich begabt, er ist körperlich und seelisch bis zum ersten Auftreten der depressiven Symptome unauffällig und zufrieden. Zusammen mit der beobachteten Tagesrhythmik des Morgentiefs und eines Abendhochs ergibt sich die Diagnose einer depressiven Episode. Das ist etwas, was nicht in die Welt von Herrn und Frau S gehört. Ich muss sie beide mit einem etwas größeren Aufwand davon überzeugen, dass weder Sixtus sich anstellt – noch ich ihm eine Diagnose einrede. Schließlich können alle einer kombinierten Behandlung aus Psychotherapie und medikamentöser Intervention zustimmen. Sixtus geht es schnell besser. Es darf nur mit niemandem darüber gesprochen werden, sodass es im Langzeitverlauf der Behandlung zunehmend um sein Krankheitsgefühl gehen wird. Gelingt es nicht,

Sixtus zu sensibilisieren gegenüber seiner Depression, die er unter der medikamentösen Behandlung nicht mehr spürt, dann ist die Gefahr groß, dass er später nicht in der Lage sein wird, Frühsymptome eines Wiederauftretens oder Verschlechterungen rechtzeitig an sich wahrzunehmen und sich in Belastungssituationen entsprechend zu schützen. In den begleitenden Elterngesprächen, die fast immer nur Muttergespräche sind, geht es darum, eine »perfekte« Mutter dafür empfänglich zu machen, wie sie sich besser in ihre Kinder einfühlen kann, wie sie sicherer werden kann in einer gesunden Balance zwischen fordern, fördern und schützen. Es ist fast so, als würde ich Frau S noch kurz vor dem Erwachsenwerden ihrer Kinder – sozusagen für die Enkelkinder – beibringen, wie man einen in die Kinder gut eingefühlten Weg finden kann.

Überhaupt scheint mir, dass dieser individuelle Weg, der auf die Befindlichkeiten der Kinder eingeht, heute immer schwerer geworden ist, weil Abweichungen in der kindlichen Entwicklung aus Elternsicht gefühlt schnell zu aussichtslosen Sackgassen werden. Ein Gefühl der Aussichtslosigkeit ist sowieso etwas, für das wir Menschen kaum gebaut sind, und wenn es dann noch ausgerechnet unsere Kinder betrifft, ist es umso schlimmer. Sie sind doch immer unsere Hoffnung.

Doch Frau S ist kein Einzelfall, und ich treffe viele Familien, die diesen Anspruch an sich haben. Und dennoch ist auch Sixtus ein SuperKid. Die Art und Weise, wie er über sich spricht, wie er es schafft, sich trotz seiner Depression um sich zu kümmern, und dabei nicht gegen die Zweifel des Vaters anarbeitet, zeigt, wie kompetent er ist. Er lässt sich durch den Vater nicht noch weiter entmutigen und lässt eine Reife erkennen, von der sein Vater sich etwas abgucken dürfte.

Die gesellschaftlichen Anforderungen haben ohne Zweifel zugenommen. Woran ich das festmache? Es gilt nicht nur für alle, die der Vorgabe anhängen, dass alle Kinder in allen ihren Talenten maximal gefördert sein müssen, das gilt noch mehr für den unauflösbaren Widerspruch zwischen fördern und nicht fördern.

Der »Spiegel« macht am 2.10.2015 mit dem Titel auf: »Operation Wunderkind – wenn Eltern den Erfolg ihrer Töchter und Söhne erzwingen«. Darin werden Eltern beschrieben, die mit Hilfe von Anwälten gegen die Schule und für Zensuren ihrer Wahl für ihre Kinder kämpfen. Es sind Eltern gezeigt, die ihre Kinder immer bis in die Klasse bringen, sodass Schulen schon Verabschiedungszonen eingerichtet haben. »Sie optimieren, wo früher gefördert wurde, sie kontrollieren, wo sie früher vertrauten, sie erobern den Raum, der früher Kindheit vorbehalten war. Sie stellen unerfüllbare Ansprüche: sich selbst gegenüber, vor allen aber gegenüber ihren Kindern«, heißt es in dem Text. Als ein Zeitzeuge dieser Entwicklung wird dann der Kinderarzt Dr. Michael Hauch zitiert, der sich gegen übermäßige Diagnosen stellt. »Das Kind soll lieber eine Dyskalkulie haben als eine schlechte Note in Mathematik«, wirft Hauch den Eltern vor. Der Artikel endet schließlich, nachdem eine 8. Klasse eines Hamburger Vorzeige-Gymnasiums immer wieder schriftlich auf Fragen der »Spiegel«-Redaktion bestätigt hat, dass Eltern dann besonders gut sind, wenn »meine Eltern mich in Ruhe lassen und mir vertrauen«, und ich zitiere das Fazit der »Spiegel«-Redakteure: »Also, es ist ganz einfach: Liebt eure Kinder und lasst sie in Ruhe!«

Das Pendel schlägt in die andere Richtung: Nachdem wir insbesondere in der Kinder- und Jugendpsychiatrie lange Jahre darum gekämpft haben, dass z.B. Teilleistungsstörungen (wie eine Dyskalkulie) nicht übersehen werden, dass Eltern Symptome ihrer Kinder nicht mit den Worten wegwischen: »Mir hat es doch auch nicht geschadet!«, entwickelt sich nun auf der Grundlage der Beobachtung überfürsorglicher Eltern der Generalverdacht, eben diese förderungswilligen Eltern seien überehrgeizig.

Das Problem liegt meiner Erfahrung nach jedoch tiefer: Es ist nicht verdächtig, wenn Eltern sich darum kümmern möchten, dass sich ihre Kinder gut entwickeln, selbst die Idee einer optimierten oder gar der oben angeführten optimalen Förderung ist an sich nichts Schlechtes. Niemand, der heute Kinder hat, kann sich dem allgemeinen Optimierungswahn entziehen. Es mutet vor diesem gesellschaftlichen Hintergrund zynisch an, Eltern aufzufordern, ihre Kinder einfach »nur« zu lieben. Abgesehen davon, dass alle Eltern genau dies tun: Die Bedingungen dafür sind komplex, und die reine Liebe ohne Informationen über kindliche Entwicklungen hat über Generationen hinweg zu oft dazu geführt, dass schwerwiegende Fehlentwicklungen übersehen wurden und damit das Recht jeden Kindes auf gute Lebensbedingungen nicht unbedingt anerkannt wurde. Müssten wir nicht mehr Verständnis aufbringen dafür, dass Eltern heute zum einen in dem Bemühen um die optimierte Erziehung die Grenzen überschreiten und überfürsorglich werden? Dass sie zum anderen hilflos gefangen sind in ihrem Bemühen, die Balance zwischen Über- und Untertreibung zu finden? Mir scheint, wir sind mal wieder mit Übereifer dabei, eine Tendenz, die uns alle umtreibt, einer Gruppe zum Vorwurf zu machen, nämlich den Eltern, die wir dann alle ausgrenzen und für die Auswüchse der Gesamtgesellschaft haftbar machen. Ohne Zweifel schwebt über uns allen heute ein Optimierungswahn, dem sich niemand entziehen kann. Und für diejenigen, die Flucht- oder Auswanderungsgedanken haben, um dem Wahn zu entkommen: Selbst im kanadischen Urwald wird man heute via Internet die Frage beantworten müssen, wie man seine Kinder so fördert, dass sie der Welt heute gewachsen sind.

Selbst wenn Eltern sich innerlich erfolgreich gegen die Optimierungsansprüche zur Wehr setzen: Dem Wunsch, die Kinder fit zu machen für diese Welt, dem tief sitzenden Vorsatz, die eigenen Kinder mögen in dieser Welt bestehen und ein zufriedenes, selbstbestimmtes Leben führen können, wird sich niemand entziehen können. Wir sollten den Eltern, die um die Entwicklung unserer Kinder ringen, daher eher Anerkennung zollen, als sie allgemein abzustrafen, nur weil es tatsächlich einige Auswüchse gibt, die ich nicht verleugnen will. Aber wie oben im Einleitungskapitel zu Kinderwelten heute beschrieben, sind alle in ihrem Zusammenspiel gefragt, Eltern und Kinder, und sie alle sind der Leistungsgesellschaft ausgesetzt, müssen wie Artisten gekonnt ihren Teil zum Gelingen beitragen, und das Tag für Tag.

Wenn die Artistenfamilie dann plötzlich nicht mehr »performt«, weil ein Familienmitglied die falschen Trainingsstrategien anwendet, dann entgeht der Familie etwas Essentielles, nämlich die gesellschaftliche Anerkennung, die Familie steht dann unter Generalverdacht, steht in Bezug auf die Erziehung quasi beim Sozialamt an. Und das sind wir, die ganze Gesellschaft mit dem Druck, den wir ausüben, es sind nicht die einzelnen Familien oder Eltern aus sich heraus. Wer das glaubt, hat die wahren Schuldigen nicht erkannt, so es überhaupt Schuldige hier gibt. Wer nun den Einzelnen herausnehmen will aus dem Hamsterrad unserer Gesellschaft und ihn vorführt, muss sich gefallen lassen, dass ich ihn des – unnötigen – Fatalismus und Zynismus bezichtige. Verstehen Sie mich nicht falsch, es gibt die Helikopter-Eltern, aber das sind Einzelfälle, und ich betone, dass diese Eltern(teile) in Behandlung gehörten. Das habe ich auch in »Burnout-Kids« so geschrieben. Doch die Eltern unserer SuperKids sollten wir nicht unter Generalverdacht stellen, ohne uns klarzumachen, dass sie nur einem Mainstream folgen, der von uns allen ausgeht.

Vielleicht fragen Sie sich jetzt, wie man sich diesem Optimierungswahn entziehen kann, wie man sich als engagierte und ernsthaft um die eigenen Kinder bemühte Eltern da zurechtfinden soll?

Optimierungswahn und kein Gegengift

Mindestens 50 Prozent aller Eltern haben ein mulmiges Gefühl, wenn sie ihre Kinder alleine rauslassen, 82 Prozent möchten jederzeit wissen, wo sich ihr Kind befindet, und 83 Prozent wissen es tatsächlich, hat eine Befragung der »Zeit« vom 20.8.2015 ergeben. Der Artikel, in dem diese Zustände beschrieben sind, beschwört ähnlich wie der zitierte Beitrag im »Spiegel« die unbeschwerte und unbeaufsichtigte Kindheit in der Natur herauf, als wäre dies das Wunschbild unserer Gesellschaft. Protagonist dieser gesunden »Gegenkindheit« (so der Titel des Artikels) ist Sly, 10 Jahre alt, der den ganzen Tag alleine auf Helgoland unterwegs ist (… und sein kann, welches Kind hat schon diese »freie« Natur um sich zur Verfügung?). Der Artikel beschreibt Eltern, die unter dem vorgeblichen Beaufsichtigungswahn leiden und über spezielle Apps ihr Kind tatsächlich verfolgen können, die immer genau wissen (wollen!), wo der hoffnungsvolle Nachwuchs steckt. Das wird ihnen in dem Artikel zum Vorwurf gemacht. Ich halte dem entgegen: Das sind auch diejenigen, die sich selber 24 Stunden am Tag per Armband überwachen, um ihre Gesundheitsdaten zu optimieren. Oder?

Optimierung ist das Gebot unserer Zeit. Selbst Harry Potter, der Held der weltweit erfolgreichen Romanserie, der als Vorbild vieler der heutigen 20- bis 30-Jährigen gilt und diese Generation verbindet, beschreibt dieses Muss unserer Zeit, die Zugehörigkeit zu einer Gruppe. Schon im zweiten Band antwortet der Schulleiter Dumbledore auf Harrys Frage, ob er tatsächlich in die Gruppe gehört, in der er in der Schule lebt. »Es sind unsere Entscheidungen, Harry, die zeigen, wer wir wirklich sind – viel mehr als unsere angeborenen Fähigkeiten.« Darin steckt bereits ein Wahn, der unsere Zeit beschreibt: ein Größenwahn, der uns suggeriert, dass alles geht, wenn wir uns nur für das Richtige entscheiden. Wir können alles erreichen, wenn wir es nur wollen, wenn wir uns – und unsere Kinder – mit den richtigen Maßnahmen an den richtigen Stellen in die richtige Richtung bewegen. Was selbst Harry Potter, der aus der wirklichen Welt wegen seiner Zauberbegabung herausfällt, nicht für sich erkennt, ist, dass Anderssein nicht immer in der Gruppe stattfindet. Viele Kinder heute fühlen sich allein. Nur weil sie nicht zu den Guten gehören. Oder eine eigenwillige Genmischung verhindert, dass sie in das Schema der Schönen passen. Und am Ende streben alle nach demselben Heiligen Gral. Sind wir wirklich eine Gesellschaft von Individualisten, wie wir immer vorgeben zu sein? Oder ordnen wir uns nicht freiwillig dem Druck der Gesellschaft unter, ordnen uns ein – und bemühen uns um Selbstoptimierung bzw. die Optimierung unserer Kinder?

Untersuchungen zeigen, dass Unternehmen, die ihren Mitarbeitern viel Selbstverantwortung übertragen, erfolgreicher sind, weil die Menschen dann das Unternehmensziel schneller zu ihrem eigenen machen, als wenn sie fremdbestimmt wären. Die Folge: In unserer Welt sind Programme, Strategien und Trainingsverfahren der Selbstoptimierung en vogue, und sie gelten natürlich und ganz selbstverständlich auch für die Erziehung der Kinder.

Seltsam, wir sehen uns sonst anders, wenn wir uns den Spiegel vorhalten. Aber vielleicht ist es das eigentliche Spiegelbild, das uns die SuperKids zurückwerfen.

Die konsequent im Namen der Aufklärung als dem bei uns gültigen Religionsersatz geleistete Überwindung jeder Fremdbestimmung hat uns vermeintlich näher zu uns selbst gebracht. Und nach dem Recht auf Selbstverwirklichung, erkämpft in den 1960er Jahren, sind wir in unserer vermeintlich selbst gewählten Wirklichkeit angekommen – und können nun nichts mehr tun, als diese Selbstverwirklichung nur mehr optimieren. Das ist eine logische Entwicklung. Denn wenn ich mich selber verwirklicht habe, die Entwicklung aber weitergehen soll und muss (das ist doch die Wachstumsmaxime unserer Wirtschaftsgesellschaft, oder?), dann bleibt nur Optimierung und Maximierung. Eine Phantasie, was danach kommen oder darüber hinausgehen soll, fehlt. Noch hat niemand eine schlüssige Utopie vorgelegt.

Was das mit unseren SuperKids zu tun hat? Immerhin habe ich den Eindruck, als führten in letzter Zeit die vielen Impulse zu einem Umdenken. Weg vom »immer weiter so, immer größer, immer schneller, immer besser« zu einem »Zurück«, zu einer Regionalisierung – und vielleicht auch zur Besinnung auf das, was Erziehung leisten kann und was nicht. Doch machen wir uns nichts vor: Ein Gegengift ist noch niemandem eingefallen. Und solange das so bleibt, werden wir die Kinder zum bestmöglichen Schulabschluss führen in der Hoffnung, dass sie so klug sind und wir ihre Talente angemessen fördern.

Normalität und Wahn

Was ist denn noch normal, werden Sie sich fragen. Und genau darum geht es ja in meinem Beruf, wir müssen Wahn und Wirklichkeit auseinanderhalten. Vielleicht treibt mich deshalb die Frage der SuperKids so um.

Ein Wahn im psychiatrischen Sinn ist eine unverrückbare Einbildung und gehört zu den schweren psychischen Erkrankungen aus dem Formenkreis der Psychosen. Psychotische Menschen haben ohne eigenes Zutun den Kontakt zur Realität verloren und finden sich nicht mehr zurecht. Das Drama besteht darin, dass sie genau das selber nicht merken. Das ist der Unterschied zu einer Einbildung, die wir alle jeden Tag vielfach leben und erleben. Wer an einer Psychose leidet, kann sich von der Wirklichkeit und damit von der massiven Verzerrung der eigenen Wahrnehmung nicht überzeugen.

Und was tue ich nun, der Fachmann für die Diagnose? Diagnostiziere ich bei unserer Gesellschaft einen kollektiven Wahn? Wenn diese Zuschreibung stimmen würde und es ein Wahn ist, der uns dazu treibt, unser Leben beständig zu verbessern, dann ist er per definitionem unverrückbar. Dann gibt es tatsächlich kein einfaches Gegengift. Dann müssen wir gemeinsam unsere Wahrnehmung von der Wirklichkeit überprüfen, wir müssen in uns gehen und unsere Motive nach Verbesserung reflektieren, wir müssen uns selber auf die Spur kommen. Ich will Sie nicht dazu anstiften, sich selbst gegenüber misstrauisch zu werden. Was ich jedoch einfordern möchte, ist, dass wir alle selbstkritisch sind oder werden und uns trauen, einmal einen anderen Blick auf die Wirklichkeit zu werfen. Lassen Sie uns sehen, wie wir uns vom Wahn befreien, ohne haltlos zu werden. Nein, ich möchte keine rückwärtsgewandte Bullerbü-Romantik, aber ich möchte auch keine Hightech-Roboterie, die unsere Kinder – und uns – zu Maschinen macht. Wir sollten uns davor schützen, eines Tages tatsächlich den Dialog mit der Maschine für einen lebendigen Dialog zu halten, für einen Dialog mit uns selbst. Unsere Welt besteht nicht aus Maschinen. Ein Blick auf unsere Kinder heute könnte helfen, weil sie es sein können, die uns von weiterer Optimierung abhalten. Die uns vor uns selbst schützen. Durch ihr Beispiel.

Superkinder

Nehmen wir einmal ganz normale Kinder. In dem schon erwähnten Beitrag des »Spiegel« (42/2015) werden Kinder der Klasse 8b des Christianeums in Hamburg zu verschiedenen Themen befragt. Ein Auszug aus den Antworten zeigt, was sie denken:

»Was passiert mit einem Kind, wenn Eltern es so extrem behüten?«
»Das ist übertrieben, weil das Kind sich dann gar nicht mehr richtig bewegen kann«, sagt Jonas.

»Was haltet ihr von Eltern, die die Noten für ihre Kinder einklagen?«
»Ich finde das falsch, weil die Note dann ja eher überredet ist und nicht verdient. Das Kind schafft ja dann nur wegen der Eltern den Abschluss«, sagt Clara.

»Wie findet ihr es, dass Eltern zum Arzt gehen, weil ihre Kinder schlecht in der Schule sind?«
»Das mit dem Arzt ist übertrieben. Das Kind muss seine Leistung selber hinkriegen. Und wenn nicht, sollten die Eltern eher sagen: Ja, okay, das war halt ein Ausrutscher. Beim nächsten Mal wird es besser«, sagt Anna.

»Warum sollte ein Kind kein Projekt sein?«
»Es ist gefährlich, weil es eher darum geht, was Eltern gern hätten, und nicht, was das Kind gern hätte«, sagt Lisa.

Marie fasst schließlich zusammen: »Es ist gut, wenn die Eltern da sind, wenn man sie braucht, aber ich finde nicht, dass sie dauernd um einen herum laufen müssen.«

Die Kinder sind wirklich einfach super. Sie unterscheiden sich nicht (!) von denen, die ich jeden Tag sehe und die wegen unterschiedlichster Symptome – ob tatsächlich vorhanden oder nur unter besorgtem Elternblick – vorgestellt werden. Kinder sind selbstbestimmt und erstaunlich – manchmal sogar erschreckend vernünftig –, aber sie sind heute immer auch extrem gut eingefühlt. Sie können sogar dem »Spiegel« selbstverständlich den Gefallen tun und ihm bestätigen, was die Recherche vorher schon festgelegt hatte: In der »Operation Wunderkind« verrennen sich überengagierte Eltern, und selbst die Kinder wollen etwas anderes. Es wird deutlich, wie super diese Kinder tatsächlich sind. Sie greifen auf, was die Erwachsenen von ihnen wollen, sie wirken selbstbestimmt, und Gespräche mit diesen Kindern machen Spaß und sind bereichernd. Und das gilt nicht nur für diese Klasse in dem wohlbehüteten Othmarschen in Hamburg.

Was die Kinder nicht übersehen können, ist, dass es sehr wohl viele Situationen gibt, in denen es gut ist, wenn die Eltern zum Arzt gehen, um ein ADS, eine Teilleistungsstörung, eine Depression oder eine der vielen anderen kinderpsychiatrischen Diagnosen zu überprüfen. Es ist eine merkwürdige Unterstellung, dass Eltern alleine durch ihren Gang zum Arzt eine Diagnose für ihr Kind einfordern. Es ist ebenso irritierend, dass sich damit die Vorstellung verbindet, das Schulleben oder Lernen würde dadurch leichter für das Kind. Verstehen Sie mich nicht falsch, natürlich gibt es Eltern, die versuchen, auf dem juristischen Weg bessere Zensuren für ihr Kind durchzusetzen. Oder Eltern, die einen vermeintlichen oder tatsächlichen Nachteil ihres Kindes aus der Welt schaffen möchten. Auch solche Eltern finden sich zuweilen bei mir ein. Doch das hindert mich nicht, eine ärztliche Diagnose zu stellen, die dem Kind gerecht wird. Denn das Wohl des Kindes steht für mich im Vordergrund. Und zum Glück schicke ich auch viele gesund nach Hause

Wie aber werden wir, die Erwachsenen, diesen SuperKids gerecht? Die Herausforderungen der Welt werden nicht kleiner, im Gegenteil, die Komplexität nimmt zu und erwartet angepasste und veränderte Antworten, die wir Eltern entwickeln müssen, ob wir wollen oder nicht. Daher sollten wir uns bemühen, innerlich nicht darauf angewiesen zu sein, dass eine komplett digital erfasste Welt uns per GPS den Weg aufzeigt. Wir müssen (wieder?) lernen das auszuhalten: Dass wir nicht genau wissen können, was sich hinter der nächsten Kurve verbirgt. Erst dann werden wir gemeinsam mit unseren Kindern einen eigenen Weg finden, der vielleicht verstellt ist, auf jeden Fall ist er komplizierter. Aber ich will nicht daran glauben, dass er unmöglich geworden sein sollte. Wir müssen uns bereit erklären, nicht im Mainstream mitzuschwimmen. Denn Kinder sind genauso Individualisten wie wir.

Fiona ist 16 Jahre alt. Vor einiger Zeit war ihre Mutter bei mir aus einem recht ungewöhnlichen Grund. Sie war auf der Suche nach jemandem, der sich im Todesfall professionell um Fiona kümmern würde. Frau F kam nicht ohne Grund, sie befürchtete, dass das notwendig werden könnte. Frau F hatte einen bösartigen Hirntumor und ging davon aus, dass sie nur noch maximal ein Jahr zum Leben hätte.

Ich hatte kurz danach Gelegenheit, Fiona kennenzulernen, und wir verabredeten, dass sie sich jederzeit melden könnte, wenn sie es wollte oder ihr Vater – die Eltern lebten schon lange getrennt – es für notwendig erachten sollte. Ein Jahr war nun vergangen, und Fiona kam von sich aus auf mich zu.

Fiona ist ein unauffälliges Mädchen, das mich schon beim ersten Kontakt interessiert und freundlich gemustert hatte. Ich selber war etwas unsicher, weil ich auf keinen Fall Probleme oder einen Leidensdruck in sie hineinreden wollte, und wartete ab, was sie denn von mir wollte. Es war letzten Endes tatsächlich nur ein Kennenlernen, wir sprachen über ihre Schule, Freunde, ihr Leben. Die Erkrankung der Mutter war kein Thema.

Diesmal ist das anders, Fiona kommt mit einem konkreten Anliegen zu mir, das mich tief bewegt.

»Ich war neulich mit meiner Mutter spazieren und ging danach wie immer zu meinem Vater nach Hause. Dort merkte ich, dass ich meine Jacke vergessen hatte. Als ich die Wohnung meiner Mutter aufschloss, lag sie plötzlich am Boden und konnte sich nicht mehr bewegen. Ich habe mich wahnsinnig erschrocken, konnte ihr aber Gott sei Dank wieder aufhelfen. Da habe ich gemerkt, wie ich bislang den Zustand meiner Mutter nur als Krankheit aufgefasst habe und nicht als einen Zustand, der zum Tod führt. Obwohl ich das ja die ganze Zeit wusste. Meine große Schwester hält sich ja auch komplett zurück von Mama, weil sie genau das nicht aushält. Wie Papa, der alles verdrängt. Jetzt habe ich gemerkt, dass ich das auf meine Weise auch getan habe. Und jetzt habe ich solche Schmerzen, seelische, dass ich überhaupt nicht weiß, wohin damit.«

Fiona weint. Es gibt nicht viel zu sagen. In kleinen Schritten kann es nur darum gehen, sie zu begleiten in ihrer Trauer, die nicht klein- oder weggeredet werden darf, die aber im Kontakt und den Gesprächen mit mir auch nicht größer werden sollte. Fiona macht es mir vor: Sie weint, sie schimpft und schreit, sie nutzt mich als Resonanzkörper für ihren unendlichen, unteilbaren Schmerz. Ich weiß zwischendurch selber nicht, ob ich es aushalte, wohin ich mit meinen Mit-Gefühlen soll. Immer wieder wird aber deutlich, wie sehr dieses Teilen, das so wenige Worte braucht, Fiona hilft, mit dem endgültigen Abschied von ihrer Mutter fertigzuwerden. Sie lenkt sich erfolgreich mit der Schule ab, wird sogar in dieser Zeit noch Schulsprecherin, und findet mit meiner Unterstützung einen guten Weg für sich zwischen Beschäftigtsein und den Besuchen bei der Mutter im Hospiz. Wenn ich ehrlich bin, habe ich kaum den Eindruck, dass ich viel unternehme, um sie zu unterstützen. Ich habe mehr das Gefühl, ich folge Fiona auf ihrem eigenen Weg. Auf der Beerdigung, zu der sie mich eingeladen hat, kommt sie dankbar zu mir, um mir zu sagen, wie sehr sie sich freut, dass ich da bin, aber auch, um mir mitzuteilen, dass sie die Gespräche mit mir als sehr hilfreich empfunden hat. Im Übrigen, berichtet sie zum Abschied, habe sie beschlossen, Medizin zu studieren.

Fiona meistert ein Schicksal, das Gott sei Dank nicht oft vorkommt. Sie gehört aber ohne Zweifel zu den SuperKids, die mir erfreulich oft zeigen, dass auch weiße Flecken auf der Landkarte des eigenen Lebens überstanden und sogar gemeistert werden können, wenn emotionale Unterstützung, wenn hilfreiche Beziehungen verfügbar sind. Den Löwenanteil aber hat sie alleine bewältigt. Ja, es gibt sie unzweifelhaft, die Super-Kids heute, und Fiona ist ein gutes Beispiel dafür, wie gut sie sich artikulieren können, wie genau dosiert sie die Hilfe suchen, die sie brauchen.

Ich erwähne Fiona aber nicht deshalb. Denn Fiona ist eigentlich kein Fall, bei dem es um Optimierung geht. Und doch ist mir ihre Geschichte wichtig, um aufzuzeigen, dass auch ich im Optimierungszwang lebe. Wahrscheinlich würde in so einem Fall niemand nach der optimalen Bewältigungsstrategie fragen. Doch es gibt eine Menge Fachliteratur und Untersuchungen, die zeigen, mit welchen psychotherapeutischen Strategien Kinder kranker oder sterbender Eltern am besten geholfen werden kann. Es wäre fahrlässig, wenn ich mich nicht professionell darum kümmern würde. Am Ende ist es aber nicht meine Strategie, sondern meine Beziehung zu Fiona, die trägt. Und vielleicht zeigt sie uns allen damit einen Ausweg aus der Falle: Wir müssen Beziehungen zu den Kindern entwickeln, die tragen. Dann steht nicht mehr die Frage nach der optimalen Lösung im Vordergrund, sondern wir können uns gemeinsam an einer gelungenen Beziehung erfreuen, die über Schwierigkeiten hinwegträgt – oft besser, als das jede und sei sie noch so optimale Lösung könnte.

Natürlich bin ich als Profi gehalten, meine Arbeit beständig zu verbessern, zu optimieren. Eltern haben schließlich ein Anrecht darauf, dass ich ihre Kinder nach den aktuellsten Untersuchungsergebnissen behandele und nicht mit unwirksamen Medikamenten oder nach überholten Methoden. Auch wir Ärzte stehen unter Optimierungszwang. Doch es ist an jedem Einzelnen von uns, daraus keinen Wahn entstehen zu lassen.

Und so ist das die einzige Lösung, die ich anbieten kann, um einen Weg aus dem Optimierungszwang zu finden: Wir können nur versuchen, individuell vorzugehen, eigene Schritte zu tun, die uns aus dem Optimierungskreisel herausführen. Wir können lernen, wieder Beziehungen aufzubauen, die tragfähig sind. Wie das gelingen kann, das wird immer individuell verschieden bleiben. Denn auch Zufriedenheit bedeutet in jeder Familie, bei jedem Kind oder Jugendlichen etwas anderes. Ein paar mögliche Schritte aber kann ich vorschlagen. Sie könnten zu Wegen führen, die Sie als Eltern mit dem zweifellos nötigen Selbstzutrauen für sich erkunden müssen.

Statt eines Rezeptbuchs: Wie Beziehung heute funktionieren kann

Einleitung oder: Zwischen Erziehung und Beziehung

Viele Eltern gehen davon aus, dass Erziehung das Wichtigste ist, was sich zwischen ihnen und ihren Kindern vollzieht. Eine gute und erfolgreiche Erziehung ist der Garant dafür, dass Kinder »wohlgeraten« sind, sich zu benehmen wissen, dass sie gut in der Schule und selbstbewusst sind. Dahinter steckt die Vorstellung, dass man an ihnen »ziehen« muss, sie formen, wie man aus einen Stück Ton oder Knete eine Figur zieht. Früher waren diese Formungsversuche direkt und körperlich, indem man Kinder schlug, sie einsperrte oder indem man ihnen die Ohren lang »zog«. Die zieht man ja auch heute noch manchmal zumindest metaphorisch (»Ich ziehe dir gleich die Ohren lang!«) lang, vielleicht auch mit der Vorstellung verbunden, dass die Kinder dann besser hören. Auch das gehört zu den vielen seltsamen Vorannahmen, die Eltern manchmal über ihre Kinder haben: Kinder müssen hören. Als wäre die Aufnahme des akustischen Signals in Form ermahnender Worte eine zentrale Möglichkeit der Beeinflussung unserer Kinder. »Hast du mich gehört?« ist gleichbedeutend mit: »Du machst, was ich sage!« Demnach müssten wir unseren Kindern also immer nur lange und intensiv genug sagen, was sie tun sollen, und die Grundlagen der Erziehung sind gelegt. Nicht selten haben Eltern sogar das Gefühl, dass es bei der Erziehung nicht darauf ankommt, was man selber dabei tatsächlich denkt oder fühlt, weil ja nur das nach außen Gesagte wirkungsvoll und von Bedeutung ist. Als wären wir Sprachmaschinen, die gegenseitig nur auf das Gehörte reagieren. Aber funktioniert das so?

Je länger ich als Kinder- und Jugendpsychiater arbeite, desto mehr wundere ich mich darüber, dass es tatsächlich immer noch Eltern gibt, denen ihre Erziehung – statt die Beziehung zu den Kindern – das Wichtigste ist. Wenn man auf die Idee käme, einen erwachsenen Partner, Ehemann oder Ehefrau, erziehen zu wollen, würde jeder schnell die Grenzüberschreitung bemerken, die dahintersteckt. Natürlich müssen Kinder erzogen werden, und dennoch legen viele Eltern immer noch eine falsche Wertigkeit fest: Wichtig ist, was ich meinem Kind sage, damit es sich im gewünschten Sinn verhält, und nicht, wie meine Beziehung, meine (unausgesprochene) Haltung auf mein Kind – und auf mich zurück – wirkt.

Heute muss Erziehung maximiert und optimiert sein. Alle Eltern fühlen sich sehr unter Druck. Einer der schlimmsten Sätze für Eltern heute lautet: Ich habe in meiner Erziehung versagt! Wenn es nicht gelingt, aus meinem Kind ein SuperKid zu formen, ist etwas schiefgelaufen. Eltern fragen sich nicht gegenseitig: »Ist dein Kind zufrieden, ist es glücklich?«, sondern sie fragen. »Auf welche Schule geht dein Kind, kommt es gut mit? Mit welchem Musiklehrer habt ihr gute Erfahrungen?« Und dabei unterschätzen Eltern oft, wie sehr manches leichter werden könnte, wenn sie sich mehr trauen, auf ihre Beziehung zum Kind zu setzen, statt beständig an ihrer Erziehung zu feilen.

Kinder müssen sich naturgemäß entwickeln, d.h., es gibt einen Anfangspunkt als Säugling und einen »End«-Punkt als Erwachsener – wobei wohl jeder weiß, dass Entwicklung nie aufhört, man also auch nie »fertig« ist. Und natürlich brauchen Kinder elterliche Hilfestellung dabei, sich zu entwickeln. An vielen Stellen des kindlichen Lebens gibt es Weichenstellungen, die zu unterschiedlichen Endpunkten führen können. Und es gibt – z. B. auf Grund des Temperaments eines Kindes – Entwicklungen, die nicht auf- und die manchmal nicht auszuhalten sind. So ist es verständlich, dass wir alle denken, mit möglichst guter und optimierter Erziehung könne es gelingen, aus unseren Kindern »gelungene« junge Menschen zu machen.

Wichtiger als jede Erziehung ist allerdings die immer und sozusagen automatisch dahintersteckende Beziehung.

Nun möchte ich niemanden abwerten, der sich ernsthaft um die Erziehung seiner Kinder bemüht. Vielleicht kann ich mir infolge meiner *déformation professionelle* – meiner berufsbedingten Blindheit – gar nicht mehr vorstellen, wie man in dieser Weise im Kontakt mit den Kindern ist, also ohne die zentrale Bedeutung der Beziehung und nicht der Erziehung zu beachten. Natürlich bittet man auch als Kinderpsychotherapeut Kinder gelegentlich, sich zu ändern, oder man macht ihnen Vorschläge, wie sie ihr Problem lösen könnten, »zieht« sie von einem Problemverhalten zu einer Alternative. Allerdings haben wir verinnerlicht, dass solche Bitten oder Vorschläge am Ende nur wirksam sind, wenn sie auf einer authentischen Beziehungsbasis ruhen. Und diese authentische Beziehungsbasis funktioniert nur, wenn sie eine liebe- und respektvolle Basis hat. Die Therapie eines Kindes, das ich als Therapeut nicht mag, das ich vielleicht sogar schrecklich finde, wird keinen guten Behandlungsverlauf nehmen. Natürlich gibt es sie, die »schrecklichen Kinder«, aber dann ist es die vordringlichste Aufgabe des Therapeuten, so lange hinzuschauen, bis etwas Liebenswertes entdeckt werden kann. Diese Wahrheit gilt neben der seltenen Schrecklichkeit von Kindern auch: Am Ende gibt es immer liebenswerte Seiten zu entdecken.

Eine wesentliche Botschaft dieses Buches lautet deshalb: Achten Sie auf Ihre Beziehung zu Ihrem Kind und weniger auf Ihre Erziehungsstrategien. Und schauen Sie auf Ihr Kind, bis Sie den liebenswerten Seiten Ihres Kindes vertrauen.

Einleitung oder: Zwischen Erziehung und Beziehung

Die Geschichte von Deborah, 3 Jahre alt, illustriert, was passieren kann, wenn Beziehung und Erziehung nicht ineinandergreifen bzw. die Beziehung zwischen Mutter und Tochter dadurch beeinträchtigt ist. Frau D stellt Deborah vor, weil sie keine Grenzen beim Essen akzeptiert. Frau D ist hochgradig geängstigt und auch angestrengt. Sie hat Angst davor, dass Deborah kein natürliches Sättigungsgefühl hat und demnächst hoffnungslos übergewichtig sein wird. Genervt und angestrengt ist Frau D von den täglichen Kämpfen mit Deborah, die schon mit dem morgendlichen Aufwachen beginnen, wenn Deborah ihre Augen mit den Worten öffnet: »Ich habe Hunger!«

Deborah ist ein altersentsprechend entwickeltes, im Kontakt gewinnendes, niedliches Mädchen, das mit ihren hellen blonden Haaren, die ihr als Zopf um den Kopf gelegt sind, wie ein kleiner russischer Engel aussieht. Sie ist normalgewichtig, bestimmt allerdings das Gespräch zwischen uns dreien tatsächlich immer wieder mit deutlichen, quengeligen Nachfragen nach etwas zu essen. Schon beim Hereinkommen hatte sie einen von diesen entsetzlichen Reiskräckern in der Hand (die ich immer »Kinderbetrugskekse« nenne, weil sie vorgaukeln, es gäbe etwas Leckeres zu knuspern, was aber in Wahrheit völlig ohne Geschmack und Inhalt ist. Es beruhigt die Eltern, die den quengelnden Kindern etwas zu essen geben, und täuscht die Kinder durch einen »Nicht-Keks«; nicht selten führt dies zu dem kindlichen Reflex: »Ich bin unzufrieden, also brauche ich etwas zu essen«). Es wird schnell deutlich, dass die Beziehung zwischen Frau D und Deborah kein anderes Thema mehr kennt: Ist genug zu essen da? Frau D hat sich deshalb verschiedene Strategien überlegt, um ihrem »kleinen Vielfraß« Einhalt zu gebieten. So bekommt Deborah morgens das erste Mal etwas im Kindergarten zum Frühstück und nicht vorher zu Hause, Frau D hat außer den schon genannten Kräckern nie etwas zu essen mit, und abends, wenn Deborah einen dritten

Teller voll Essen einfordert, gibt Frau D vor, dass nicht mehr da sei. Das nachfolgende Geschrei hält sie aber »bald« nicht mehr aus.

Es wird sehr deutlich, wie verzweifelt und verfahren die Situation zwischen Mutter und Tochter ist. Der ganze Tag ist dadurch bestimmt, dass Deborah lauthals nach Essen ruft und Frau D nicht mehr weiß, wie sie den unaufhörlichen Forderungen ihrer Tochter nachkommen soll. Sie hat deutlich das Gefühl, dass sie Deborah beibringen muss, maßvoller zu sein. Je mehr Frau D allerdings das Essen und die Essensmengen für Deborah reguliert, desto mehr fordert ihre Tochter Nahrung ein. Von außen betrachtet, könnte man den Eindruck bekommen, eine herzlose Mutter verweigere ihrem Kind das Essen. Von innen betrachtet, hat Frau D Angst, ein krankes und demnächst dickes Kind ohne Sättigungsgefühl zu haben. Sie kann nicht mehr, sie ist mit ihrem Erziehungslatein am Ende. Dabei ist ihr Wunsch, keine dicke Tochter heranzufüttern, verständlich und im Prinzip nicht zu kritisieren. Das Erziehungsprinzip von Frau D ist also unverdächtig und in Ordnung. Wir werden sehen, welche Bedeutung die dahinterliegende Beziehung zwischen Mutter und Tochter hat.

Ich erkläre Frau D zunächst, dass es Kinder ohne Sättigungsgefühl nicht gibt. Es müsste schon eine extrem seltene Tumorerkrankung im Gehirn sein, von der man sich medizinisch vorstellen könnte, sie könne so etwas verursachen. Das Risiko hierfür ist so klein, dass eine entsprechende Röntgenaufnahme nicht gerechtfertigt wäre, zumal man an den nächsten Interventionen sofort sehen kann, ob sich Veränderungen abzeichnen. Auf der Grundlage dieser Erklärung kann sich Frau D etwas entspannen. Wir können herausarbeiten, dass der eigentliche Motor in der Beziehung zwischen Mutter und Tochter die Angst der Mutter ist. Denn Frau D hat einerseits Angst, ihrer Tochter nicht genug bieten zu können, und andererseits ängstigt es sie, sich von Deborah gleichsam leer gesaugt zu fühlen.

In dieser Ambivalenz zwischen Nicht-genug-Haben und Nicht-genug-Geben sind die beiden in einen unausgesprochenen Machtkampf geraten, den Frau D mit Erziehungsmitteln zu bekämpfen versucht. Vergeblich versucht sie bei Deborah etwas einzudämmen, was sich eigentlich auf einer ganz anderen Ebene abspielt. Es geht gar nicht um das Essen (was zugegebenermaßen auch immer sehr wichtig ist in Beziehungen), sondern um die Frage: Liebst du mich genug? Und die Frage, die von Seiten der Mutter drängt und Schuldgefühle bereitet, lautet: »Kann ich dir genug bieten?«

Als Frau D diese Zusammenhänge mehr versteht, kann sie das Essen nutzen, um auf den vermeintlichen Mangel ihrer Tochter zu reagieren. Sie begegnet Deborah schneller mit Essen, bietet ihr zum Aufwachen etwas an und hat auch etwas »Richtiges« (!) dabei, wenn sie Deborah aus dem Kindergarten abholt. Frau D gibt auch abends Deborah so viel, wie diese haben möchte. Das wird zu einer großen Herausforderung, aber als Deborah schon am zweiten Abend den Teller mit den Worten wegschiebt: »Ich bin satt«, begreift Frau D, dass sie loslassen muss und dass sie ihrer Tochter zutrauen muss, ihre Nahrungsaufnahme selbst zu regulieren. Sie achtet nach unserem Gespräch mehr auf ihre Beziehung und spürt, wie schnell sich ihr mütterliches Zutrauen und die Vermeidung von »Angst ohne Worte« auf Deborah auswirken.

Deborah ist ein SuperKid, weil sie beziehungsfähig ist und das gesteigerte Vertrauen der Mutter nutzen kann. Weil sie spürt, dass ihre Mutter Essen und Liebe nicht mehr verwechselt, kann sie ebenfalls auf ihren tatsächlichen Hunger achten. Deborah ist sich von jetzt an sicher, dass genügend Liebe und Zutrauen da sind. Deshalb muss sie nicht auf das Essen verschobene Liebe einfordern und kann spüren, wann sie satt ist.

Hätte Frau D lediglich einen Erziehungsratgeber gelesen, der ihr Vorschläge unterbreitet hätte, mit welchen Nahrungsmitteln sie ihre Tochter möglichst kalorienarm satt bekommt, hätte sich die Dynamik wahrscheinlich weiter zugespitzt. Und wer weiß, vielleicht ist mit dem Fokus auf die Heilung der Beziehung sogar eine spätere Essstörung des Mädchens verhindert worden.

In jedem Fall macht das Beispiel die unterschiedliche Wertigkeit von Beziehung und Erziehung deutlich: Eine Erziehung auf der Basis einer beeinträchtigten, gestörten oder sonst wie erkrankten Beziehung kann nicht gut funktionieren. Die große Not der Mutter, die in den Teufelskreislauf »Mein Kind ist unersättlich« und »Ich kann meinem Kind nicht genug bieten« mündete, ist deutlich und nachvollziehbar. Frau D wünscht sich ein schlankes SuperKid und übersieht, wie super Deborah ist, wie gut sie sich selber regulieren kann, wenn ihre Mutter ihr das zutraut. Und sie übersieht, dass es auch einen Hunger nach Akzeptanz und Liebe gibt. Dass ein Kind auch hören will, es wird geliebt, egal, wie es »performt« – oder wie viel es isst.

Bedingungslose Liebe?

Seien Sie nicht zu streng mit sich: Wir alle wissen, dass unsere Beziehungen – auch die besten und liebevollsten – hin und wieder kranken können. Keine Beziehung ist immer und ausschließlich voller Liebe. Jede Beziehung – auch die zu unseren Kindern – erlebt ambivalente Phasen. Der Satz: »Kinder konnten sich ihre Eltern nicht aussuchen«, gilt auch umgekehrt. Wir tun zwar gerne so, als ob alles immer gut ist, was Eltern ihren Kindern gegenüber empfinden, weil in unser aller Vorstellung das Schlimmste, was Eltern passieren kann, ist, dass sie ihre Kinder schrecklich finden. Wenn man zutiefst ehrlich zu sich ist, weiß man allerdings, dass dies auch in der besten Liebesbeziehung, folglich auch in der besten Kinder-Liebesbeziehung vorkommt. Immerhin gibt es einen natürlichen, biologisch begründeten Schutzmechanismus, der uns das Neugeborene, das als unser Kind in einem zutiefst bewegenden Erlebnis gerade auf die Welt gekommen ist, sofort mit einem ausgeprägten rosa Liebesimpuls betrachten lässt. Gerade Neugeborene sind – mit Distanz betrachtet – nicht automatisch ansehnlich oder süß. Die Biologie hilft uns dabei, jede Form von Irritation, die distanzschaffend sein könnte, durch die intensiv rosa gefärbte Elternbrille zu überwinden. Es ist ein besonderes Phänomen, wenn junge Eltern mit größter Verliebtheit ein Foto ihres Kindes zeigen und man als neutraler Betrachter ein Neugeborenes wie jedes andere sieht. Ein Neugeborenes, das vielleicht sogar etwas verknautschter als andere in die Welt blickt. Es ist ein wunderbarer, biologisch abgesicherter Schutzmechanismus, der uns davor bewahrt, gleich zu Beginn auf Distanz zu gehen. Wenn dann später Verwerfungen auftreten, die Pubertät plötzlich kleine Monster vor uns tanzen lässt, können wir diese biologische Liebesgrundlage immer wieder neu aktivieren. Dann machen wir die Beziehung gesund, und das Leben kann weitergehen.

Doch das schaffen nicht alle auf Anhieb. Wie es mir scheint, gelingt es vor allem heutzutage nicht mehr allen, weil die Ansprüche an das, was Kinder sein sollen, gestiegen sind. Dann geraten Eltern-Kind-Beziehungen schnell in Schieflage.

Dabei sind Beziehungen unser Lebenselixier. Unser Lebenshunger ist immer Beziehungshunger, selbst wenn wir manchmal lieber alleine sind. Wir entstammen immer einer Beziehung, ohne die wir nicht zu denken sind, und geben dies genauso weiter. Wie schlimm es für einen Menschen ist, wenn er aus einer gescheiterten Beziehung entstammt, wissen alle Betroffenen nur allzu gut.

Beziehungen sind leider nicht gleichzusetzen mit Liebe. Und so gibt es auch in der Beziehung zu Kindern keine bedingungslose Liebe. Wie oft erlebe ich die Enttäuschung, wenn das eigene Kind anders ist als erwartet, wenn es zum Beispiel ein nicht zu den Eltern passendes Temperament hat. Wie oft schämen Eltern sich dafür, trauen sich nicht, sich das einzugestehen, dabei ist es etwas ganz Normales, eine Grundlage unseres Lebens, auf die man sich einstellen muss. Natürlich lieben die Eltern am Ende jedes Kind. Manchmal ist der Weg dahin allerdings etwas holprig und bisweilen langwierig, zuweilen ist mehr Nachhilfe von Seiten Dritter nötig.

Meiner Erfahrung nach gelingt es dann am wenigsten, wenn die Betroffenen die Stolpersteine auf dem Weg, die Dinge, die sie hindern, das eigene Kind »einfach nur« zu lieben, verleugnen und so tun, als sei die bedingungslose Liebe immer schon da gewesen. Dann kann es sein, dass das emotionale Sättigungsgefühl eines Kindes tatsächlich verloren geht.

Und wenn wie so oft in der heutigen Zeit zu den natürlichen und normalen Schwierigkeiten extreme Ansprüche kommen, wenn die Kinder nicht nur glücklich und geliebt, sondern auch noch beständig durch die Erziehung optimiert werden müssen, geht nicht selten das Wichtigste verloren: die Beziehung. Unsere SuperKids brauchen aber zuallererst unsere Beziehung, unseren emotionalen Bezug zu ihnen, weil alles andere – die Erziehung, die Ratschläge, die Hinweise – darauf aufbaut. Eine Erziehung, die nicht reflektiert, auf welcher emotionalen Grundlage sie stattfindet, läuft ins Leere – oder erreicht das Gegenteil dessen, was sie vermitteln wollte. Deshalb habe ich keinen Erziehungsratgeber geschrieben, kein Rezeptbuch zur weiteren Optimierung unserer SuperKids.

Bedienungsanleitung für: Kein Rezeptbuch

Ein Widerspruch: Ich möchte anleiten, Hinweise und Tipps geben, aus meiner Arbeit Erfahrung weitergeben – und es sollen keine Rezepte sein? Was spricht gegen Rezepte? Sie helfen uns, leckere Speisen zu zaubern, Dinge zusammenzubauen, und machen das Leben in vielen Bereichen leichter. Warum also nicht auch in Bezug auf: Beziehung?

Beziehungen zwischen Menschen sind dynamische Prozesse. Eine Beziehung lässt sich nicht nur mit wenigen Worten beschreiben, eine Beziehung lebt, hat verschiedene Facetten und zeigt sich jeden Tag ein wenig anders.

Wissenschaftlich betrachtet, würde man Beziehung beispielsweise eingrenzen auf die Dimension der Bindung. Alle Menschen entwickeln nach der Geburt eine Bindung zu den wichtigsten Bezugspersonen. Diese Bindung wird dann später, wenn sich der Beziehungshorizont des Kindes erweitert, auf andere Menschen übertragen. Kinder begegnen anderen Menschen dann bindungssicher oder bindungsunsicher. Eine sichere Bindung eines Kindes erkennt man an der Fähigkeit, angemessen in eine Beziehung einzutreten und sie aufrechtzuerhalten. Ein bindungsunsicheres Kind würde beispielsweise – in der entgrenzten Variante – distanzlos sein, auf den Schoß eines Fremden klettern und nach Aufforderung mit jedem mitgehen. In der ängstlichen Variante würde es sich auf keinen Kontakt zu einem unbekannten Menschen einlassen und jeden Versuch eines vertrauenswürdigen Beziehungsangebots nicht annehmen können. Ein bindungssicheres Kind dagegen würde – alters- und entwicklungsabhängig – immer im Abgleich mit der Mutter (im direkten wie im übertragenen Sinn mit der Frage: »Mama, darf ich …?«) in Kontakt mit anderen Menschen treten.

Nun geht es hier nicht um ein wissenschaftliches Buch. Mir geht es darum, die Dimensionen von Beziehung und Bindung etwas aufzuschlüsseln. Ich übersetze diese Maße der Zwischenmenschlichkeit in Dimensionen des Alltags, die zwischen Eltern und Kindern ausschlaggebend sind, damit Beziehung und Bindung gelingt.

Und dennoch kann es kein Rezeptbuch sein, weil man bei einer dynamischen und facettenreichen Beziehung nicht sagen kann: Mach es einfach so oder so – immer werden Dimensionen fehlen. Für dieses Kapitel bedeutet es, dass Sie als Leser die unterschiedlichen Facetten aufnehmen müssen und erst am Ende beurteilen können, was wie hilfreich war. Lesen Sie dieses Kapitel wie eine Landkarte, bei der es für Sie unterschiedliche »Points of interest« gibt, und machen Sie daraus eine eigene Orientierungskarte über Ihre Beziehung zu Ihren Kindern.

Die Auswahl der Unterkapitel, in denen viele Gegensatzpaare vorkommen, ist dem klinischen Alltag und den häufigen Fragen von Eltern geschuldet, aber auch Dimensionen des Alltags mit den SuperKids.

In jedem Unterkapitel gibt es – wie schon über alle bisherigen Kapitel verteilt – Fallvignetten. Diese Kasuistiken, diese Fälle, dienen der Illustration, sollen Ihnen die Möglichkeit eröffnen, sich zu vergleichen, aber auch: sich abzugrenzen oder zu identifizieren. Achten Sie beim Lesen darauf, was Sie anspricht, und versuchen Sie für sich die Frage zu beantworten, warum Sie sich angesprochen fühlen. Die Fälle dienen dazu, einen Einblick in meine Arbeit zu ermöglichen. Wenn dabei beim Leser das Gefühl entsteht, mit den eigenen Fragen oder Problemen nicht alleine zu sein, ist viel gewonnen. Achten Sie auf die Identifikationen und die Angrenzungen: An diesen Polen kann man oft am meisten für sich verstehen. Denn darum geht es: um ein Verständnis für sich selbst, als Eltern, für seine Kinder, seine Familie. Weil das so vielfältig ist, kann nur eine Landkarte hilfreich sein, mit der man sich nach der Anpassung an die eigenen Bedürfnisse selbständig durch das Gebiet von Beziehung und Erziehung tastet. Entscheidend ist, dass Sie sich als Eltern trauen, nicht gleich zu Beginn der Wanderung den Endpunkt festzulegen.

Es könnte sein, dass Sie sich bei manchen geschilderten Fällen fragen, was diese nun genau in dem Unterkapitel zu suchen haben. Mir geht es darum, Ihnen sehr unterschiedliche Fälle unterschiedlichen Alters und unterschiedlichen Schweregrads eines Problems oder einer Symptomatik zu schildern. Dies soll dazu dienen, sich auch abgrenzen zu können, zu merken, »so schlimm ist es bei uns aber nicht!«

Die Vielfalt menschlicher Entwicklung bringt eine Vielfalt von Problemen und Symptomen – und mehrheitlich gesunde Kinder und Jugendliche – hervor. Auch in diesem Buch können sie nicht alle abgebildet werden. Deshalb ist es so wichtig, dass Sie sich ein eigenes Bild, eine eigene Karte anfertigen.

Jedes Unterkapitel beginnt mit einer Beschreibung der Dimension, um die es gehen soll, und wird dann um Fälle ergänzt oder mit ihnen illustriert. Danach schlage ich immer den Bogen zu den SuperKids bzw. zu dem, was auch an den Beispielen trotz ihrer Symptomatik Kennzeichen von SuperKids ist.

Werfen wir aber zunächst einen Blick auf den Anfang.

Wie alles beginnt

Xenia ist 14 Tage alt. Ihre Mutter hatte verzweifelt angerufen, weil sie zunehmend Angst verspürte, Angst, sie käme mit ihrem Kind nicht mehr zurecht und würde alles falsch machen. Nun sitzt Frau X mit ihrem Mann vor mir, ganz auf der vorderen Stuhlkante, und schaut mich besorgt aus weit aufgerissenen Augen an: »Mir geht es sehr schlecht, ich weine viel, und ich habe Angst, mit Xenia alles falsch zu machen. Ich fürchte, ich habe eine postpartale (nach der Geburt auftretende) Depression.«

Xenia liegt derweil in ihrem Tragekorb zwischen uns und schläft. Ab und zu wacht sie auf und beginnt zu schreien. Diesem Schreien gehen Bewegungen voraus, Xenia grimassiert dann und beginnt kurz darauf mit dem Geschrei. Fällt sie wieder in eine tiefere Schlafphase, ist sie zum Beispiel durch Geräusche, die ich absichtlich erzeuge, nicht zu erwecken. Das zeigt mir, sie ist ein gut reguliertes Kind! Das zeigt sich auch darin, dass sie sich bei den meisten kurzen Schreiattacken schnell und selbständig wieder reguliert und weiterschläft. Frau X jedoch ist extrem verunsichert. Sie weiß nicht, ob und wann sie Xenia aus der Wippe nehmen oder wann sie – wie ihr Mann fragend vorschlägt – ihr Kind schreien lassen soll.

Ich bitte das junge Elternpaar, für jede Situation eine Interpretation von Xenias Schreien zu entwickeln: Ist es Hunger, ist es ein Unwohlsein, sind es Schmerzen, oder lässt es sich nicht feststellen? Als Xenia schließlich etwas länger zu schreien beginnt, ermuntere ich Frau X, sich einfach neben sie zu hocken, Körperkontakt (z. B. über die Hand) aufzunehmen und sie mit einer leisen Ansprache zu beruhigen. Das funktioniert auf Anhieb, sodass ich Frau X erklären kann, dass es auf das Schreien von Xenia viele Antworten geben kann und muss. Entscheidend ist, dass Frau X sich traut, Verschiedenes auszuprobieren, und auf ihren entstehenden guten Kontakt und ihre gute Einfühlung setzt. Mutter und Tochter müssen sich synchronisieren, sie müssen sich kennenlernen und sich aufeinander abstimmen. Das kann etwas dauern – und das darf Zeit haben. Und ein Baby-Blues ist noch keine Depression, kann ich Frau X beruhigen. Und selbst wenn sich eine entwickeln sollte, können wir sie behandeln. Für den Moment brauchen Mutter, Vater und Kind etwas Beratung und vor allem: Sicherheit.

Xenia ist ein neugeborenes SuperKid, das gesund ist, alle Ressourcen hat und nun darauf angewiesen ist, dass jemand eine Beziehung zu ihm aufnimmt, in der es verstanden wird, seine Bedürfnisse angemessen aufgegriffen werden und eine liebe- und respektvolle Beziehung beginnt. Wenn diese Beziehung stimmig ist, finden beide einen passenden Rhythmus – zunächst ohne jede Form der Erziehung ...

Liebe und Respekt I

Frau X ist so voller Liebe zu ihrem Kind, dass diese Liebe in Kombination mit der Verunsicherung durch einen Baby-Blues droht, überfürsorglich und überängstlich zu werden. Es war ein wunderbares Bild, als es Frau X gelang, Xenia nicht sofort bei dem etwas längeren Schreien aus der Wippe zu nehmen, sondern im Respekt vor den Bedürfnissen ihrer Tochter erst auszuloten, was angemessen sein könnte. Erst durch eine gute Balance von Liebe und Respekt entsteht ein angemessenes Hin und Her von allen Impulsen, die von der Liebe gespeist werden, und den elterlichen Verhaltensweisen, die respektvoll etwas zurücktreten, um nichts zu übersehen, aber auch, um dem Kind nicht ein eigenes Gefühl – in diesem Fall Angst und Unsicherheit – so zu vermitteln, dass es auch für das Kind zu einem bestimmenden Gefühl wird.

Tiefe Liebe wird immer mit Respekt verknüpft sein – elterliche Liebe zu Kindern neigt auf Grund der natürlichen Abhängigkeit der Kinder von Eltern manchmal dazu, die Grenzen der Kinder zu überschreiten, ohne dass Eltern dies wollen. Deshalb genügt es meist nicht, sich zu vergegenwärtigen, dass man sein Kind »endlos« liebt. Liebe ist die zentrale Grundlage, aber sie ist nicht immer ein guter Berater. In der Zweideutigkeit unserer SuperKids schlägt sich genau dies nieder: Wir Eltern wollen das Beste, wollen SuperKids und übersehen, wie super sie schon längst sind. Wenn es Eltern gelingt, sich eine gute Intuition für ihr Kind zu erhalten oder zu erarbeiten, dann kann sich jedes Kind darauf verlassen, dass es nicht verformt, sondern gefördert und begleitet wird.

Dabei müssen Eltern keine komplizierten Pläne verfolgen, keine Berater- und Trainerstäbe beschäftigen, sondern sie müssen Eltern sein, die auf der Grundlage von Liebe und Respekt ihr Kind auf dem Weg in die Welt begleiten. Eigentlich sollten Eltern »Kinderflüsterer« sein, Eltern, die sehr aufmerksam an der seelischen und körperlichen Entwicklung ihrer Kinder entlang den Weg bereiten, begleiten, bewachen und irgendwann die Kinder sich selbst überlassen.

Der genaue Blick

Es gibt ein romantisches Elternideal, das der stets glücklichen, fröhlichen Kinder, die ihre Kindheit in aller »Unschuld« leben, genießen, die einfach da sind, neugierig und zufrieden. Das sind die schon erwähnten Kinder aus Bullerbü, die es nie gegeben hat – und heute auch nicht mehr geben kann. Denn den unbeobachteten Kindern fehlte nur allzu oft der genaue Blick. Erst, wenn ich genau hinschaue, kann ich sehen, worum es geht, kann ich Hilfestellung geben, kann unterstützen. Das gilt übrigens auch umgekehrt: Wenn ich einen genauen Blick auf mein Kind habe, sieht es mich auch. Die häufigen Rufe nach »Mama?« erwarten oft keine wirkliche Antwort, sie dienen lediglich der Wiederherstellung des Kontakts, bedeuten: »Bist du noch da?«, und häufig: »Siehst du mich?« Gut eingefühlte Mütter (und Väter!) nehmen dieses »Mama?« intuitiv auf und reagieren mit einem selbstverständlichen: »Ja.« Das Ja kann auch durch einen Blick ersetzt werden oder eine kurze Berührung. Aus diesem Blick, den die Kinder, wenn sie klein sind, automatisch einfordern, wird der elterliche Blick, der mehr ist als ein fotografisches Scannen. Dieser elterliche Blick ist ein emotionaler Resonanzkörper, der durch die kindliche Seele zum Schwingen kommt. Mit ihm verstehen wir, was in unserem Kind vorgeht, oft, ohne dass sie etwas sagen müssen. Sind wir anfangs ganz darauf angewiesen, selber herauszufinden, worum es geht, geben unsere Kinder uns mit zunehmendem Alter mehr Antworten. Das sind nicht immer die Antworten, die wir erwartet haben. Dann entsteht manchmal so etwas wie Fremdheit, weil die eigentlichen Persönlichkeitsmerkmale unserer Kinder mehr zum Tragen kommen. Unser Blick wird zunehmend und notwendigerweise dialogisch. Grundlage aber bleibt der genaue Blick, der wahrnimmt, ohne verfolgend zu sein, in welchem Zustand sich das Kind befindet.

Wir kommen aus einer Epoche der jüngeren Vergangenheit, der Nachkriegszeit, in der die Elterngeneration groß geworden ist, deren Kinder mir heute in der Praxis vorgestellt werden. In der Kindheit dieser Eltern hat dieser Blick meist keine Rolle gespielt. Es war im Gegenteil ein Blick, der wusste, wie sich das Kind zu fühlen hatte, ohne in Wahrheit zu sehen, was mit dem Kind war. Dabei geht es gar nicht um dramatische oder pathologische Zustände oder Veränderungen, es geht um das tägliche Einerlei. Deshalb ist Bullerbü eine in der heutigen Welt nicht mehr stimmige romantische Idee: Die Kinder von Bullerbü sind sich selbst überlassen, und am Ende des Tages, wenn sie vermeintlich glücklich von den Eltern eingesammelt werden, weiß keiner, wie es ihnen ergangen ist. Nur Astrid Lindgren hat es gewusst, indem sie vielfach Schicksale von Einsamkeit und Unverstandensein beschrieben hat. Es ist kein Zufall, dass in der Welt der Astrid Lindgren so gut wie keine Eltern vorkommen, und wenn, dann fallen diese eher durch Unverständnis auf. Astrid Lindgren selbst musste erleben, wie sie achtzehnjährig und unfreiwillig schwanger von ihrer Familie verstoßen wurde. Der Vater ihres Sohnes war Alkoholiker, die

Beziehung hielt nicht lange, und sie musste miterleben, wie der eigene Sohn die Entwicklung des Vaters nahm.

Die elterliche Haltung zur Kindheit hat sich seitdem sehr zum Guten verändert. Die Zeit, aus der die Angehörigen meiner Generation kommen, war von Unsicherheit und Unwissen gekennzeichnet. Da lag es nahe, die Unsicherheit vermeintlich durch Normen und Konventionen zu besiegen. Wenn ich weiß, dass mein Säugling alle vier Stunden gestillt werden muss, dann bringt mir das als Mutter und Vater Sicherheit, ich habe eine Richtschnur. Oder wenn ich weiß, das ich möglichst früh mit dem Töpfchen-Training beginnen muss, damit das Kind schnell trocken und sauber wird, dann werde ich alle Reaktionen des Kindes, die nicht in das Schema passen, zu einem Problem des Kindes machen und nicht an der »wissenschaftlich« hergeleiteten Vorgabe zweifeln. Eltern meiner Generation kennen daher diesen Zweifel kaum, den heutige Eltern aushalten müssen. Insofern hat mehr Freiheit in der Beziehungsgestaltung und mehr Wissen um die kindliche Entwicklung – was nur zu begrüßen ist – zu mehr Unsicherheit geführt.

Leider hat diese Regelhaftigkeit damaliger Erziehung dazu geführt, dass mit der Einführung der Kinder- und Jugendpsychiatrie in den 60er Jahren in Deutschland darum gerungen wurde, überhaupt dafür Sorge zu tragen, dass die meisten psychischen Erkrankungen des Kindes- und Jugendalters nicht ständig übersehen wurden.

Heute mehren sich die Stimmen, die sagen, schaut nicht so genau hin, sie entwickeln sich auch von ganz alleine! Seid keine Helikopter-Eltern, das ist der pauschale Vorwurf, der im Raum steht.

Ich plädiere für einen anderen Weg, möchte nicht die alten Zeiten meiner Generation, aber ich wende mich auch gegen die pauschale Aburteilung, es gäbe ein Zuviel an genauem Blick. Im Gegenteil: Solange der elterliche genaue Blick nicht verfolgend und nur am Defizit orientiert ist, gehört er zu den Aufgaben und Fähigkeiten von Eltern, die ich nachdrücklich unterstützen möchte. Nur durch den genauen Blick können Eltern mir genaue Beschreibungen geben, und wir können alle gemeinsam darüber nachdenken, ob eine psychische Erkrankung vorliegt oder nicht.

Heute wandelt sich der genaue Blick allerdings nicht selten in einen Suchscheinwerfer, der die Kinder möglichst unablässig verfolgt, weil sie ohne einen übergenauen Blick keine Super-Kids werden können. Die Kunst liegt wie so oft in der Vermittlung zwischen dem Impuls, die Kinder komplett alleine laufen zu lassen, und der Idee, sie maximal zu beobachten. Die richtige Mitte zu finden, das ist allerdings in jedem Fall subjektiv.

Der genaue Blick ist also ein wichtiger und grundlegender Bestandteil der elterlichen Fürsorge. Er ist aber tatsächlich etwas Gegenseitiges: Unterschätzen Sie als Eltern nie, wie genau auch Sie angeschaut werden! Ihre Kinder behalten Sie im Blick, lernen von Ihnen, und manche Verhaltensweise, die Sie an sich nicht mögen, bekommen Sie vom Kind gespiegelt und vorgehalten. Auch das muss ausgehalten werden. Und das ist auch gut so. Doch es ist ein besonderer Blick, um den ich bitte, nicht der defizitorientierte. Nicht der fordernde, abschätzige. Kein sich in der Familie gegenseitig misstrauisch Beobachten, sondern der liebevoll-fürsorgliche Blick ist gemeint, der zu jeder Liebesbeziehung dazugehört.

Wenn ich in meiner Praxis in Gegenwart der Eltern sehr konzentriert mit dem Kind gesprochen habe und mich nach etwa zwanzig Minuten den Eltern mit der Frage zuwende: »Was möchten Sie ergänzen?«, habe ich oft schon einen ersten therapeutischen Erfolg, weil die Eltern positiv überrascht darüber sind, dass ihr Kind alle wichtigen Dinge, die im Zusammenhang mit dem Besuch bei mir stehen, sehr genau, differenziert und angemessen geschildert hat. Familiäres Wissen ist immer gegenseitiges Wissen. Grundlage für dieses Wissen ist der genaue Blick.

Oft sind Eltern heute unsicher darüber, wie genau ihr Blick sein soll. Diese Unsicherheit verwandelt sich in Druck, wenn dann nach einfachen Rezepten gehandelt wird. Einfache Rezepte zeichnen sich durch Weglassen von Ingredienzien aus, durch kurze Kochzeiten und unkomplizierte Kochvorgänge. Kindliche Entwicklung aber ist komplex, und die Balance zwischen dem genauen Blick und dem Übersehen nicht immer einfach, wie der Fall Anton zeigt.

»Zu Ihnen kommen doch nur die schlimmen Fälle, und jetzt sitzen wir hier und rauben Ihre Zeit«, beginnt Frau A in meiner Ambulanz das Gespräch. Ein Satz, den ich häufig höre und auf den es schwer ist, angemessen zu antworten. Denn er entwertet die Begegnung mit mir auf doppelte Weise: Familie A hat eigentlich kein Recht, meine Zeit in Anspruch zu nehmen, und mein Engagement für sie ist nichts wert, weil es überflüssig ist. Darüber hinaus stellt diese Einstellung die Stigmatisierung wieder her, dass bei einem Kinder- und Jugendpsychiater nur schwerste psychische Auffälligkeiten behandelt werden. Diese Ausgrenzung psychisch kranker Kinder, dachte ich, sei inzwischen doch weitgehend überwunden.

Natürlich weiß ich: Frau A hat es verdient, von mir genauso ernst genommen zu werden wie alle anderen Familien, die zu mir kommen. Ihr Eingangssatz ist Ausdruck tiefer Verunsicherung und die darin enthaltene Abwertung nicht gewollt. Ich beruhige sie deshalb: »Ich nehme alle Patienten gleichermaßen ernst, unabhängig davon, ob irgendjemand glaubt, die Gründe, die sie zu mir führen, seien mehr oder weniger schlimm. Entscheidend für mich ist ein subjektives Leiden, und ich bin mir sicher, dass Sie gute Gründe haben zu kommen. Ich verstehe es auch, wenn es Ihnen jetzt, wo Sie vor mir sitzen, übertrieben vorkommt und Sie fürchten, Sie könnten sich vielleicht nur anstellen, aus einer Mücke einen Elefanten machen.«

Frau A entspannt sich etwas. Sie kommt wegen ihres 12-jährigen Sohnes Anton. Weil sie Angst hatte, ihr Sohn könne ihr unterstellen, seine Mutter wolle ihn zum »Psycho« machen, hat sie Anton zum Erstgespräch lieber nicht mitgebracht. Sie berichtet, dass Anton eigentlich ein »normaler und fröhlicher Junge« ist, der die 6. Klasse des Gymnasiums besucht. Er ist auch immer ganz gut in der Schule gewesen, insbesondere die Grundschule war kein Problem. Seit der 5. Klasse allerdings lassen die Leistungen langsam, aber stetig nach, Anton verweigert sich zunehmend bei den Hausaufgaben und flieht mehr und mehr in seine PC-Spiele-Welt. Immer häufiger kommt es zu Streitigkeiten, wenn Frau A versucht, Anton zur Arbeit zu motivieren. Zu den endlos lang erscheinenden Streitereien kommt eine schneckenartige Langsamkeit von Anton hinzu, die dazu führt, dass ganze Nachmittage nur um Hausaufgaben kreisen und am Ende die Beziehung zwischen Mutter und Sohn mal wieder und zunehmend belastet ist. Wenn sich dann am Abend Herr A einmischt mit einer Mixtur aus »Jetzt mach doch endlich mal das, was deine Mutter dir sagt!«, und »Lass den Jungen doch mal mehr in Ruhe, normale Jungen sind eben so«, dann ist die Stimmung für alle deutlich spürbar schlecht, und auch Antons ältere Schwester duckt sich weg. Alle hoffen, dass der nächste Tag nur besser werden kann. Frau A hat Angst, dass Anton bei seinen jetzigen Leistungen am Ende der 6. Klasse das Gymnasium verlassen muss. Und bislang war es für Familie A doch selbstverständlich, dass alle ihre Kinder das Abitur machen!

Familie A ist tatsächlich eine komplett »normale Familie«. Der Vater arbeitet als Ingenieur in einer Firma, die Werkzeuge herstellt. Frau A ist zu Hause als Übersetzerin für verschiedene Verlage tätig und kann sich ihre Arbeit einteilen. Arabella, die 14-jährige Tochter, besucht die 8. Klasse desselben Gymnasiums wie Anton, ist eine gute und unauffällige Schülerin, und nur in der letzten Zeit gab es den einen oder anderen Streit darum, ob und wie lange Arabella eine Hausparty besuchen durfte. Die Eltern A sind liebevoll, sowohl miteinander als auch mit ihren Kindern. Daneben kümmern sie sich schon immer um optimale Erziehung und optimale Förderung ihrer Kinder. Nicht übertrieben, aber doch so, dass beide Kinder ein Instrument spielen, einen Sportverein besuchen und immer mit guter Literatur und Spielzeug mit Prädikat versorgt waren. Deshalb ist sich Frau A jetzt auch so unsicher: Sie hat doch versucht, einen optimalen Weg zu finden zwischen optimaler Förderung und optimaler Eigenentwicklung ihrer Kinder. Bei ihrer Tochter scheint das auch gelungen zu sein, aber bei Anton? Ist die erneute Suche nach optimaler Förderung nun durch einen Kinder- und Jugendpsychiater nicht übertrieben? Hat ihr Mann Recht, und sie sollte Anton einfach laufen lassen? Frau A fühlt sich gefangen. Natürlich sollen sich ihre Kinder optimal entwickeln, aber heißt optimal nicht auch, keinen zu großen Druck aufzubauen? Sie kann das Wort optimal selber schon nicht mehr hören. Aber wer könnte schon dagegen sein, dass Kinder sich möglichst gut entwickeln, also optimal?

Im Erstgespräch mit Anton, um das ich bitte, wird zweierlei deutlich: Er fühlt sich durch den Kontakt zu mir in keiner Weise irritiert oder stigmatisiert, und er selbst leidet sehr unter den täglichen Streitereien und Auseinandersetzungen um die Schule.

Anton ist ein freundlicher, zugewandter und offener Junge. Seine strubbeligen blonden Haare lassen mich tatsächlich an Astrid Lindgren und ihre Protagonisten wie Pelle denken, und seine blauen Augen signalisieren Interesse, eine Neugierde im guten Sinne, darin aber Anzeichen von Belastung und Nachdenklichkeit. Anton selber kann sich seinen Leistungsabfall auch nicht erklären, er arbeitet wie immer, was die Schule angeht. Auf seine Eltern kann er gar nicht sauer sein, weil ja insbesondere seine Mutter ihn tatsächlich optimal fördern möchte, das spürt Anton, obwohl es ihn manchmal nervt.

Eine kurzfristig durchgeführte testpsychologische Untersuchung ergibt, dass Anton bei guter Grundintelligenz eine sehr langsame Verarbeitungsgeschwindigkeit aufweist. Die körperlich-neurologische Untersuchung bestätigt dann den Verdacht auf eine Entwicklungsdyspraxie – bei ihm ist dies ein Entwicklungsrückstand der motorischen Funktionen, in diesem Fall eine schlechte Auge-Hand-Koordination, die dazu führt, dass Anton in allen schriftlichen Anforderungen extrem langsam wird. Anton erhält einen spezifischen Nachteilsausgleich in der Schule, und eine Lerntherapeutin bringt ihm bei, wie man trotz dieser Langsamkeit mit veränderten Lernstrategien ausreichend gut zurechtkommt. Im Abschlussgespräch mit der Mutter – Herr A ist dieses Mal mitgekommen – können wir festhalten, dass es nicht übertrieben war, zu mir zu kommen.

Wie gut, dass sich Frau A getraut hat, genauer hinzuschauen, und mir erlaubt hat, den Blick noch einmal zu schärfen.

So wird der genaue Blick in seiner wohlwollenden und fürsorglichen Variante zu einer zentralen Grundlage der Beziehung zwischen Eltern und Kind. Nur wenn ich weiß, was los ist, kann ich reagieren. Dabei müssen sich Eltern allerdings entscheiden zwischen Dramatisieren und Bagatellisieren. Natürlich ist das nicht immer eine freie Entscheidung, vielmehr geraten die Eltern der SuperKids nicht selten notgedrungen in eine große Not und Unsicherheit, die zwangsläufig zu einer Dramatisierung führt.

Der genaue Blick der Supereltern unterliegt heute dem Generalverdacht der Überfürsorglichkeit. Das Beispiel von Familie A zeigt, dass nicht der genaue Blick das Problem ist, sondern der Umgang damit. Wenn Eltern ein Symptom, eine Entwicklungsabweichung im Vergleich zur »Norm« feststellen, dann ist immer erst ihre Interpretation gefragt. Erst wenn Eltern der Meinung sind, dass eine Abweichung zu Leiden oder Fehlentwicklung führt, ist der Einbezug von Fachleuten sinnvoll. Mir ist es lieber, ich kann Eltern beruhigt wieder ziehen lassen mit dem Hinweis, dass sie ein wunderbares und gesundes Kind haben, als umgekehrt.

Lassen Sie sich den genauen Blick auf Ihr Kind also nicht austreiben, er ist ein wichtiger Baustein Ihrer Beziehung. Wenn Eltern Veränderungen weder wahrnehmen noch untereinander ansprechen, ist so eine gegenseitige Verwahrlosung kein Ausdruck verlässlicher Liebe.

Unsere SuperKids sind angewiesen auf den genauen Blick. Wenn die Kameramutter oder der Kameravater liebevoll darauf eingestellt sind, nichts Beunruhigendes zu übersehen, wird der genaue Blick zu einer Dimension, der den Kindern Sicherheit vermittelt, und zwar die Sicherheit, nicht übersehen zu werden. Bullerbü mit Eltern, die durch die Gegend schweifen und die sich nicht scheuen, auch mal das Fernglas oder die Kamera vor ihr Auge zu nehmen. Neben dem genauen Blick sind darüber hinaus aber auch Aufmerksamkeit und Lebendigkeit gefragt – ein Begriffspaar, das auf den ersten Blick nicht so viel miteinander zu tun hat.

Aufmerksamkeit und Lebendigkeit

Eltern, die mindestens zwei Kinder haben, kennen das Phänomen: Ist man beim ersten Kind noch alle drei Minuten zum Bettchen gelaufen, um nachzusehen, ob der kleine Prinz, die liebe Prinzessin noch schläft, so legt man das Zweit- und Drittgeborene hin und widmet sich entspannt dem eigenen Abend. Dieses Beispiel macht deutlich, wie sehr die Aufmerksamkeit den Kindern gegenüber von der Erfahrung, der Routine, aber auch der inneren Verfassung abhängt. Eine Mutter, die sehr eigenbedürftig ist und der ein Verzicht auf ein eigenes abendliches Leben sehr schwerfällt, wird schneller bereit sein, ihr Kind alleine zu lassen, als die Eltern, die ihr Leben komplett auf den

Familienzuwachs eingestellt haben und das abendliche Bewachen des kindlichen Schlafes genießen. Abgesehen von den Eltern, die am liebsten neben dem Bett ihres Kindes schlafen oder es nicht schaffen, das Kind in sein eigenes Bett zu bringen. Was passieren kann, wenn die Verzichtsleistung auf Grund eigener Bedürftigkeit nicht gelingt, zeigt der Fall von Gustav.

Frau G hat ihren Sohn Gustav getauft. Er ist jetzt 4 Jahre alt, und immer noch freut Frau G sich über diesen lustigen Namen. Er ist auch im Kindergarten und im Hort der einzige Junge mit so einem ausgefallenen Namen. Allerdings ist Gustav seit einiger Zeit überhaupt sehr auffällig. Die Erzieherinnen berichten davon, dass er schnell aggressiv werde, andere Kinder schlage und neuerdings auch Sachen zerstöre, wenn er seinen Willen nicht bekomme. Gustav sieht schon ein wenig so aus: Er wirkt grob, weicht meinem Blick aus und erfasst blitzschnell die Spielsachen in meinem Zimmer. Ohne zu fragen – und ohne wirklich auf mein Kontaktangebot einzugehen –, setzt er sich vor die Puppenstube. Während seine Mutter ihre Sorgen mit ihm berichtet, spielt Gustav Szenen, in denen Kinder immer wieder weggeworfen werden. Er schimpft dann leise vor sich hin, und man hört so etwas heraus wie: »Du freches Kind!«, und dann werden die Puppen in die Ecke geworfen. Es entsteht kein konstruktives Spiel. Als ich mich dazusetze, steigert sich die Aggressivität noch. Das ganze Puppenhaus droht auseinanderzufliegen, so sehr wirft Gustav inzwischen auch mit den Möbeln um sich. »Hier passiert aber gerade viel!«, kommentiere ich. Gustav hält etwas inne. Offensichtlich hatte er damit gerechnet, dass ich schimpfen oder doch mindestens moralisieren (»die armen Kinder!«) würde. Mein neutraler Kommentar dagegen eröffnet Gustav doch ein klein wenig die Möglichkeit, aus dem aggressiven Zirkel auszusteigen. Stolz erklärt er mir, dass er der Herrscher in diesem Haus ist und dass dort lauter ungezogene Kinder leben. Die müssen jetzt alle mal »Kloppe«

bekommen, damit sie nicht immer so frech sind. »Hilft das denn?«, frage ich Gustav. Er zögert und beantwortet meine Frage nicht. Stattdessen wird sein Spiel langsamer, und ich kann mir eine Puppe nehmen und Gustavs Figur fragen, ob sie mit mir spielen möchte. Gustav ist überrascht. Er traut sich nicht, meine Puppe auch zu schlagen, und gleichzeitig wird deutlich, wie groß seine Scham ist, vor mir zuzugeben, dass er natürlich gerne mit mir spielen würde. Ich gehe einfach darüber hinweg und fange an zu spielen. Vorsichtig und unsicher fädelt Gustav sich ein. Immerhin gelingt uns ein etwa zehnminütiges Spiel, bei dem wir Geschwister sind, die auf ihre Mama warten. Es ist sehr anrührend, weil ich sofort manches von Gustavs seelischer Situation verstehe. Als ich nach zehn Minuten aufhöre, um unsere Beziehung nicht überzustrapazieren, setzt sich Gustav entspannt zu seiner Mama.

Frau G war 18 Jahre alt bei der Geburt von Gustav. Von seinem Vater wollte sie sowieso nichts wissen, die Schwangerschaft hat sie viel zu spät bemerkt. Sie hat dann »nur« noch schnell den Hauptschulabschluss gemacht und kümmert sich seitdem vergeblich um eine Ausbildung. Die Beaufsichtigung von Gustav war so zeitaufwendig, dass nichts anderes mehr ging. Jetzt hat sie ihn zwar den ganzen Tag im Kindergarten und Hort, ist aber so viel mit dem Haushalt beschäftigt, dass sie zu nichts kommt. Und jetzt wird er auch noch immer aggressiver. Dabei geht sie abends schon lange gar nicht mehr weg, was sie, als er ganz klein war, eine Zeitlang gemacht hat. »Ich habe doch auch ein Recht auf Leben!«, sagt Frau G trotzig. »Ich liebe ihn ja, den kleinen Rotzer, aber manchmal wäre mir ein Leben ohne ihn lieber...« Frau G beginnt zu weinen. Das Schicksal hat ihr dieses Kind vor die Füße geworfen, und sie hat nicht genügend inneren Raum, um es wirklich bei sich zu beherbergen.

Wer jetzt vorschnell Frau G als schlechte Mutter abwertet, hat nicht verstanden, dass es schicksalhafte Entwicklungen gibt,

Aufmerksamkeit und Lebendigkeit

bei denen Kinder nicht erwartungsvoll-freudig auf der Welt in Empfang genommen werden. Die große eigene Bedürftigkeit der Mutter führt dazu, dass sie ihr Kind emotional verwahrlosen lässt.

Die unmittelbaren Reaktionen von Gustav lassen erkennen, was passiert, wenn man unaufmerksam verwahrlost. Die Suche nach der Mama führt zu ständigen massiven Frustrationen, die sich immer mehr und immer heftiger aggressiv entladen. Nur eine intensive Therapie der Mutter-Sohn-Beziehung unter gleichzeitiger Stärkung des Selbstwertes und der Selbstfürsorge von Frau G wird helfen können, wenn Gustav nicht doch irgendwann in einer therapeutischen Wohngruppe untergebracht werden muss. Die Erziehungsversuche der gesamten Umwelt scheitern an Gustav, weil er emotional nicht sicher genug aufgehoben ist, sich nicht sicher sein kann, ob er geliebt wird. Über sein aggressives Verhalten sorgt er dafür, dass sich tatsächlich Ablehnung ihm gegenüber etabliert. Dann sind alle schnell in einem Teufelskreislauf gefangen. Vordergründig ist Gustav kein SuperKid – er ist ein Beispiel für die Kinder, die diesen Rahmen sprengen. Es ist trotzdem eindrucksvoll, wie er sich durch ein angemessenes Beziehungsangebot zumindest vorübergehend beruhigen lässt und man unmittelbar eine Vorstellung davon bekommt, was ihm fehlt und schon immer gefehlt hat.

Das Beispiel von Gustav zeigt, was geschehen kann, wenn die elterliche Aufmerksamkeit mit eigenen Bedürfnissen konkurriert. Ist diese Konkurrenz immer einseitig auf Seiten der Eltern, dann verwahrlosen Kinder, sie erleben keine aufmerksame und lebendige Beziehung. Aber auch, wenn man das Beispiel auf jede normale Familie anwendet, wenn Sie sich als Leserin fragen, was das mit Ihnen zu tun hat, dann werden Sie unweigerlich auf Themen oder Bereiche kommen, die in Ihrer Beziehung zu Ihren Kindern mit eigenen Wünschen konkurrieren. Im Prinzip ist das auch nicht verwerflich oder in jedem

Fall schädlich, weil Kinder natürlich auch damit zurechtkommen müssen, dass elterliche Aufmerksamkeit endlich ist. Dennoch lohnt es sich, immer mal wieder zu überprüfen, wie groß die Konkurrenz um Aufmerksamkeit und das Recht auf eigene Bedürfnisse zwischen Eltern und Kindern ist.

Es kann aber natürlich auch sein – und das scheint mir heute das Häufigere zu sein –, dass Eltern, die Supereltern, sich maximal darum bemühen, keine eigenen Bedürfnisse in Konkurrenz zum Kind zu bringen. Eltern, die ALLES hintenanstellen. Das ist nicht nur sehr anstrengend, es verkrampft völlig und suggeriert dem Kind, es gäbe tatsächlich nur Aufmerksamkeit für die Prinzessinnen und Prinzen. In der Klinik nenne ich das »verdrehte Welt«, eine Welt, die eine Eltern-Kind-Hierarchie auf den Kopf stellt. Eltern, die so damit beschäftigt sind, aus ihren Kindern SuperKids zu machen, dass sie übersehen, wie ängstigend es sein kann, wenn man an der falschen Stelle der eigenen Entwicklung ein grenzenloses Anrecht auf eigene Bedürfnisse zugesprochen bekommt. Vom verkrampften Verzicht der Eltern ganz zu schweigen.

Eine lebendige Beziehung ist ein Gebilde, das nie in einen Zustand kommt, an dem sie »fertig« ist. Jede Liebesbeziehung, auch die gelungenste, muss jeden Tag aufs Neue belebt werden. Wenn man zufrieden am Abend miteinander einschläft, muss dennoch am nächsten Morgen neu ausgehandelt werden, wie viele Schnittmengen man heute hat. Denn ein Kind entwickelt sich weiter, wacht am nächsten Tag mit einer anderen Laune auf – genau wie man selbst. Das Kind, das zufrieden mit einer schönen Geschichte eingeschlafen ist, kann am nächsten Morgen nach einem schlimmen Traum oder auch ganz ohne erkennbaren Grund unzufrieden sein und die Beziehung zur Mutter, die freundlich-liebevoll wecken kommt, mit schlechter Laune belasten.

Aufmerksamkeit und Lebendigkeit

Diese Lebendigkeit in jeder Beziehung ist nur dann nicht anstrengend, wenn es gemeinsame Erlebnisse, große Schnittmengen gibt, mit denen sich beide Beziehungspartner wohlfühlen. Sobald gegenläufige Interessen auftauchen, muss ausgehandelt werden. Niemand von uns liebt das: Ich kann jetzt nicht einfach das tun oder denken, was ich möchte, sondern mein geliebtes Kind kommt mir in die Quere. Ich wollte ihm doch nur gerade zärtlich über die Haare streichen, und ich erhalte aber als Antwort ein knurriges »Lass das!« und ein Wegdrehen. Wohin dann mit meinem Liebesimpuls? Gerade in der Zeit der Pubertät tun sich da viele Eltern schwer. Naheliegend und tausendfach jeden Tag praktiziert, ist eine blitzschnelle und unbewusste Umarbeitung des zärtlichen Elternimpulses in so etwas wie einen Vorwurf, der die Laune des Kindes weiter belastet: »Hast du dir überhaupt schon die Zähne geputzt?«, oder ein beleidigtes: »Habe ich dir eigentlich irgendetwas getan?«

Diese kleinen Vignetten, die jeder kennt, machen deutlich, wie anstrengend das ist: unter dem täglichen Mikroskop der unterschiedlichen Interessen und emotionalen Zustände immer wieder konstruktiv auszuhandeln, wie die Beziehung im Kleinklein des Alltags gerade aussieht. Gefordert ist eine große Aufmerksamkeit, die Folgendes entdecken könnte: »Oh, mit dir ist gerade etwas passiert, was dich schlecht gelaunt und distanziert werden lässt. Kann ich etwas tun, um dir herauszuhelfen?« Nun würde – und soll – niemand so gestelzt mit seinem Kind sprechen. Ich möchte nur verdeutlichen, wie der emotionale Hintergrund zuweilen ist. Die elterliche Aufmerksamkeit muss aktiv bleiben, und ein neuer Impuls muss sich aktivieren, wenn das nicht erwartete »Lass das!« ertönt. Diese elterliche Reaktion muss sich dann nach Möglichkeit blitzschnell auf die Handlung des Kindes beziehen, aber auch die eigene Empfindung berücksichtigen: Bin ich gekränkt? Verletzt? Enttäuscht? Und noch wichtiger: Was mache ich als Eltern mit meinem Gefühl? Gebe ich es ungefiltert zurück:

»Du bist gemein zu mir!«, oder vertröste ich mich in elterlicher Fürsorge und Verantwortung (!), um mich dann wieder der Lebendigkeit der Beziehung zu meinem Kind zuzuwenden?

Mehr noch als Hinweise auf Tyrannen, die uns den Alltag vergällen, sollten wir an dieser Stelle jeden Vergleich mit dem Optimum vermeiden. Kein Kind hat jeden Tag die optimale Laune. Kein SuperKid kann Tag für Tag seine Eltern beglücken.

Es gibt eben Situationen, in denen man auf der Grundlage der tiefen Kenntnisse seines Kindes schweigend – ohne innere vorwurfsvolle Haltung! – abwartet oder nachfragt: »Was ist mit dir passiert?«, »Hattest du einen schlechten Traum?«, »Welche Laus war das denn?« Erst dann kann die Lebendigkeit wiederhergestellt werden, die Beziehung ist wieder repariert.

Natürlich hat man nicht immer die Kraft und die Aufmerksamkeit, angemessen zu reagieren. Gerade, wenn die Irritation in der Beziehung primär gar nichts mit einem selber zu tun hat. Wer aber erlebt hat, wie viel Entspannung sofort eintritt, wenn man zu einer freundlichen Reaktion à la »Welche Laus war das« in der Lage war, weiß, wie wohltuend solche Reparationen sind.

Mit dieser Anforderung erzeuge ich bei vielen Eltern von SuperKids Schuldgefühle. Insbesondere die Mütter, die abgehetzt von der Arbeit kommen, um die nachmittägliche Mama-Schule zu organisieren, sind natürlich nicht immer in der Lage, in dieser Weise originell oder auch nur angemessen auf ihr Kind zu reagieren. Viele der Supereltern sind darauf angewiesen, dass ihr Kind die elterlichen und fremden Förderangebote auch so annimmt, dass ein Optimum entsteht, ohne dass man noch zu viel hinterher sein muss.

Denn das ist eine unserer herausragenden Aufgaben als Eltern: kleine, ständig auftretende Schäden sofort wieder zu reparieren. Das gelingt nur, wenn man aufmerksam ist. Wenn ich als Elternteil, so wie Frau G, nicht auf eigene Bedürfnisse verzichten kann, wenn ich mit meinem Kind darum konkurrieren muss, ob ich heute weggehen kann, dann werde ich kaum in der Lage sein, die Bedürfnisse meines Kindes – und seien sie noch so verdreht hervorgebracht – zu verstehen, geschweige denn, sie aufzugreifen. Wenn mich das »Lass das!« tatsächlich so verletzt hat, dass jede freundlich-verständnisvolle Reaktion nur gespielt wäre, dann ist es besser, nicht zu reagieren. Jedes Überspielen führt zu falschen Beziehungserfahrungen.

Das kennt jeder aus dem Alltag: Ein Mensch begegnet einem sehr freundlich, und man spürt, dass diese Freundlichkeit nur aufgesetzt ist. Auch das kenne ich von manchen Patienten sehr gut: Ich darf mich nicht auf das vordergründige Lächeln verlassen, weil schnell spürbar ist, dass sich dahinter eine andere Seite verbirgt. Oft bezieht sich diese verborgene Seite auf Traumatisierungen, auf emotionalen oder sexuellen Missbrauch. Diese Mädchen strengen sich sehr an, um ihre Fassade zu erhalten. Im normalen Leben wird es in der Regel nicht um so dramatische Hintergründe gehen.

Spielt das Überspielen im Alltag von Nachbarschaft oder Arbeitskollegium keine so große Rolle, weil es unbedeutend sein mag, da es sich um »untergeordnete« Beziehungen handelt, bei denen das Gespielte, das Vorgemachte übergangen werden kann, so hat es in Liebesbeziehungen eine große Macht. Es entsteht ein falsches Gefühl beim Kind, ein untergründiges Misstrauen. Und Misstrauen – und sei es noch so klein – ist in authentischen Beziehungen Gift. Ein Zweifel entsteht, der die Zuwendung schnell mit einem distanzierenden Impuls färbt und damit vergiftet. Das Kind lehnt sich an – und weiß nicht, ob es im nächsten Moment zurückgewiesen wird, denn es erkennt sehr genau, ob Freundlichkeit nur aufgesetzt ist. Wenn sich aber der Zweifel meines Kindes als berechtigt herausstellt und es wahrnimmt, dass meine Freundlichkeit einen unangenehmen Affekt überspielt, so lernt es falsche Gefühle. »Wenn Mama mich anlächelt, obwohl sie sauer ist, so muss Lächeln ein Ausdruck eines schlechten Gefühls sein.«

Wichtig also: Bleiben Sie in der Beziehung zum Kind authentisch. Spiegeln Sie ihm Ihr wahres Gefühl. Da ist auch ein Moment der Ablehnung weniger verletzend als vorgetäuschte Zuneigung. Aber vergessen Sie nicht: Ein Kind darf von Ihnen erwarten, dass Sie ihm zuliebe eigene Bedürfnisse zurückstellen.

Denn Elternsein heißt: verzichten. Heißt: sich mit den eigenen Interessen zurücknehmen können. Heißt: aufmerksam sein, damit Sie die lebendige Beziehung zu Ihrem Kind fürsorglich begleiten und mit Leben füllen. Der erwachsene Elternteil ist dabei immer nachgeordnet, bis das Kind irgendwann als pubertierend und adoleszent den Eltern von sich aus auf Augenhöhe begegnet. Bis dahin stellt sich die Augenhöhe durch Verzicht und besondere Aufmerksamkeit her. Ja, das kostet uns etwas, aber wir gewinnen dabei eine gelungene Beziehung, denn es entsteht eine Art Gleichgewicht: Jeder trägt nach seinen Kräften zum Gelingen bei.

SuperKids müssen sich darauf verlassen können, dass ihre Supereltern sie so begleiten, dass für keinen der Beteiligten – also weder für Mutter noch für Vater oder Kind – übermäßiger Stress entsteht.

Denken wir an die Artistenfamilie: Natürlich kann der Vater oder der ältere Bruder mehr, hat mehr Kraft und Technik. Und doch würde die Aufführung ohne den gleichwertigen Einsatz der Tochter nicht gelingen, die verlässlich und konzentriert ihren Part übernimmt. Nur im liebevollen und konstruktiven Miteinander kann die Aufführung gelingen. Jeder Superfamilie geht es genauso, wenn sie die tägliche Aufführung ihrer SuperKids bestehen will. Sie wird es dann am »besten« hinbekommen, wenn es in der Familie verlässliche emotionale Grundlagen gibt, die einen Überanspruch der Eltern an das Kind auch einmal abfedern können.

Was passiert, wenn Eltern unaufmerksam sind und sich mit eigenen Bedürfnissen nicht unterordnen können, zeigt der Fall von Viola und ihrem Vater.

Herr V ist sehr verärgert. Er ist sauer auf seine 12-jährige Tochter Viola. Sie hat beim letzten Besuch im Rahmen des nach der Scheidung zugesprochenen Umgangs die Küche nach einer Backorgie völlig verdreckt hinterlassen und sich dann sehr patzig gegenüber seinen neuen Frau verhalten, die sich danach bitterlich bei Herrn V beschwert hat. Herr V ist seit drei Jahren getrennt von seiner Frau. Der Kontakt ist so »einigermaßen«, seit sie geschieden sind, und der Umgang mit Viola hat bislang ganz gut geklappt. Nun hat Herr V seiner Tochter mitgeteilt, er erwarte von ihr, dass sie sich bei Verena, seiner neuen Frau, entschuldigt. Das lehnt Viola heftig und trotzig ab. Herr V teilt ihr daraufhin mit, dass sie bis auf weiteres an den Wochenenden nicht mehr zu kommen braucht.

Ein klassischer »Erziehungskonflikt«, wie er sich tausendfach in Scheidungsfamilien zutragen mag. Vordergründig scheint es klar und eigentlich auch nicht dramatisch: Viola hat sich offensichtlich absichtlich schlecht benommen, und das muss geahndet werden. Verena, die neue Frau, wäre sonst beschädigt und vorgeführt von der frechen Viola. Herr V ist zwar ein wenig hin- und hergerissen, aber einen Streit mit seiner neuen Frau nur wegen Viola möchte er nicht riskieren.

Viola ist ein nachdenkliches Mädchen. Sie hatte sich an die Trennung »gewöhnt«. Früher war sie immer ein echtes »Papamädchen«, jetzt lebt sie damit, dass sie ihn nur alle 14 Tage sieht. Im Kontakt mit mir wird spürbar, dass Viola darauf eingestellt ist, dass ich ihr nun im Auftrag der Eltern, insbesondere des Vaters, eine Standpauke halte. Sie ist nämlich seit dem Vorfall und dem Besuchsverbot durch den Vater auch bei der Mutter trotzig und »frech«. Viola ist überrascht, als ich ihr nicht nur keine Standpauke halte, sondern ihre Zerrissenheit anspreche und ihre Einsamkeit, wenn ihr der Vater fehlt. Als ich darauf hinweise, dass Stiefmütter in den Märchen ja oft Hexen sind, lächelt sie mich verstohlen an und fühlt sich verstanden.

Die seelischen Wahrheiten in dieser Konstellation könnten sich so lesen:

Herr V: »Was soll ich machen? Ich kann doch nichts dafür, dass ich meine Ex-Frau nicht mehr liebe. Ich möchte mein Leben jetzt mit Verena teilen. Vielleicht wollen wir auch eigene Kinder. Viola habe ich immer geliebt, aber sie kann mir doch nicht meine neue Ehe kaputt machen! Ich kann mir von ihr nicht auf der Nase rumtanzen lassen.«

Frau V: »Es tut mir wahnsinnig leid für Viola. Muss mein Ex-Mann ausgerechnet diese Frau heiraten? Von Anfang an hatte sie kein Herz für meine Tochter. Ist auch besser so. Nur, wenn dadurch jetzt der Kontakt zwischen Vater und Tochter schlecht wird, würde mir das sehr leidtun. Mein Mann hat durchaus verdient, dass wenigstens Viola sich nicht alles gefallen lässt. Obwohl die Sauerei in der Küche wirklich überflüssig war.«

Verena: »Dieses kleine Biest! Von Anfang an wollte sie mir die Beziehung zu meinem Mann madig machen. Hat sich immer dazwischengedrängt, wenn sie da war! Dabei ist das jetzt mein Mann – und demnächst meine kleine Familie. Ich werde nicht zulassen, dass sie uns stört.«

Viola: »Jetzt ist er ganz weg! Mein Herz tut weh, und Verena finde ich doof und auch gemein. Sie will mich nicht. Und Papa kann nicht zu mir halten. Ich weiß nicht, was ich machen soll. Können Sie mir nicht helfen?«

Diese innerseelischen Stimmen sind der Stoff, aus dem seit der Antike Dramen geschrieben werden. Ich versuche, gemeinsam mit Viola und den Erwachsenen um sie herum, die Ereignisse etwas umzuschreiben: Mit Viola arbeite ich an einer möglichen Versöhnung mit der Hexe, also mit Verena. Sie wird sie nicht vertreiben können, aber vielleicht ist es möglich, an ihr doch das eine oder andere zu entdecken, was natürlich nicht mit Mama vergleichbar, aber auszuhalten ist? »Na gut« – Viola wird sich Mühe geben. Mit Herrn V bespreche ich, dass er aus dem Loyalitätskonflikt zwischen seiner Tochter und seiner neuen Frau nicht herauskommt. Er kann zwar eine Lösung darin suchen, seine Tochter zu verbannen, aber dann verliert er sie. Er muss zwischen beiden Frauen eine Lösung finden, die beiden gerecht wird. Wahrscheinlich wird das oft genug nur durch getrennte Aktivitäten gelingen. Ich erwarte von ihm, dass er seine Tochter nicht überfordert, und auch, dass er von Verena mehr Toleranz erwartet. Verena, der neuen Frau, versuche ich zu verdeutlichen, dass sie keinen Mann geheiratet hat, sondern einen Mann plus Tochter. Dieser Mann ist nicht alleine zu haben, und in eine Familie hineinzuheiraten heißt, dass man seinen neuen Partner von Beginn an nie alleine für sich hat.

Das Umschreiben gelingt schließlich nicht: Viola gibt sich große Mühe mit Verena, diese aber findet immer öfter Gründe, sich bei ihrem Mann über Viola zu beschweren, und Herr V ist nicht Manns genug, zu seiner Tochter zu stehen. Ein Beispiel für die allgegenwärtige Unfähigkeit oder Unwilligkeit, sich selbst zurückzunehmen gegenüber kindlichen Interessen. Viola wird eine Frau werden, die kein gutes Modell von Liebesbeziehungen verinnerlicht hat.

Viola ist ein emotionales SuperKid, eines von den Kindern, die mich immer wieder beeindrucken in ihrem Ringen um Beziehung, um Liebe und Zuwendung – und in ihrer Fähigkeit, sich auf therapeutische Vorgaben einzulassen. Im Unterschied zu den Erwachsenen in diesem Beispiel. Eine Beziehung zum Kind aufmerksam und lebendig zu gestalten erfordert die beständige Steuerung von Nähe und Distanz. Manchmal muss man einem Kind sehr nah kommen – körperlich wie psychisch –, um etwas wahrnehmen und sehen zu können, und manchmal sieht man mehr, wenn man weiter weg geht. Es geht eben um das Dranbleiben und Wegschauen.

Dranbleiben und Wegschauen

Bleiben wir noch einmal bei Bullerbü. Wenn ich Eltern, die sich, romantisch gewendet, die vermeintliche Idylle für ihre Kinder wieder herbeiwünschen, vorhalte, dahinter verberge sich der Wunsch, Kinder nicht immer so genau im Auge haben zu müssen, so ist die Verwunderung oft groß, denn eine gute Entwicklung entstehe doch immer im Spannungsfeld zwischen gehalten, geführt und laufen gelassen. Gewiss, Kinder brauchen einen eigenen Raum, in dem sie unbeobachtet Dinge erkunden und eigene Erfahrungen machen können. Es lohnt sich als Eltern, sich immer mal wieder in Erinnerung zu rufen, von welchen Erfahrungen die eigenen Eltern nicht gewusst haben, um zu beurteilen, dass es wahrscheinlich auch besser so war.

Eine Kindheit ohne Risiko gibt es nicht. So banal dieser Satz klingt, so ängstigend ist für alle Eltern die Vorstellung, dem eigenen Kind könnte etwas zustoßen. Dabei geht es allerdings meist nicht um reale Gefahren, die gefühlten Dimensionen sind viel wirkungsvoller und üben große Macht auf die Eltern aus. Es nützt wenig, wenn sich der Einzelne bewusst macht, dass sich seit den 1970er Jahren die Anzahl sexuell motivierter Morde an Kindern drastisch verringert hat: Jeder Mord, der durch die Presse geht, führt dazu, dass Eltern das eigene Kind, besonders die eigene Tochter, nicht alleine im Dunkeln nach draußen lassen möchten. Ich habe überhaupt den Eindruck, als wenn viele Eltern ihre Kinder nach Möglichkeit überhaupt nicht alleine lassen. Alle Wege werden begleitet, und in den Großstädten hat man den Eindruck, als wenn außerhalb der Schulwege kaum Kinder unterwegs sind. Das hängt aber nicht nur mit dem kontrollierenden Blick zusammen.

Kindheit heute ist verhäuslicht. Kindheit ist komplett organisiert, und freies Kinderspiel auf der Straße findet nicht mehr statt. Allenfalls im eigenen Garten, der mit Baumhaus, Trampolin und Rutsche so ausgestattet ist, dass Spielplätze überflüssig bzw. nur noch für die ganz Kleinen mit ihren Müttern reserviert sind.

In dem Frühstücksrestaurant eines Hotels kann ich folgende Szene beobachten: Vater, Mutter und ihre zweijährige Tochter kommen zum Frühstück. Das Mädchen klettert in den Hochstuhl, und die Mutter geht zum Buffet, während der Vater beim Kind bleibt. Kaum ist die Mutter weg – sie ist für das Mädchen gut zu sehen –, beginnt die Kleine mit einem Singsang, der mal lauter, mal leiser wird: »Mama, Mama ...?!« Die Mutter reagiert darauf von ferne mit unterschiedlich laut geantworteten »Ja«s. Dieser »Mama-Gesang« setzt sich fort, auch als die Mutter wieder am Tisch sitzt. Das Mädchen steuert seine Nähe zur Mutter, etabliert eine gefühlte Nabelschnur und saugt sich Sicherheit heraus. Zufrieden singen sich Mutter und Tochter an. Sie versichern sich ihrer Beziehung und Nähe. Der Mutter gelingt eine gute Balance zwischen Dranbleiben (Singen) und Wegschauen (am Buffet stehen).

Dieser Mama-Gesang wird in der weiteren Entwicklung des Mädchens weniger explizit, weniger nach außen notwendig werden. Sie wird lernen, dass sie die Sicherheit der mütterlichen Zuständigkeit zunehmend voraussetzen kann. Wie ein Amulett nimmt jedes Kind die Beziehung zu Mutter und Vater immer mehr nach innen, in die eigene Seele, und ist immer weniger angewiesen auf eine konkrete Antwort, einen konkreten Duft (Schnuffeltuch) oder ein konkretes Mitgebsel der Mutter.

Die Mutter ihrerseits muss lernen, im Vertrauen auf die Fähigkeiten ihres Kindes zunehmend loszulassen. Die Gefährdung unserer Kinder von außen dient uns oft versteckt als Begründung für die eigene Schwierigkeit, die Kinder gehen zu lassen.

In einer guten Balance zwischen Dranbleiben und Wegschauen steckt aber noch etwas anderes: Es gibt wohlwollende

Formen des Wegschauens und verwahrlosende. Wenn ich als Kind spüre, dass es tatsächlich egal ist, was ich tue, weil sowieso niemand hinschaut, dann ist das Wegschauen vernachlässigend. Wenn ich als Kind wahrnehme, dass meine Mutter zwar gerade mit dem Rücken zu mir steht und ich in Ruhe eigene Erfahrungen machen kann – und soll –, sie aber dennoch da ist und ich mich darauf verlassen kann, dass sie sich im richtigen Moment, wenn etwas Schlimmes passieren sollte, umdreht, dann bleibe ich im Entwicklungsraum meiner Mutter, meiner Eltern.

Wenn jetzt oft nur von der Mutter die Rede war, so bedeutet das nicht, dass nicht Ähnliches für die Väter gilt! Sie teilen die Nabelschnur natürlich nicht mit ihren Kindern, aber sie haben eine zentrale Bedeutung für den Gesamtrahmen. Im Bild der kleinen Familie beim Hotelfrühstück wahrt der Vater den Rahmen, bleibt am Tisch sitzen, bis die Mutter wieder zurück ist – und mischt sich in den Singsang nicht ein. Er reagiert nicht eifersüchtig, nimmt die Zurücksetzung durch seine Tochter an, in dem Wissen, dass die Wiederbelebung der Nabelschnur seiner Tochter ihr wichtige emotionale Nährstoffe zuführt – und er sich darauf verlassen kann, dass sie genauso auf ihn zugeht, auch wenn er keine Nabelschnur zu bieten hat. Es war in diesem Beispiel zufällig ein Mädchen, es hätte natürlich auch ein Junge sein können.

Aber wie lang ist die Leine, an der wir die Kinder führen? Gibt es sie überhaupt, diese Leine?

Man kann nur bleiben, wenn man auch gehen kann, lautet ein wichtiger Satz in unserer Klinik. Er bedeutet, dass wir uns immer sehr intensiv darum bemühen, für die Freiwilligkeit aller unserer Patienten zu sorgen. Es gibt natürlich immer wieder Kinder und Jugendliche, die nicht freiwillig zu uns kommen, manchmal auch auf Grund eines richterlichen Beschlusses (z.B. gemäß §1631b BGB, der die Behandlung eines minderjährigen Patienten gegen seinen Willen regelt) bei uns untergebracht sind. Dennoch ist es immer das vorrangige Ziel, dass wir die Patienten so schnell wie möglich emotional erreichen und sie uns einen Auftrag geben und freiwillig bei uns sind. Das ist ähnlich wie mit dem Dranbleiben und Wegschauen: Wir bleiben intensiv dran, lassen nicht zu, dass ein Kind sich gefährdet, dass eine Jugendliche sich umbringt, aber wenn ein ausreichend sicherer Rahmen geschaffen ist, dann machen wir die Tür so schnell wie möglich auf (es gibt nur eine kleine geschlossene Station bei uns), und mit dieser Metapher schaffen wir den Rahmen für die weitere Entwicklung. Wir lassen es zu und halten es aus, dass wir dem Kind zutrauen, wieder zurückzukommen.

In dem konkreten Fall selbstmordgefährdeter Jugendlicher ist es nicht selten eine besondere Herausforderung für uns Professionelle, Risiken einzuschätzen und diese einzugehen, wenn wir die Jugendlichen in den Ausgang entlassen. Es kommt auch vor, dass wir ab einem bestimmten Zeitpunkt nach ihnen fahnden lassen müssen – wir können diese Kids aber nicht ins Leben führen, wenn wir keine Risiken eingehen, wenn wir auch mal nicht sehen, was sie tun – im Vertrauen darauf, dass sie Verantwortung für sich übernehmen. Der nächste Fall zeigt auf, wie sehr sich ein Dranbleiben selbst dann lohnen kann, wenn das eigene »Kind« schon volljährig ist.

Die Eltern von Chiara, 18 Jahre alt, sitzen mir wie verloren gegenüber. Fast, als würden sie sich an den Händen halten und einander festhalten, weil sie so unsicher und verängstigt sind über die Entwicklung ihrer Tochter. Die Eltern C erreichen Chiara schon seit einiger Zeit nicht mehr. Sie schottet sich ab, zieht sich in ihr Zimmer zurück, wenn sie nicht mit Freunden bis frühmorgens unterwegs ist, verweigert gemeinsame Mahlzeiten und reagiert auf jegliche Versuche der Ansprache durch Vater oder Mutter stumm oder aggressiv. Gleichzeitig sehen die Eltern immer wieder, wie Chiara sich selber verletzt, mit aufgeritzten Armen und Beinen durch das Haus läuft. Lange war Chiara in der Wahrnehmung der Eltern ein unauffälliges und fröhliches Mädchen, einziges Kind eines Ingenieurs und einer Lehrerin. Seit zwei Jahren hat sich Chiara dann mehr und mehr verändert: Sie wurde zunächst immer antriebsloser, dann gab es einen deutlichen Rückzug von den Freunden und schließlich auch von den Eltern. Ein paar wenige Freunde haben sich gehalten, aber die Eltern wissen nichts über den Umgang ihrer Tochter. Besorgt bekommen sie mit, wie sie oft stark betrunken früh morgens wieder nach Hause kommt. Die Eltern C wissen auch nichts über die Schule, eigentlich sollte Chiara demnächst Abitur machen. So sehr Frau und Herr C sich bemühen, die Autonomie ihrer gerade volljährig gewordenen Tochter zu respektieren, so sehr haben sie auch den Eindruck, dass sie nicht einfach tatenlos mit anschauen dürfen, dass es Chiara offensichtlich nicht gut geht. Sie hatten ihr den Besuch bei mir angekündigt und gehofft, sie würde mitkommen. Nun sitzen Frau und Herr C doch alleine vor mir, beschämt, besorgt und völlig hilf- und ratlos. Die Eltern machen nicht den Eindruck, als wenn sie selber psychisch auffällig sind, »normale« Eltern, die vielleicht schon immer etwas zu unsicher waren in der Beziehung zu Chiara.

Die Not der Eltern ist spürbar – und sie ist nachvollziehbar. Da ich zu den Kinder- und Jugendpsychiatern gehöre, die davon ausgehen, dass manchmal auch aktive Hilfe notwendig und angemessen ist, lasse ich mir die E-Mail-Adresse von Chiara geben. Ich erkläre in meiner Mail, wie ich dazu komme, mich an Chiara zu wenden, und zeige ihr auf, dass es mir darum geht, die Sorgen der Eltern ernst zu nehmen. Ich bitte Chiara, zu mir Kontakt aufzunehmen. Ich versichere ihr, dass ich ihr kein Problem einreden möchte, ich auch nicht auf der Suche nach Patienten bin, aber dass es ja ganz leicht für sie sein könnte, die Sorgen der Eltern in einem Gespräch mit mir zu entkräften. Keine Reaktion. Nach längerem Überlegen benutze ich die Handynummer von Chiara, welche die Eltern mir auch gegeben hatten. Ich lade Chiara bei WhatsApp ein, und sie reagiert, sie weist mich nicht zurück, wenngleich sie auch nicht antwortet. Bin ich jetzt ein grenzüberschreitender Helikopter-Kinderpsychiater? Die Frage – und die damit verbundene Unsicherheit – erfasst mich ebenso, wie sie Frau und Herrn C bereits erfasst hat. Darf ich in dieser Form aktiv versuchen, Kontakt zu einer jungen Frau herzustellen, die zunächst offensichtlich nichts von mir möchte? Muss ich nicht das Selbstbestimmungsrecht dieses jungen Menschen und damit auch sein Recht auf Nichtbehandlung einer möglichen psychischen Erkrankung respektieren?

Für mich liegt dieser Respekt genau darin, zumindest ein Hilfs- und Beziehungsangebot zu unterbreiten. Wenn Chiara mir zu verstehen gegeben hätte, dass sie keinen Kontakt wünschte, und mich aus ihrem Account gelöscht und geblockt hätte, wäre es für mich Signal genug gewesen, mich zurückzuhalten. Da Chiara genau das aber nicht tut, bleibe ich dran. Schließlich bekomme ich tatsächlich eine Antwort, in der sie ausdrückt, dass sie auch nicht weiß, ob sie Hilfe braucht oder nicht.

Nach längerem Hin und Her kommt es zu einem ersten Termin, den Chiara alleine wahrnimmt. Ein etwas schüchternes Mädchen stellt sich mir vor, das seit ein paar Jahren mit niemandem darüber sprechen konnte, wie groß ihre Angst ist, das Leben nicht zu bewältigen, nicht herausfinden zu können, was sie mit ihrem durchschnittlichen Abitur anfangen soll. Darüber hat sie sich immer mehr zurückgezogen und hat schließlich eindeutig depressive Symptome entwickelt. Wir verabreden eine klar umrissene Fragestellung für eine Kurzzeitpsychotherapie: Wie kann Chiara ihr aktuelles Leben so in die Hand nehmen, dass sie Perspektiven entwickeln kann? Welche zusätzlichen Dienstleistungen kann sie noch in Anspruch nehmen? Einerseits gelingt es Chiara in den Gesprächen schnell, sich einzulassen und sich Hilfe zu holen, andererseits wird aber auch deutlich, dass ihr beschädigtes Selbstwertgefühl tiefere Ursachen hat. Mit dieser Erkenntnis kann sie sich darauf einlassen, eine längerfristige Psychotherapie aufzunehmen. In der Zwischenzeit hat sie sich vorerst für eine Ausbildung zur Rechtsanwaltsgehilfin entschieden, um ihr langfristiges Ziel, ein Jurastudium, nicht sofort aufzugeben.

Der Fall der Familie C zeigt zweierlei: Man darf nicht vorschnell aufgeben und sich von der formalen Volljährigkeit abhalten lassen, aktiv zu handeln. Und niemand ist davor gefeit, dass sich dieses Gefühl der Unsicherheit und die Frage nach der Angemessenheit des eigenen Handelns und der Fürsorge auch auf einen selbst überträgt. Auch mir ist das schließlich so gegangen, ich habe gespürt, wie sich die elterliche Unsicherheit auf mich übertragen hat. Immerhin konnte ich dadurch schnell verstehen, in welcher Zwickmühle sich die Eltern C befunden haben. Und in welcher Zwickmühle sich viele Eltern heute befinden, wenn sie die Spannung zwischen Dranbleiben und Wegschauen spüren. Es wird deutlich, dass es dafür keinen einfachen Rat von außen gibt. Wir haben kein objektives Maß, mit dem wir erfassen können, wann Unterstützen und wann In-Ruhe-Lassen gefragt ist. Entscheidend ist immer, dass man sich als Eltern fragt, welcher Umgang auf der Basis der eigenen Beziehung zum Kind angemessen ist. Natürlich muss ich dabei selber reflektieren, ob ich beispielsweise auf Grund eigener übertriebener Angst – oder eigener übertriebener Abgrenzungstendenzen – unangemessen reagiere. Es gibt nicht wirklich falsch oder richtig! Es gibt nur eine Beziehungswahrheit, die mich leitet.

Innerhalb dieser Wahrheit habe ich es als Eltern gelernt, mein Kind wahrzunehmen, indem ich mir einen genauen Blick angewöhnt habe und in einer guten Balance dranbleibe und genauso wohlwollend wegschaue. Am Beispiel von Chiara wird deutlich, dass Dranbleiben notwendig sein kann, auch wenn »das Kind« schon volljährig ist. Das Schlimmste, was hätte passieren können, wäre, dass die junge Frau mich empört zurückgewiesen und ihren Eltern schwere Vorwürfe gemacht hätte. Dadurch wäre nichts besser geworden, aber auch nichts schlimmer. Insofern halte ich sowohl die Haltung der Eltern – bei aller Unsicherheit – als auch meine Aktivität für angemessen.

Die Tatsache, dass Chiara sich einlässt auf mein professionelles Kontaktangebot, zeigt einen Aspekt, der mich unsere Kinder immer wieder als »super« einschätzen lässt. Indem sie sich nicht verweigert und mein therapeutisches Angebot aufgreift, zeigt sie ihre emotionale Leistungsfähigkeit – auf die ihre Eltern stolz sein dürfen, weil dies letztlich auf deren Beziehung zu Chiara zurückfällt, auch wenn mit achtzehn Jahren natürlicherweise ein Distanzierungsversuch der Tochter wie eine Verweigerung aussieht.

Wie fast alle Eltern fragen sich natürlich auch die Eltern von Chiara, was sie falsch gemacht haben könnten. Haben sie ihre Tochter zu sehr geschützt? Sie zu sehr geschont? Hätten sie Chiara mehr fordern müssen? Oder haben sie ihre Tochter zu wenig geschützt?

Zwischen Fördern und Fordern oder: Schutz oder Druck?

Das zentrale Thema mit Eltern heute, egal ob im Beruf oder im Freundeskreis, kreist um die Frage: Wann soll ich fördern, wann fordern? Wann braucht mein Kind Schutz – und wann Druck?

Viele Menschen haben den Eindruck und die Befürchtung, die Kinder von heute würden viel zu sehr verwöhnt. Ihnen würde alles abgenommen, sodass sie am Ende lebensunfähig scheitern müssen. Es wird vermutet, wir Eltern seien unfähig zu einem Nein gegenüber unseren Kindern, trauen uns nicht (mehr?), Anforderungen zu stellen und diese durchzusetzen.

Zum einen: Die Vermutung, dass die nachfolgende Generation immer schlimmer, verwöhnter und lebensunfähiger wird, ist so alt wie die Menschheit. Offensichtlich kann man als Erwachsener nicht ohne Neid – so meine Interpretation – auf den Nachwuchs schauen, sodass sich der Blick verstellt. Wenn diese Annahme, die nachfolgende Generation sei verwöhnt und unfähig, stimmte, würde es uns Menschen schon lange nicht mehr geben!

Zum anderen: Es geht nicht darum, das Verhalten ängstlicher Eltern schönzureden. Natürlich gehört in jede Liebesbeziehung ein Nein, wenn einer der Partner etwas nicht möchte. Das gilt auch für die Eltern-Kind-Beziehung. Allerdings darf aus dem Nein keine einseitige Strategie werden! Gerade in dieser Frage, wann man wo Grenzen setzen sollte, ist auch die Vielfalt der Ratgeber verwirrend, die sich zum Teil widersprechen.

Wir Eltern kommen aus einer Zeit (zumindest der eigenen Eltern oder Großeltern) – gerade vor dem Hintergrund der jüngeren deutschen Geschichte –, in der man davon ausging, dass Abhärtung stark macht. Wer besonders viel auszuhalten gelernt hatte, war dem Leben gewachsen, analog zum Muskel, der gestählt wird (auch so ein Wort aus alter Zeit), wenn er gebraucht wird, und der verkümmert, wenn er nicht bewegt wird. Aber stimmt diese Analogie für die Seele? Erfüllen Menschen, die ein besonders hartes Kinderleben hinter sich gebracht haben, besonders gut die Anforderungen? Ist das indische Straßenkind lebensfähiger als das behütete Kind aus den Elbvororten Hamburgs? Meine Erfahrung ist: Pauschale Antworten verbieten sich bei diesem komplexen Thema.

Abgesehen davon, dass auch das Muskeltraining zu Faserrissen führen kann, wenn man übertreibt: Abhärtung für die Seele macht nur dann Sinn, wenn die Anforderung auch bewältigt werden kann. Dann bleibt ein positives Echo in der Seele, und das Glück über den Erfolg kann Grundlage sein für zukünftige Herausforderungen.

Doch die Frage der Machbarkeit, die Frage, kann das Kind das bewältigen, ist eng verknüpft mit der Frage nach der Zumutbarkeit: Kann ich meinem Kind eine bestimmte Anforderung zumuten? Hier ist wie immer elterliche Einfühlung gefragt, ja, elterliche Expertise. Und diese Expertise ist nur auf der Grundlage der eingefühlten Beziehung zum Kind zu erwerben. In einer solchen Beziehung sind Eltern und Kinder dann gleichermaßen die Experten.

Lassen Sie mich ein anderes Beispiel nehmen, um das zu illustrieren. Es ist das Bild von dem Strom an Flüchtlingen, die nach Deutschland kommen, das zu einem prägenden Bestandteil unseres Lebens geworden ist. Sind diese Menschen, die Kinder und Jugendlichen, durch die Flucht abgehärtet? Können sie nach der Flucht ihren Lebensalltag besser bewältigen? Schauen wir uns ein Beispiel eines minderjährigen unbegleiteten Flüchtlings an.

Wagih ist 17 Jahre alt. Er kommt aus einem arabischen Land und ist in den Bürgerkriegswirren geflohen, nachdem ein Großteil seiner Familie bei einem Bombenangriff ums Leben gekommen war. Überlebt hatte nur der Großvater, der ihm sein letztes Geld in die Hand gedrückt hat, mit dem Auftrag, er solle nach Europa, am besten nach Deutschland fliehen. Wagih, der »angesehene Mann«, wie die Übersetzung lautet, hat sich also auf den Weg gemacht. Er ist ein schlanker, groß gewachsener Junge. Sein zartes Aussehen hat ihn schon als Junge geärgert, weil er oft deswegen gehänselt wurde. Wagih hat Angst. Er war der Liebling seiner Eltern, der einzige Sohn neben zwei älteren Schwestern, die jetzt ebenfalls tot sind. Wagih hat keine Zeit und keinen Raum zum Trauern. Sein Großvater war am

Ende der Einzige, der sich noch kümmern konnte, denn die übrige Verwandtschaft, bei der die beiden zwischenzeitlich untergekommen sind, war mit sich selbst beschäftigt.

Der Großvater kauft Wagih also ein Busticket bis an die Landesgrenze, dann soll er sich weiter mit öffentlichen Verkehrsmitteln durchschlagen. Wagih hat die wichtigsten Habseligkeiten in einen Rucksack gepackt. Als er im Bus einen Sitzplatz gefunden hat, sieht er gerade noch, wie der Großvater gebeugt von dannen eilt – den Abschied kann der alte Mann eigentlich gar nicht aushalten. So sitzt Wagih alleine in dem überfüllten Bus. So einsam hat er sich in seinem ganzen Leben noch nicht gefühlt. Weinen wäre jetzt unmännlich. Mit großer Kraft schluckt er alles hinunter, starrt vor sich hin und versucht, an nichts zu denken. Es gelingt ganz gut, sodass er gespannt und gleichzeitig aufgeregt an der Grenze ankommt.

Hier bricht der Bericht von Wagih ab. Er ist nicht in der Lage (und es ist in dieser Situation auch nicht sinnvoll), von seiner weiteren Flucht nach Deutschland, die insgesamt ein Jahr gedauert hat, zu berichten. Erst viel später werden wir bruchstückhaft erfahren, dass es verschiedene Zwischenstationen in unterschiedlichen Lagern gegeben hat, Schleuser, die Wagih sein Geld abgenommen haben, ihn vergewaltigt, geschlagen und gedemütigt haben.

Jetzt sitzt Wagih vor mir, er ist ein zarter junger Mann geblieben, der misstrauisch in Kontakt mit mir tritt. Er ist wie versteinert, unnahbar, scheu. Seine Wohngruppe, in der er jetzt lebt, stellt ihn vor, weil er oft wie in Trance ist, abwesend wirkt, und sie nicht sicher sind, ob er nicht in lebensmüde Zustände gerät. Als er kürzlich irgendwo im T-Shirt saß, fielen frische und alte Narben an seinem Unterarm auf. Wagih ist jetzt drei Monate in Deutschland, seine Fortschritte im Erlernen der deutschen Sprache lassen auf eine gute Intelligenz schließen. Trotzdem verständigen wir uns natürlich mit Hilfe einer Dolmetscherin, was Wagih kränkt, weil er sich nicht gerne von

Zwischen Fördern und Fordern oder: Schutz oder Druck?

einer Frau helfen lässt. Nur mit viel Geduld gelingt es mir, das Vertrauen des Jungen zu gewinnen. Von da an kommt er mit einem leisen Lächeln und beantwortet meine Fragen weniger zögerlich. Er berichtet, dass er ausgeprägte Schlafstörungen hat, immer wieder nachts hochschreckt, insbesondere, wenn laute Geräusche von der Straße in sein Zimmer dringen. Aber auch tagsüber gerät er in Angstzustände, die manchmal ganz einfache Auslöser haben wie z. B. eine Autohupe, meistens aber plötzlich und unerwartet auftreten. Wagih bekommt Herzrasen, seine Atmung beschleunigt sich, und neulich ist er dabei sogar ohnmächtig geworden.

Manchmal möchte Wagih nicht mehr weiterleben, besonders, wenn er an seine getötete Familie denkt. Das Ritzen an seinen Armen ist auch so etwas, das ausdrückt: »Ist doch egal, was mit mir passiert!« Die Trauer des Jungen ist kaum zu spüren, weil sie so überlagert ist von Erstarrung, von innerer Leere und Verletzung. Er braucht lange, um mir zu vertrauen. Immerhin kann er sich auf eine medikamentöse Unterstützung ohne Vergiftungsängste einlassen, sodass sein Schlaf sich schnell stabilisiert. Wir können mit einer stützenden Psychotherapie beginnen, die sich lange mit Alltagsthemen wie Schule, Freunde und Zukunft beschäftigt. Wagih kommt gut voran, er lernt schnell Ddeutsch, weshalb wir nach einem Jahr auf die Dolmetscherin verzichten können. Das erste Mal allein, das ist ein wichtiger Termin und verändert die Behandlung spürbar. Wagih vertraut mir inzwischen so, dass er sich stark genug fühlt, über seine unendliche Trauer zu reden. Seine Erlebnisse auf der Flucht bleiben unausgesprochen – verdrängt, vergessen oder schlicht unaussprechbar. Immerhin gelingt ein Kontakt zum Großvater, der noch lebt und den Wagih vielleicht, wenn er »groß« ist, besuchen möchte. Wenn die politischen Verhältnisse es zulassen. Bis dahin können sie ab und zu telefonieren.

Nach zwei Jahren beenden wir die Behandlung. Wagih ist ein schlanker junger Mann, der die Mittlere Reife erworben hat und sich seinen Berufstraum als Mechatroniker verwirklichen möchte.

Nicht alle minderjährigen unbegleiteten Flüchtlinge sind traumatisiert, obwohl sie alle Traumata erlebt haben. Wagih ist ein extremes Beispiel, das ich absichtlich gewählt habe, um am Extrem einmal zu zeigen, dass hier niemand auf die Idee kommen würde, anzunehmen, dass solche Strengen des Lebens auch zu Abhärtung führen. Die seelische Kapazität des Jungen war erschöpft, und daraus konnten nur entsprechende Verletzungen resultieren.

So extrem das Beispiel auch sein mag, Sie verstehen sicher, warum ich es hier gewählt habe. Denn jedes Mal, wenn man sich als Eltern fragt, ob das eigene Kind geschützt oder gefordert werden sollte, gilt dasselbe Abwägen. Und die wichtigste Frage ist: Welche psychischen Kapazitäten hat mein Kind? Von einem Kind mit einer ausgeprägten Wespenangst zu verlangen, es solle sich nicht so anstellen, kann die Kapazität überlasten. Speziell eine solche Angst überwindet man nur dann durch Exposition (dem Aussetzen der ängstigenden Situation), wenn man sich sicher ist, dass sie bewältigbar ist – und zwar für den Betroffenen, und nicht für den Begleiter.

Ärgerliche Väter, die von ihren Kindern verlangen, ihre Angst »einfach« zu überwinden, erreichen in der Regel das Gegenteil. Denn Bestürzung und Scham addieren sich zur Angst dazu ...

Wie oft aber lesen wir solche »gut gemeinten« Ratschläge, die Kinder abhärten sollen. Die tauglich machen sollen für das Leben. Und es gibt sie wirklich, diese Kinder, die sich dem nicht nur aussetzen, sondern die gehorchen und ertragen um der Liebe zu ihren Eltern willen. Doch am Ende leiden sie als die SuperKids, die am Rand ihrer Kräfte im Hamsterrad unserer Gesellschaft mitlaufen.

Schauen wir auf ein anderes Beispiel auf dem entgegengesetzten Ende der Skala von Schutz oder Druck: Joel ist 9 Jahre. Im Wartezimmer wartet ein blasser Junge mit einer auffälligen Prinz-Eisenherz-Frisur mit beiden Eltern auf mich. Er kann mich kaum begrüßen und rutscht vor lauter Angst nah an seine Mutter heran. Eng an seine Mutter gedrückt, folgt er mir in mein Zimmer. Ein Gespräch mit Joel ist auch in Gegenwart seiner Eltern nicht möglich, ein Gespräch mit mir alleine kommt für Frau J nicht in Frage. Herr J nickt zustimmend. Sie möchten dabei sein, wenn ich mit ihrem Sohn spreche. Auch die Eltern wirken sehr unsicher.

Sie berichten, dass sie mit Joel zu mir gekommen seien, weil die Schule sie geschickt habe. Dort fällt Joel schon seit der 1. Klasse dadurch auf, dass er wenig mitmacht, sehr ängstlich ist, sich kaum etwas zutraut und keinen Kontakt zu anderen Kindern aufnimmt. Frau J hat den Arm um Joel gelegt: »Die Klasse ist aber auch sehr schlimm. Viele laute Jungens und zickige Mädchen und eine Lehrerin, die es auf Joel abgesehen hat.« Herr J ergänzt empört: »Joel ist ein ganz besonderer Junge. Er ist eben nicht so laut und rau wie die anderen!« Ich reagiere etwas ratlos: Wenn Familie J mit ihrem wunderbaren Jungen nur auf Anraten der Lehrerin zu mir kommt, was könnte denn dann ihr Auftrag an mich sein? Gibt es überhaupt so etwas wie einen Auftrag an mich? »Na ja«, Herr J schaut zögerlich seine Frau an: »Zu Hause ist es manchmal nicht so leicht mit Joel, weil wir ihn nie in einem Zimmer alleine lassen können, immer muss er bei meiner Frau sein, und was tatsächlich immer schwieriger wird, ist sein Essen. Er war schon immer etwas mäkelig, aber seit Jahren isst er jetzt nur noch Grießbrei und Nudeln mit Ketchup. Und da machen wir uns schon Sorgen: Joel sollte ja in der Lage sein, etwas mehr an Nahrungsmitteln zu essen, und er sollte auch mal allein spielen können.« Joel schaut ängstlich seine Mutter an. Sein Blick sagt: Was wollt ihr von mir? Bitte tut mir nichts an!

Joel ist das absolute Wunschkind eines Finanzbeamtenehepaars, die sich spät im Amt kennengelernt haben und die selbst zurückhaltende, eher ängstliche Menschen sind. Von Beginn an haben sie Joel nichts zugemutet und sind auf alle Besonderheiten des Kindes eingegangen. Beide Eltern hatten von Beginn an das Gefühl, ein besonderes Kind zu haben, ein besonders intelligentes und ein besonders sensibles. Immer haben sie ihm alle gefühlten Schwierigkeiten aus dem Weg geräumt. Sie haben sich für maximalen Schutz entschieden, nehmen Anforderungen Dritter ihrem Kind gegenüber als ungerecht wahr und spüren langsam, dass sie ihr Kind mit diesem goldenen Käfig nicht ins Leben bekommen werden.

Joel ist nicht ansprechbar. Durch einen langen Prozess der Beratung und Elterntherapie, der für sich einige Wochen dauert, gelingt es schließlich, Frau und Herrn J davon zu überzeugen, dass Joel nur durch eine stationäre Behandlung, nur durch eine Trennung von zu Hause, eine Chance hat, sich zu entwickeln. Der Schritt fällt den Eltern nachvollziehbarerweise extrem schwer. Nur indem ich für eine gute Vertrauensbasis zu mir sorge, gelingt es, dass die Eltern Joel schließlich gegen seinen Willen auf die Station bringen. Nach anfänglicher großer Angst und heftigem Protest lebt Joel förmlich auf, genießt die Freiräume und beginnt langsam auch beim Essen, das eine oder andere auszuprobieren.

Joel ist ein Beispiel für Eltern, die auf Grund eigener Ängstlichkeit ihrem Sohn nichts zutrauen, ihn grenzenlos überhöhen und ihn vermeintlich maximal beschützen. Das Kind reagiert mit zunehmender Lebensunfähigkeit. Joel ist ein SuperKid, das sich nur in der Wahrnehmung seiner Eltern als solches entwickelt, das aber dann, unter den richtigen Bedingungen, erstaunlich schnell aufblüht und zu leben beginnt, hat man den Eindruck. Der subjektive Druck für die Eltern J ist immens, sind sie doch überzeugt davon, dass sie ein Superkind haben, das so intensiv vor der Welt geschützt werden muss, dass er nahezu lebensunfähig geworden wäre, wenn die Schule nicht interveniert hätte. Fast muss man froh sein, dass der Junge auch zu Hause Symptome entwickelt hat, an denen die Eltern nicht mehr vorbeikamen.

Bleibt die Frage: Wie finde ich heraus, wann sich mein Kind durch eine Forderung besser entwickeln würde, und wann muss ich es fördern und wann schützen? Der Grundsatz muss lauten: Im Zweifelsfall schütze ich mein Kind, helfe und unterstütze. Verlassen Sie sich auf Ihre Intuition beim Einschätzen der Fähigkeiten und Möglichkeiten Ihres Kindes. Scheuen Sie sich aber auch nicht, Grenzen Ihres Kindes wahrzunehmen und zu benennen. Am Ende gilt Versuch und Irrtum: Wenn man seinem Kind zu viel zugemutet hat, wird man es als aufmerksame Eltern an der Reaktion des Kindes ablesen können und wieder rückgängig machen. Ängstliche Eltern trauen sich das oft nicht, sie befürchten, allein der Versuch könnte zu einem wie auch immer gearteten, nicht mehr gutzumachenden Schaden beim Kind führen.

Für mich besonders wichtig ist: Scheuen Sie sich nicht, Ihrem Kind gegenüber einen Irrtum, eine falsche Annahme zu benennen, oder auch, sich zu entschuldigen für ein Zuviel an Anforderung. SuperKids im eigentlichen Sinn entwickeln sich nur dadurch, dass Kinder sich darauf verlassen können, dass ihr individuelles Profil gewürdigt und respektiert wird. Ein individuelles Profil, das immer berücksichtigt, wann ein Kind selbst bestimmen kann und muss und wann die Eltern bestimmen dürfen und müssen.

Selbst- und Fremdbestimmung

Ein hohes Gut in einer demokratischen, aufgeklärten Gesellschaft: Selbstbestimmung. In unserer Wahrnehmung ist es ein Kennzeichen von Würde und Freiheit und somit ein Ziel für die Erziehung unserer Kinder, ein Erkennungsmerkmal der SuperKids. Die können nämlich selbstbestimmt leben, scheint es. Nun ist es ein Kennzeichen von Kindheit, dass sie in Abhängigkeit stattfindet. Es ist die Aufgabe von Eltern herauszufinden, wie viel Selbstbestimmung sie ihrem Kind in welchem Entwicklungsstand und in welchen Bereichen zugestehen.

Eine gängige Erfahrung, die fast alle Eltern machen, entsteht am Übergang zur Elternschaft. Hat man ohne eigene Kinder bei Freunden oder Bekannten Kinder erlebt, hört man oft Sätze wie: »Wenn ich mal eigene Kinder habe, lasse ich aber nicht so viel durchgehen!« Kaum sind die eigenen Kinder da, erkennt man sich manchmal nicht wieder: Aufgeweicht und getragen von der überwältigenden Liebe zum eigenen Kind, gerät man in Schwierigkeiten, sich dem Kind fremdbestimmend in den Weg zu stellen. Hauptsache, das Kind ist zufrieden. Im Grundsatz ist das auch keine schlechte oder falsche Einstellung, basiert sie doch auf tiefer Liebe. Und dennoch: Ohne Fremdbestimmung geht es nicht. Die Kunst besteht in der Balance und der Wahrhaftigkeit, mit der Eltern die Fremdbestimmung äußern – und in der Authentizität dieser Äußerung. Manche Eltern gehen dazu über, Freiheiten, die sich das Kind herausnimmt, als Selbstbestimmung des Kindes zu werten, sie tun so, als hätte das Kind etwas selber entschieden, dabei handelt es sich um Kinder, die es nicht gewöhnt sind, dass man ihnen etwas sagt, es handelt sich um Kinder und Eltern, die trotzigen Eigensinn mit Selbständigkeit und Selbstbestimmung verwechseln.

Was aber macht man mit extrem auf Selbständigkeit bedachten Kindern, die sich nichts sagen lassen? Oft gerät man als Eltern wütend in eine aufgebrachte Diskussion, die man frühestens in der Pubertät erwartet hätte ...

Lia ist 8 Monate alt. Frau L stellt sich mit ihr vor, weil Lia eine Fütterstörung hat, wie der Kinderarzt festgestellt hat. Damit sind Kinder, Säuglinge, gemeint, die trotz eines ausreichenden Angebots und ohne körperliche Grunderkrankung zu wenig oder schlecht essen. Lia spuckt nach fast jeder Mahlzeit. Die sonografische Diagnostik hat einen Normalbefund ergeben. Vom Gewicht und Wachstum her »murkelt« Lia an der 10. Percentile (bezogen auf 100 Mädchen ihres Alters haben 90 ein höheres Gewicht als sie) herum. Die Füttersituationen sind dramatisch, Frau L ist schon vor Beginn des Fütterns maximal gestresst, sie zweifelt zutiefst an sich selber und weiß nicht mehr weiter. Frau L hat schon nach 8 Monaten das Gefühl, als Mutter komplett zu versagen.

Wir nehmen Lia und ihre Mutter in unsere Tagesklinik für Säuglinge und Kleinkinder auf. Eine videogestützte Diagnostik der Füttersituation ergibt folgendes Bild: Eine sehr angespannte Mutter, die sich große Mühe gibt, ihrem Kind den Brei so zu verabreichen, dass möglichst wenig danebengeht, und ein Kind, das schon beim Anblick des Löffels unruhig wird, mit den Beinen strampelt, sich wegdreht und den (Blick-)Kontakt zur Mutter vermeidet.

Die Versuche von Lia, den Löffel selber in die Hand zu nehmen, wehrt die Mutter angstvoll ab. Im Gespräch beschreibt Frau L ihre Sorge, Lia würde sich dann komplett mit Essen schmutzig machen. Etwas später berichtet sie, dass sie verschmiertes Essen sehr eklig finden würde.

Wir ermuntern Frau L, Lia mehr Selbstbestimmung zuzugestehen. Ein schwerer Schritt für Frau L, weil sie ihren Ekel überwinden muss. Immerhin gelingt es ihr, Lia beim Füttern Nudeln zuzugestehen, die das kleine Mädchen mit großer Neugier und Genuss verzehrt. Frau L lernt, mehr auf die Signale ihrer Tochter zu achten und ihr mehr Eigenbestimmung zu überlassen.

Wer jetzt den Kopf schüttelt, weil Essen doch eigentlich überhaupt nicht eklig sein kann, sollte bei sich selber einmal der Frage nachgehen, was denn für ihn eklig und unangenehm ist. Sie werden sehen, dass jeder Mensch einen ihm eigenen Ekelbereich hat, der alles andere als rational ist. Auch Frau L ist getragen davon, dass sie alles richtig machen möchte, Lia soll gut gedeihen und wachsen. Und Frau L ist ein Beispiel dafür, wie groß die Verzweiflung ansteigt, wenn sie »schon« im Alter von 8 Monaten bei der Erziehung ihrer Tochter versagt. Lia hingegen ist ein Beispiel dafür, dass sie sich nur mit dem Zugeständnis von mehr Selbstbestimmung gut entwickeln wird.

Anders, als vielleicht die Großmutter von Frau L noch gefordert hätte, sich als Mutter durchzusetzen und sich nichts gefallen zu lassen, verstehen wir heute, dass eine gute Entwicklung immer nur dann gelingen kann, wenn Mutter und Kind sich synchronisieren. Synchronisation zweier Menschen gelingt aber nur, wenn beide – vielleicht verbildlicht an zwei Zahnrädern – so ineinandergreifen, dass Geschwindigkeit des Ineinandergreifens sowie das Tempo danach für beide Partner angemessen ist.

Es gibt natürlich Situationen, in denen kein Kind alleine bestimmen kann. Ein plakatives Beispiel ist das Überqueren der Straße. Auch wenn ein Kind noch so quengelt: Wenn ich als Erwachsener der Meinung bin, dass mein Kind damit überfordert ist, werde ich es nicht zulassen, dass es sich in Gefahr begibt. Dann entstehen Situationen, in denen meine Durchsetzungskraft als Erwachsener gefragt ist. Und in der Regel reagieren Kinder entlastet auf Ansagen, die sie vor überfordernder Selbstbestimmung schützen. In aller Regel sagen uns auch die Jugendlichen, die unfreiwillig per Gerichtsbeschluss zu uns gekommen sind, dass sie am Ende froh waren, dass jemand für sie den Teufelskreislauf beendet und Partei ergriffen hat.

Innerhalb des therapeutischen Prozesses achten wir sehr auf Freiwilligkeit und weitgehende Selbstbestimmung, auch wenn das paradox klingen mag.

Selbstbestimmung kann allerdings zur Tyrannei werden – und es scheint, dass heutige Familien vor nichts mehr Angst haben, als dass ihr Kind sich verhalten könnte wie ein Tyrann. Ein Beispiel: Das 3-jährige Mädchen, das morgendliche Tobsuchtsanfälle bekommt, weil es nicht weiß, was es anziehen soll. Hier muss sich endlich jemand trauen, der Prinzessin vorzugeben, was am nächsten Morgen angezogen werden sollte. Der anfängliche Protest wird sich schnell in Entlastung äußern.

Ein anderes Beispiel soll illustrieren, dass es Kinder gibt, denen man in bestimmten Bereichen kaum Vorgaben machen kann, weil sie »besonders« sind. Das kann dann in der Öffentlichkeit anecken. Es sind aber nicht alle Kinder SuperKids, wir sollten es also auch nicht pauschal einfordern oder uns von der Gesellschaft vorschreiben lassen.

Paul ist 6 Jahre alt. Er geht in die 1. Klasse und war schon immer ein besonderer Junge. Er war als Säugling extrem unruhig, hat viel geschrien und schlecht geschlafen. Schnell hatten seine Eltern den Eindruck, als wenn er sehr berührungssensitiv war: Jede Form von Anfassen außerhalb der Hände und des Gesichts quittierte er mit einem Ausdruck, als würde es ihm Schmerzen bereiten. Der Kinderarzt hat nie etwas gefunden, was dies hätte erklären können. Später dann stellte sich heraus, dass Paul keine feste Kleidung insbesondere am Bauch erträgt. Frau P hat von da an immer mit größter Mühe versucht, herauszufinden, welche »Weichhose« er überhaupt anziehen konnte. Am liebsten lief Paul im Sommer und in der Wohnung ganz ohne Hosen herum. Zusätzlich zu seiner Sensitivität kam zunehmend eine Unfähigkeit von Paul dazu, Gefühle zu regulieren. Blitzschnell gerät er bis heute in heftige Wutausbrüche, wenn ihm etwas nicht gleich so gelingt wie erwartet oder wenn er mit einem Nein konfrontiert ist. Dieses Nein muss nicht von den Eltern ausgesprochen werden, es reicht, wenn es unerwartet regnet oder Paul für ihn selbst unvorhergesehen schwitzt.

»Ihr Sohn ist für das Nein der Welt nicht gebaut«, erkläre ich den Eltern – ein Satz, den ich für diese Kinder parat habe, denn so selten sind sie nicht. Paul ist ein sensitives Kind mit einer affektiven Dysregulation. Seine Frustrationsschwelle ist niedriger als bei anderen Kindern. Die bloße Erwartung an ihn, er möge sich anstrengen, oder die Konfrontation mit Situationen, die er nicht meistern kann, führen nicht nur zu keiner Verbesserung, sondern verschlimmern alles und enden damit, dass Paul sich vorzeitig zurückzieht. Wie gut, dass die Eltern von Paul unter anderem dadurch, dass er ihr viertes Kind ist, schon früh wahrgenommen haben, dass dieses Kind anders als ihre anderen Kinder ist. In einer Einzelkind-Familie ist ein Kind, das aus dem Rahmen fällt, meist mehr beachtet – und leider auch oft angefeindet.

Ausführlich und über längere Zeit begleite ich das Elternpaar P dabei, Paul zur Seite zu stehen, wenn im Alltag schwierige Situationen auftauchen. Ich empfehle ihnen, Paul zu trösten, statt von ihm Akzeptanz von Fremdbestimmung zu erwarten. Für Paul stellen derartig viele Situationen des Alltags eine erhebliche Herausforderung dar, dass jeder Versuch, über ihn zu bestimmen, scheitern muss. Frau P findet mit Paul ein Wort für seine Zustände, was es täglich etwas leichter macht, weil nicht mehr Paul »ausflippt«, sondern sein Vulkan ihn wieder im Griff hat. Paul muss Experte für Vulkanausbrüche werden. Seine Eltern helfen ihm dabei. In kleinen Schritten gelingt es, dass Paul gemeinsam mit seinen Eltern über eine Art Frühwarnsystem verfügt, das es allen ermöglicht, schneller zu reagieren und Paul in Sicherheit – in einen emotionalen Schutzraum – zu bringen.

Ohne die besondere Expertise der Eltern für den sensitiven, affektiv dysregulierten Paul würde sich aus ihm ein sozial unverträglicher, aggressiver Junge entwickeln, von dem alle annehmen würden, dass er verwahrlost sei. Gleichzeitig würde man davon ausgehen, dass die Eltern überfordert sind mit der Erziehung und ihm immer viel zu viel durchgehen lassen. Das Gegenteil ist der Fall. Nur durch die gute intuitive Einfühlung der Eltern hat Paul eine Chance. Wie gut auch, dass sie sich trauen, diese schwierige Beziehungsgestaltung zu ihrem Jungen mit mir zu teilen.

Paul muss kein SuperKid im Sinne einer optimierten Erziehung und Entwicklung werden. Paul ist ein Beispiel dafür, wie Entwicklung manchmal nur gelingt, wenn man gerade nicht glaubt, man müsse sich als Eltern durchsetzen. Aber auch die Eltern von Paul dürfen nicht alles laufen lassen, denn sie haben verstanden, dass er ein Gefangener seiner eigenen inneren Bedingungen ist.

Wenn man als Eltern »normaler« Kinder nicht weiß, wie viel Selbst- und Fremdbestimmung wann angebracht ist, so gilt ähnlich wie bei dem Gegensatzpaar Schutz oder Druck: im Zweifel für die Fremdbestimmung. Und wenn ich mir sicher bin, dass sich hinter meinem Bestimmungsimpuls tatsächlich ein in mein Kind eingefühlter fürsorglicher Impuls verbirgt, muss ich meinem Kind diese Grenze setzen.

Dabei ist es von besonderer Bedeutung, dass Eltern ihre Entscheidung nicht ständig dadurch verwässern, dass sie dem Kind alles ausführlich erklären im Sinne einer Entschuldigung.

Für mich beginnt Erziehung spätestens dann, wenn man als Eltern Nein sagen muss in der Erwartung, dass dieses Nein befolgt wird. Denken Sie an die Straßenkreuzung. Eltern, die das nicht aushalten, sondern argumentieren, fordern doch von ihrem Kind nicht nur, ihren Rat zu befolgen, sondern darüber hinaus muss das Kind das auch noch verstehen. Das ist unfair. Ein klares Nein, ein deutliches »Ich möchte ...« entlastet mehr, als man sich das als Eltern im ersten Moment vorstellen kann. Natürlich darf ein Kind – altersabhängig sowieso – wissen, warum man als Eltern bestimmte Entscheidungen getroffen oder sich welche Meinung gebildet hat. In der Regel wird man gut einschätzen können, wann eine Erklärung notwendig und sinnvoll ist. Aber: Es gibt auch Situationen, wo ein »Ich möchte es, weil ich es möchte« ausreichen muss.

Unsere SuperKids sind es gewohnt, einbezogen zu sein, und sie kennen sich aus mit Selbstbestimmung. Meist verfügen sie über große Einfühlung und verstehen die Argumente ihrer Eltern oft besser als ihren eigenen Antrieb.

Wir als Gesellschaft und wir als Eltern sollten aber Respekt haben vor der Eigenbestimmung jedes Kindes. Dazu gehört, dass wir die potentielle Überforderung durch zu große Freiräume verhindern. Freiräume, die dann keine lustvolle und neugierige Selbstbestimmung ermöglichen, sondern die eher Angst machen und am Ende Entwicklungsräume verkleinern statt vergrößern. Das ist es, was ich leider zunehmend beobachte. Eltern heute respektieren nicht, dass ihre Kinder auch überfordert sein können, sondern am Ende kommt es manchmal sogar zu einer Verantwortungsumkehr, wenn unsere SuperKids »selber Schuld« haben, weil sie es ja so gewollt haben. Wenn Kinder sich in eine Situation begeben, die »über ihren Horizont hinausgeht«, weil ihre Eltern sich scheuen, ihre Verantwortung zu tragen und für das Kind zu entscheiden, und zwar auch mal mit einem Nein. Ich beobachte das, und manchmal führt das dazu, dass Eltern ihr Kind sehenden Auges in eine schlechte Erfahrung laufen lassen, weil sie vordergründig das Selbstbestimmungsrecht ihres Kindes hochhalten. Für mich wird in Wirklichkeit am Ende aber fast so etwas wie ein sadistischer Impuls ausgelebt, da Eltern quasi triumphierend zusehen, wie etwas nicht gelingt. Das elterliche »Ich habe es ja gewusst« ist ein schrecklicher Begleiter für ein Kind, das nach Möglichkeit mit guten Erfahrungen ins Leben kommen soll. Ein »Ich entscheide jetzt für dich anders und schütze dich« dagegen ist wie eine Leitplanke, die dem Kind die Sicherheit gibt, nicht aus der Bahn geworfen zu werden.

Pauschale Antworten gibt es nicht. Ich muss als Eltern die Leitplanken immer an die Möglichkeiten meines Kinds anpassen – auch auf die Gefahr hin, dass unsere Gesellschaft als Zaungast meckert und wir als Eltern uns lächerlich zu machen drohen. Denn nur wir als Eltern können einschätzen, wann wir in welcher Situation eingreifen. Dann verhindern wir die Selbstüberlastung der SuperKids. Denken Sie nur an die Situationen, in denen es entwicklungsnotwendig ist, das Eigene im Kind zu respektieren, dann ist da zum Beispiel ... Lia, die freien Zugriff auf die Nudel braucht, um essen lernen zu können, während das Nachbarkind die klare Ansage braucht, damit es sich entscheiden kann, was es anziehen soll.

Eltern von SuperKids werden dann gut (nicht: super!), wenn sie sich trauen, individuelle Profile ihrer Kinder in sich abzubilden, die individuelle Reaktionen nach sich ziehen. Je mehr Eltern davon getragen sind, dass es nur einen Weg zum Super-Kid gibt, desto mehr werden auf dieser Einbahnstraße Gefahr laufen, ihr Kind zu übergehen oder nicht wahrzunehmen, was es braucht, und manche werden es am Ende verlieren.

Für die Artistenfamilie bedeutet es, dass sie unter Umständen schweren Herzens anerkennen muss, dass die Kleinste unter ihnen keine Artistin wird. Ob daran die ganze Familie zerbricht, wird von der Flexibilität insbesondere der Eltern abhängen. Schwierige Kinder oder gar Kinder mit einem Handicap, mit einer Behinderung, verändern unser Leben dramatisch. Wir haben sie gewollt. Und was viele nicht wahrhaben wollen: Selbst in unserer hochtechnisierten Welt kommt es immer wieder zu unvorhersehbaren Entwicklungen, zu Brüchen, Umwegen und Sackgassen. Unsere Kinder werden es uns lohnen, wenn wir nicht darauf beharren, sie in die Einbahnstraße zu treiben. Doch wenn wir als Gesellschaft alles so weiterlaufen lassen wie bisher, dann sind unsere SuperKids in der Gefahr, zu übertrainierten Hochleistungssportlern zu werden, die als Erwachsene plötzlich und mühsam feststellen, dass sie eigentlich einen anderen Weg hätten gehen müssen.

Kontrolle ist gut, Vertrauen ist besser

Eigentlich lautet dieser Wahlspruch anders herum: Nur wenn man die Kontrolle über das Vertrauen stellt, kann etwas gelingen. Diese Maxime kennen alle Menschen in Führungspositionen. Täglich müssen sie ausloten, wann welcher Mitarbeiter wie kontrolliert wird. Sowohl in Führungsseminaren als auch bei Eltern, die natürliche »Vorgesetzte« ihrer Kinder sind, hat sich in den letzten Jahren herumgesprochen, dass jeder Kontrolle notgedrungen ein misstrauischer Impuls innewohnt. Misstrauen ist jedoch kein guter Begleiter für die Beziehungsgestaltung! Deshalb gilt in unserer Klinik in Hamburg der Satz anders herum. Es gibt Situationen, in denen wir kontrollieren – und auch kontrollieren *müssen* –, etwa, wenn ein selbstmordgefährdeter Patient auf der Akutstation aufgenommen und gründlich durchsucht werden muss, um auszuschließen, dass er oder sie Messer, Klingen oder andere selbstgefährdende Gegenstände bei sich hat. In der Regel und so schnell wie möglich bei jedem gefährdeten Patienten sind wir jedoch froh, wenn wir vertrauen können. Und wir sind gerne bereit, das Vertrauen zu investieren.

Kinder können sich nur mit einem Vertrauensvorschuss entwickeln. Wenn alles vorbestimmt ist, wenn alles kontrolliert wird, entsteht kein Raum für Entwicklung, kein Raum für

Eigenes. Gerade in der Pubertät kann es schwer für Eltern werden, einen Vertrauensvorschuss zu gewähren. Zu schnell hat man als Eltern den Eindruck, dass die Jugendlichen genau damit nicht umgehen können und dass sie den Vorschuss ausnutzen. Das nächste Beispiel zeigt, in welche Falle man dadurch laufen kann.

Vico ist 16 Jahre alt. Die Kapuze seines Sweatshirts ist tief ins Gesicht gezogen, als er missmutig und widerwillig neben seiner Mutter in mein Zimmer kommt. Meine übliche Frage nach der Freiwilligkeit überrascht ihn offensichtlich. Er blickt auf und antwortet mit einem deutlichen »Nein«, er ist nicht freiwillig da. »Die da«, und Vico deutet mit dem Kopf auf seine Mutter, »wollte, dass ich zum Seelenklempner gehe. Dabei müsste sie da mal hin!« Was ist schlimm am Seelenklempner? (Ich muss aufpassen, dass ich mich durch diese Zuschreibung nicht zu sehr entwertet fühle.) »Keine Ahnung. Ich bin doch nicht verrückt«, antwortet Vico mir. »Den Eindruck habe ich auch nicht«, versuche ich, einen Dialog entstehen zu lassen. Immerhin schaut Vico kurz auf, verstummt danach aber wieder. Nachdem ich seine Mutter freundlich nach draußen geschickt habe, gelingt es doch, mit Vico in einen Dialog zu kommen. »Ständig gibt es Streit um den PC: Meine Mutter findet, dass ich zu viel spiele, zu viel surfe, überhaupt zu viel an dem Teil sitze. Dabei mache ich auch etwas anderes, zum Beispiel Schularbeiten! Okay, ich bin schlechter geworden in der Schule, aber das hat nichts mit dem PC zu tun. Ich habe einfach keinen Bock mehr.«

Ich bin überrascht, wie leicht sich Vico von mir erreichen lässt. Frau V dagegen ist völlig entnervt und geängstigt. Was soll nur aus dem Jungen werden, wenn es mit der Schule nicht klappt? Die Lehrer haben ihr gesagt, dass es mit der Versetzung in diesem Schuljahr auf keinen Fall etwas werden kann. Und Vico hat schon gedroht, er würde dann eben von der Schule abgehen. Verzweifelt bemüht Frau V sich darum, Vico bei der Stange zu halten. Sie dreht oft die Sicherungen für sein Zimmer heraus und schließt den Keller ab. Neulich ist es dabei fast zu einer handgreiflichen Auseinandersetzung gekommen zwischen Vico und ihr. Muss der Junge nicht in eine Spezialbehandlung für PC-Abhängigkeit?

Frau V ist alleinerziehend und hat noch eine 14-jährige Tochter, die ganz das Gegenteil von Vico ist. Valeria ist gut in der Schule und hilft zu Hause, wenn Frau V arbeiten muss. Vico lässt alles liegen, wird »von vorne bis hinten« bedient und ist immer weniger erreichbar. Frau V hat versucht, die Kontrolle zu Hause zu maximieren, aber es nützt rein gar nichts.

Vico öffnet sich in unseren ersten Gesprächen mehr und mehr. Es wird deutlich, wie sehr er unter seinem fehlenden Vater leidet, der »einfach so« vor zehn Jahren gegangen ist und seitdem kein Lebenszeichen mehr von sich gegeben hat. Seine »superbrave« Schwester nervt ihn unendlich, und er hat das Gefühl, gegen seine »Weiber« nicht anzukommen. Seine Flucht in die Spielewelt des PCs verspricht Abwechslung, Kontakte zu Kumpels und Ruhe vor den ständigen Anforderungen von Schule und Mutter. Ich habe den Eindruck, als wenn Vico eigentlich ein Junge sein möchte, der erreichbar ist. Die Situation zu Hause ist allerdings völlig eskaliert. Es gibt kein Vertrauen mehr zwischen Mutter und Sohn. Je mehr Frau V versucht zu kontrollieren, desto weniger ist Vico für sie und die Schule erreichbar, desto mehr versucht er, auszuweichen und die mütterlichen Vorgaben zu hintergehen.

Nachdem ich zunächst mit Frau V alleine arbeite, um ihr zu verdeutlichen, dass sie beide gefangen sind in einem beziehungstödlichen Kreislauf des Misstrauens und dass dies nicht alleine auf Vico zurückzuführen, geschweige denn von ihm alleine aufzulösen ist, beginnt ein vorsichtiger Versuch, vertrauensbildende Maßnahmen aufzubauen. Ich ermuntere Frau V, sich von Vico in die Welt der PC-Spiele einführen zu lassen. Ihr wird deutlich, was in dieser Welt passiert – wie faszinierend es durchaus auch ist – und wie gut ihr Sohn sich dort auskennt. Es gelingt, dass sich Mutter und Sohn inhaltlich über die PC-Welt von Vico auseinandersetzen und nicht mehr formal über die Zeiten. Vico fühlt sich seit langem wieder gesehen und respektiert. Entsprechend kann er zum ersten Mal auch mit mir darüber sprechen, dass nicht alle Spiele sinnvoll sind und dass er selber manchmal gelangweilt und manchmal sogar genervt ist von der vielen Zeit, die er nicht vom PC wegkommt. Er gesteht, dass er in der Schule den Eindruck hat, komplett abgehängt zu sein. Ein Gespräch mit den Lehrern zeigt, dass sie bereit sind, Vico zu unterstützen und mitzunehmen. Eine Lerntherapeutin hilft, denn Vico hat ineffektive Lernstrategien. Darüber hinaus hatte die testpsychologische Untersuchung ergeben, dass er ein spezifisch schlechtes akustisches Arbeitsgedächtnis hat, was bedeutet, dass Vico sich Dinge, die er gehört hat, sehr schlecht merken kann. Er muss dazu übergehen, visuell zu lernen und sich akustisch mitgeteilte Lerninhalte aufzuschreiben. Langsam, aber sicher taut Vico auf, freut sich, dass seine beiden »Weiber« ihn wieder aufnehmen. Frau V hat verstanden, dass sie mit ihrem Vertrauen in ihren Sohn in Vorleistung gehen muss. Das war die schwerste Zeit in der insgesamt einjährigen ambulanten Behandlung: am Anfang dem Sohn zuzugestehen, dass er seine PC-Zeiten alleine reguliert. Immerhin hat es Frau V geholfen, dass sie nun etwas genauer (natürlich nicht komplett ...!) wusste, was in der »dunklen Kammer« der für sie ängstigenden PC-Welt geschah.

Ein Fall wie Vico ist in ähnlicher Weise schon weiter vorne im Buch vorgekommen. Ich habe ihn hier bewusst aufgenommen, weil unter der Überschrift Kontrolle oder Vertrauen häufig Eltern zu mir finden, die mit ihren pubertierenden Jungens und deren PC-Konsum nicht zurechtkommen. Die digitale Welt unserer Kinder eignet sich hervorragend, um aufzuzeigen, wie wichtig autonome Abgrenzungsimpulse unserer Kinder sind und wie trennend in jeder Generation bestimmte Entwicklungen sind, die in der Regel mit Technik (oder früher: Musik und Fernsehen) einhergehen. In jeder Generation gibt es Entwicklungen, die für die Elterngeneration ängstigend oder abstoßend sind. Wenn wir heute darüber lächeln, dass es eine Zeit gab, in der Eltern hochgradig besorgt waren über die Musik der Beatles und die dazugehörigen langen Haare, diese furchterregenden »Pilzköpfe«, dann sollten in demselben Moment bitte alle kurz innehalten und überlegen, wie es uns mit den Smartphones unserer Kinder geht. Wir haben den Eindruck, sie machten sich zu Sklaven dieser Geräte, wir lesen etwas über das Absterben von Nervenzellen, wenn die Wahrnehmung durch Smartphones besetzt wird, und sehen verdummte, vereinsamte und lebensunfähige Wesen vor uns, die in einer Ersatzwelt, einer künstlichen Welt leben und sich weigern, in der Wirklichkeit anzukommen. Bitte machen Sie sich klar, dass diese Angst sich in keiner Weise von der Angst vor den Beatles unterscheidet. Jede Generation nimmt mit vollem Recht für sich in Anspruch, sich abzugrenzen gegenüber der vorherigen Generation, Dinge anders zu machen.

Die Abgrenzungsversuche der heutigen Generation, also der SuperKids, sind erheblich leiser und milder geworden als die Revolte der Achtundsechziger oder der Antiatomkraftproteste und Arafat-Tücher. Unsere Kinder nutzen lediglich eine neue Technik für ihre Art der Kommunikation und Beziehungsgestaltung. Inhaltlich sind sie oft eher damit beschäftigt, wie sie eine gute Ausbildung und ein gutes Auskommen schaffen werden. Und selbst durch Killerspiele werden wir als Eltern nicht (!) in Frage gestellt, obwohl die von uns präsentierte Welt gerade an einigen Stellen kriegerisch und an vielen Stellen wirtschaftlich aus den Fugen gerät. Hier wären Nachfragen und Proteste unserer Kinder mehr als verständlich. Wir können von Glück sagen, dass sie uns keine (berechtigten) Vorwürfe machen.

Allerdings gehört zu der Begleitung in der digitalen Welt auch, dass Eltern Bescheid wissen, welche Spiele zu Hause zum Einsatz kommen, und: dass alle die Spielregeln einhalten. Zu den Spielregeln, die in Deutschland gut organisiert sind, gehört das Beachten der Empfehlungen der FSK, der Freiwilligen Selbstkontrolle der Filmwirtschaft, die es seit 1980 gibt und die Filme und Spiele mit Altersempfehlungen versieht. Zu oft erlebe ich, dass Eltern weder die Spiele ihrer Kids kennen noch sich an diese Empfehlungen halten. Mit dieser Missachtung konterkariert man eine Institution in unserer Gesellschaft, die den Auftrag hat, unsere Kids zu schützen.

Zusammengefasst: Gegenüber der aktuellen Generation von SuperKids misstrauisch zu sein und sie zu kontrollieren entbehrt jeglicher Grundlage. Es gibt keinen Hinweis darauf, dass sie einsamer werden, dass sie dümmer vor sich hin vegetieren oder abhängig auf ihre Smartphones starren, auch wenn das von außen bisweilen so aussieht. Die überwältigende Mehrheit unserer Kids meistert die Anforderungen von Familie, Schule und Umwelt hervorragend. Natürlich hat sich Kindheit verändert: Sie ist verhäuslicht, findet unmittelbar in der Familie statt. Kinder strengen sich an, sind diszipliniert – einige werden sogar zu Burnout-Kids – und kommunizieren anders und schneller als wir Erwachsenen.

Was ist der qualitative Unterschied zwischen einem Brief, der per »Schneckenpost« verschickt wird, und kurzzeiligen Nachrichten, die zu Tausenden per Whatsapp verschickt werden? Das Tempo ist anders und die Verdichtung der Informationen. Ob dadurch wirklich Differenzierungen oder eine von uns in Anspruch genommene Tiefe verlorengeht, sei dahingestellt. Klinisch gibt es keinerlei Hinweise darauf, dass psychische Erkrankungen zunehmen (es gibt nur zwei Ausnahmen:

Erschöpfungsdepressionen – Burnout – und psychosomatische Schmerzsyndrome, die es wahrscheinlich schon länger gibt, die aber erst jetzt bis in die Kinder- und Jugendpsychiatrie vordringen), und es gibt keinerlei Hinweise auf die Zunahme von Einsamkeit und Beziehungsstörungen. Selbst die PC- und Smartphone-Abhängigkeit, die es natürlich gibt, bleibt auf einem Niveau von etwa einem Prozent. Die PC-abhängigen Kids sind insofern keine neue Gruppe, als diese Jugendlichen vorher in der Regel fernsehabhängig oder später »spielkonsolenabhängig« waren.

Wenn allerdings tatsächlich eine manifeste Sucht vorliegt, muss man kontrollierend eingreifen. Wer süchtig ist, kann ja gerade nicht sein Suchtverhalten kontrollieren, das ist das Kennzeichen von Sucht. Dann müssen (meistens stationäre) Strukturen greifen, die für Abstinenz und am Ende einen geregelten Umgang mit der »nicht stoffgebundenen« Sucht sorgen.

Das Beispiel von Vico zeigt, dass es normalerweise um etwas anderes geht: Um die Wiederherstellung von Vertrauen – und zwar gegenseitig. Die Vorleistung dazu muss immer von uns Erwachsenen ausgehen.

SuperKids sind kontrollierte Kids. Sie sind es gewohnt, dass ihre Eltern alles über sie wissen. Solange dies fürsorglich geschieht, wird man auch wenig dagegen haben können. Der Grat zur am Ende misstrauischen Verfolgung, zur maximalen Kontrolle, ist allerdings schmal. Eine Liebesbeziehung bleibt nur lebendig, wenn sie getragen wird von Vertrauen. Wenn Sie als Eltern feststellen, dass Sie mehr kontrollieren, anstatt zu vertrauen, dann sollten die Alarmglocken bei Ihnen läuten. Dann müssen Eltern sich fragen, was schiefgelaufen ist, was sie selbst (!) dazu beigetragen haben, dass sie in dieses schreckliche Karussell eingestiegen sind. Karusselle des Misstrauens sind dadurch gekennzeichnet, dass sie immer schneller Fahrt aufnehmen, nicht auslaufen und man nicht mehr abschätzen kann, wann sie endlich zum Stillstand kommen. Wer als Eltern in so einem Karussell sitzt, muss mit großer Kraft und Entschlossenheit laut werden, um den Mann am Bremshebel zu erreichen. Dieses Karussell kommt nur zum Stillstand, wenn Eltern entschlossen – vielleicht auch im Schulterschluss mit anderen Erwachsenen – und für alle hörbar intervenieren.

Besser ist es, wenn es gar nicht so weit kommt, dass dieses Karussell Fahrt aufnimmt. Die Supereltern von heute haben verständlicherweise manchmal nicht die Kraft, sich einer PC-Sucht in den Weg zu stellen. Das ist verständlich, weil man zuweilen froh ist, wenn alles ruhig läuft. Denn so sieht es ja von außen aus: PC-Spiele sind nicht laut, besonders, wenn Kopfhörer im Einsatz sind, aber man sieht gleichzeitig nicht, was sich innerseelisch abspielt. Und dafür sollten sich alle Eltern stets interessieren: die innere Bühne ihrer Kinder.

Kontrolle ist gut, weil wir natürlich immer mal wieder nachschauen müssen, ob alles gut läuft bei unseren Kindern, doch Vertrauen ist besser und im Zweifelsfall anzuwenden, weil nur so eine gesunde Entwicklung möglich ist. Gar nicht hinzuschauen wäre allerdings Verwahrlosung.

Alle Eltern kennen aus dem eigenen Leben Erfahrungen, von denen sie auch heute sagen, dass es gut war, dass die eigenen Eltern davon nichts gewusst haben – zumindest bestätigen mir das »meine« Eltern auf Nachfrage immer. Auch das gehört zu der Dichotomie von Kontrolle und Vertrauen dazu: Eltern, die mir stolz berichten, dass ihr Kind, vor allem ihr jugendliches, »immer alles erzählt«, sind verdächtig. Ein Kind, das keine so eigene Entwicklung nimmt, dass es nicht immer alles seinen Eltern erzählt, wird ängstlich und unselbständig sein. Eltern sind keine Freunde ihrer Kinder, und sie sollten sich auch sehr davor hüten, dies werden zu wollen, sondern sie bleiben Eltern – mit allen Vor- und Nachteilen. Ohne Frage überwiegen in einer gesunden Eltern-Kind-Beziehung die Geschenke, um nicht so sachlich von Vorteilen zu sprechen. Elternschaft ist eine einmalige und mit Nicht-Eltern nicht zu teilende Erfahrung. Sie bereichert dann am meisten, wenn Eltern den Mut haben zu vertrauen – sich und ihren Kindern.

Das Kreisen der Drohnen

Eigentlich heißen sie Helikopter-Eltern. Mit diesem Bild soll veranschaulicht werden, dass es Eltern gibt, die wie ein (Polizei-?)Hubschrauber über ihren Kindern kreisen, um sie sorgfältig beobachten, begleiten und im Notfall eingreifen zu können. Dieses Bild habe ich schon ein paarmal verwendet. Denn ganze Elterngenerationen werden inzwischen verdächtigt, zu diesen Hubschrauberpiloten zu gehören. Sie lassen ihre Kinder nicht in Ruhe, und selbst aus amerikanischen Firmen wird verwundert gemeldet, dass bei den Vorstellungsgesprächen junger Menschen zwischen zwanzig und dreißig Jahren die Mütter vor der Tür ausharren und nach Möglichkeit eine Rückmeldung der Personalabteilung an sie als Eltern über ihren Spross erwarten.

Als wir in Hamburg vor zehn Jahren eine Ambulanz für hochbegabte Kinder gegründet haben, wurden wir von vielen Kollegen vor den Scharen von Eltern gewarnt, die alle gerne den Nachweis würden haben wollen, dass sie ein hochbegabtes Kind haben. Achtzig Prozent der Kinder, die uns seitdem in dieser Ambulanz von ihren Eltern vorgestellt werden, sind nicht hochbegabt. Das ist statistisch auch nicht anders zu erwarten. Es gibt Eltern, die enttäuscht sind von dem Ergebnis, und es gibt Eltern, die in psychologischen Praxen die Testung so lange durchführen lassen, bis das erwünschte Ergebnis einer Hochbegabung herauskommt. Diese letztgenannten Eltern sind eine Rarität. Auch mit den enttäuschten Eltern kann man in aller Regel gut besprechen, dass sie froh sein können, wenn ihr Kind nicht hochbegabt ist, weil dies ein Risikofaktor für die Entwicklung psychischer Auffälligkeiten ist. Die Warnungen der Kollegen aber haben sich nicht bewahrheitet. Ich bin froh, dass wir uns nicht haben entmutigen lassen, obwohl auch wir dem Verdacht ausgesetzt waren, lediglich eine Mode mitzumachen und dem missbräuchlichen Zugriffsversuch überbesorgter Eltern nachzugeben.

Eltern sind angemessen besorgt, und Eltern kommen heute rechtzeitiger als früher mit ihren Kindern – unabhängig von der Symptomatik. Die Tatsache, dass über die Hälfte (!) aller psychisch kranken Kinder in Deutschland nicht behandelt wird, hat nichts mit überbesorgten oder vernachlässigenden Eltern zu tun, sondern einzig und alleine damit, dass es nicht genügend Kinder- und Jugendpsychiater gibt, besonders in manchen ländlichen Regionen.

Eigentlich sollte man meinen, dass »meine« SuperKids ganz besonders mit Drohnen-Eltern (die moderne und effektivere Variante der Helikopter-Eltern ...) zu tun haben. Eltern, die sich maximiert und optimiert um die Entwicklung ihrer Kinder kümmern, die nichts unversucht lassen, um aus den SuperKids SuperKids^2 zu machen, die Steigerung der Steigerung, so, wie wir es aus der Welt des Sports mit ihren Millisekunden kennen. Natürlich gibt es sie: Die Eltern, die in jeder Elternversammlung der Schule vorwerfen, dass ihr Kind zu wenig lernt, dass zu geringe Anforderungen gestellt werden. Eltern, die andere Eltern damit unter Druck setzen, dass sie ständig berichten, was ihr Kind schon alles kann. Man sieht sie schon vor sich: Die Millionen von Drohnen, die den Schulweg der Kinder zukünftig begleiten, mit Scannern ausgestattet, die Körpertemperatur und Bewegungen der Kinder erfassen. Kinder, deren Armbänder alle Daten über ihre Hirnaktivität und Gesundheit an den elterlichen Rechner übermitteln ... Schon

1934 hat Aldous Huxley in seinem Roman »Schöne neue Welt« ein Bild einer Gesellschaft gezeichnet, in der bereits die fetale Entwicklung (im Reagenzglas statt in der mütterlichen Bauchhöhle) so programmiert wurde, dass alle sozialen Schichten, alle zukünftigen Arbeiter und Angestellten der Gesellschaft von vornherein bestimmt wurden. Was immer noch wie ein Horrorszenario klingt, hat in einigen Bereichen unseres Lebens längst Einzug gehalten. Es gibt die Präimplantationsdiagnostik, die Auskunft darüber gibt, ob vor dem Verschmelzen von Eizelle und Spermium alles »in Ordnung« ist. Und in keinem anderen Land in Europa ist der Schulerfolg so abhängig von der sozialen Herkunft wie in Deutschland. Wir leben also schon längst mit Phänomenen der Kontrolle, die viele von uns wahrscheinlich ablehnen würden.

Ich bin dagegen, diese Eltern, die ihre Kinder allzu engmaschig begleiten, als Drohnen-Eltern abzuqualifizieren. Der Wunsch, etwas zu kontrollieren, entsteht nie aus einem Gefühl der Sicherheit heraus. Nur wer unsicher ist, wer zu wenig Zutrauen zu sich und seinem Kind hat, muss kontrollieren. Die klinische Erfahrung bestätigt die unterstellte Zunahme an Drohnen-Eltern nicht. Möglicherweise kommen diese gar nicht bis in die Klinik, was allerdings widersinnig wäre, weil Überbesorgnis ja ein Kennzeichen dieser Eltern ist. Natürlich sehe ich überbesorgte Eltern – wobei auch hier immer noch der Geschlechtsbias gilt: Mütter sind besorgter als Väter –, aber längst nicht in dem Ausmaß, wie es manche Publikationen vermuten lassen.

Der Impuls, sein Kind zu kontrollieren, ist – wie schon bei Kontrolle und Vertrauen ausgeführt – im Grundsatz nicht verdächtig. Auch bei dem Wunsch, sein Kind möglichst nah zu begleiten, unterstelle ich immer Sorge und Fürsorge.

Ich interessiere mich allerdings für ängstliche Eltern. Eltern, die sich nicht trauen, zu unterstellen, dass ihr Kind eine gute Entwicklung nehmen wird. Eltern, die am Ende zu wenig Zutrauen in sich selbst und in ihre Beziehung zu ihren Kindern haben. Das ist klinisch von großer Bedeutung: Kinder, die erleben, dass ihre Eltern zu wenig Zutrauen haben, müssen davon ausgehen, dass dahinter ein berechtigter Zweifel steckt. Zweifel aber sind Gefühle, die Kinder für eine gute Entwicklung zumindest im Übermaß nicht gebrauchen können. Unter dem Kreisen der Drohnen als Ausdruck unsicherer Eltern ist keine ausreichend gute Entwicklung zu erwarten.

Die überängstliche Mutter, die bei der kleinsten körperlichen Reaktion ihres Kindes besorgt herbeigelaufen kommt, wird in ihrem Kind auslösen, dass alle körperlichen Reaktionen potentiell ängstigend sind. So können psychosomatische Symptome entstehen.

Unsere SuperKids sind ausreichend super. Sie überbesorgt zu begleiten erzeugt viel mehr Unsicherheit, als der ursprüngliche Impuls der Eltern möchte. Die engmaschige Begleitung wird dann doch zur Drohne, der das Kind nicht ausweichen kann, weswegen es alle Verantwortung an die Eltern geradezu delegieren muss. Das ist dann für dieselben Eltern Argument genug, die Drohne zu verfeinern, und ein Kreislauf aus Verfolgen und Wegtauchen der Kinder und Jugendlichen, das irgendwann in ein entmutigtes Hinnehmen mündet, nimmt seinen Lauf.

Prüfen Sie als Eltern Ihre Impulse, überbesorgt zu sein und Ihr Kind engmaschig zu begleiten. Wenn Sie es für sich selber diagnostizieren: Seien Sie nachsichtig mit sich, und trösten Sie sich damit, dass jeder Ansatz zum Drohnendasein besser ist als Verwahrlosung. Setzen Sie darauf, dass der Beziehungssame, den Sie schon viel früher gesät haben, kräftig genug ist, um aus sich heraus zu wachsen. Wässern Sie, wenn notwendig, gerne auch mit Dünger. Für künstliche Sonnenstrahlen oder Temperatur könnten Sie nur in einem Gewächshaus sorgen. Aber wer möchte schon, dass die eigenen Kinder in einem Gewächshaus groß werden?

Auf der entgegengesetzten Seite der Dimensionen Sorge – Überfürsorge steht das Nicht-Hinsehen, das Übersehen, die Verwahrlosung. Und auch dabei gibt es »leise«, schwer sichtbare Formen.

Verwahrlosung

Die offensichtliche Form der Verwahrlosung durch Eltern, die selber psychisch krank und lebensunfähig sind, durch gewalttätige Eltern, durch Eltern, die alkoholabhängig sind, ist ein Phänomen, das uns allen vertraut ist. Die Fälle von extremer Verwahrlosung, bei denen die Polizei halb verhungerte Kinder aus verdreckten Wohnungen befreit, sind uns allen durch die Berichte aus der Presse vertraut. Hier ist das Entsetzen immer groß, die Empörung über diese Eltern, die trotz der eigenen Probleme Kinder in die Welt setzen, schlägt sich in der Presse nieder, und dann werde ich oft von Journalisten gefragt, wie man sich so ein schreckliches Verhalten aus kinder- und jugendpsychiatrischer Sicht erklären kann. So sehr sich viel Wissen aus unserem Fach in der Öffentlichkeit verankert hat, so sehr bin ich bei diesen Fragen immer wieder verwundert. Als wenn diese Eltern sich aktiv in die eigene psychische Krankheit, die Alkoholabhängigkeit und/oder die Impulskontrollstörung manövriert hätten! Natürlich müssen verwahrlosende Eltern sowohl die juristische als auch die ethisch-moralische Verantwortung für die Verwahrlosung ihrer Kinder übernehmen. Sie dafür jedes Mal an den Pranger zu stellen dient der Psychohygiene der breiten Masse, und eigentlich könnten wir wissen, wie »banal« der Zusammenhang jedes Mal ist. Es tut vielen Menschen allerdings gut, wenn sie sich empört abgrenzen können und damit sicherstellen, dass sie auf keinen Fall dazugehören.

Verwahrlosung

Es gibt aber noch andere Formen der Verwahrlosung, leisere, solche, die nicht gleich ins Auge springen, wie die nächste Kasuistik zeigt.

Bernadette ist 17 Jahre alt. Sie hat sich alleine angemeldet und sitzt auch so im Wartezimmer: Ein modisch und teuer gekleidetes junges Mädchen, das mit ihrer ganzen Pracht etwas verloren wirkt. Scheu und gleichzeitig dankbar geht sie in Kontakt mit mir. Alles an Bernadette von B, wie sie komplett heißt, ist ausgesucht, geschmackvoll und teuer. Nicht aufdringlich, aber man sieht sofort, dass dieses Mädchen aus einer wohlhabenden Familie kommt. Bernadette greift entschlossen ihre blonden, langen Haare und bindet sie zu einem Pferdeschwanz. Es ist, als wollte sie sich Kraft geben für das Gespräch mit mir. Ich spüre, wie sie sich zusammennimmt, als sie beginnt: »Ich bin verloren. Ich weiß nicht mehr weiter. Ich habe alles, was ich brauche und möchte. Und trotzdem geht es mir schlecht. Ich bin empfindlich, weinerlich und oft ohne Grund traurig. Ich schlafe schlecht, kann mich in der Schule kaum noch konzentrieren und habe keine Lust auf nichts.«

Bernadette geht in die 12. Klasse, in einem halben Jahr steht das Abitur an. Sie hat sich schon immer angestrengt in der Schule, weil sie gemäß ihrer eigenen Einschätzung »nicht so schlau« ist. Mit der 35-Stunden-Woche, dem Sport, dem Musikunterricht, den Projekten und allem, was Bernadette noch »auf dem Zettel« hat, ist sie in ein Hamsterrad geraten, aus dem sie nicht mehr herausfindet.

Offensichtlich ist Bernadette in eine Erschöpfungsdepression geraten, aus der sie ohne Hilfe nicht mehr herauskommt. »Ich fühle mich so undankbar«, berichtet das erschöpfte Mädchen weiter. »Ich habe doch alles, was man sich wünschen kann. Ich möchte auch nicht, dass Sie meine Eltern kontaktieren. Die wären sicherlich enttäuscht.« Bernadette kommt aus einer Familie, auf die viele gewiss mit Neid blicken würden. Der Vater ist ein erfolgreicher Kaufmann, der seiner Familie mit vier

Kindern – drei Mädchen und ein Junge – vieles bieten kann. Das Haus steht in einer Prachtstraße, Autos und Kleidung, Schmuck und Urlaube – von außen betrachtet bleiben keine Wünsche offen.

Ich stolpere natürlich sofort über die Ansage von Bernadette, dass ihre Eltern nichts wissen dürfen von ihrem Kontakt zu mir. Abgesehen davon, dass sich das durch die Rechnungstellung nicht verhindern lässt: Das Verlorene an ihr ist etwas an Bernadette, das mich neben ihrem Burnout aufmerksam werden lässt. Ich verabrede mit ihr einige Stunden, die ich dazu nutzen möchte, besser zu verstehen, warum sie alleine kommt und woher das Verlorene an ihr herrührt. Darauf kann Bernadette sich einlassen. Im Laufe der nächsten Stunden zeichnet sie für mich folgendes Bild: Nach außen ist Familie von B die perfekte Familie. Alles stimmt: der Kinderreichtum, die Ausstattung, das Aussehen, die Freundlichkeit – einfach alles. Je mehr man Bernadette in das Innen ihrer Familie folgt, desto mehr wird deutlich: Alle in der Familie sind irgendwie vereinzelt. Der Vater ist sowieso »nie da«, auch in den von seiner Seite kurzen Urlauben, in denen er für eine Woche zum Rest der Familie geflogen kommt, ist er ununterbrochen am Handy, um Mails zu checken oder wichtige geschäftliche Telefonate zu führen. »Mein Vater weiß eigentlich nichts über mich«, berichtet Bernadette. Ihre Mutter hat, wie es sich in dieser gesellschaftlichen Gruppe gehört, »auf jeden Fall mehr als zwei Kinder« zur Welt gebracht und war immer damit beschäftigt, die Spuren dieser Kinder an sich selbst so wenig sichtbar wie möglich werden zu lassen. Termine bei der Kosmetik, dem Frisör oder die täglichen Coachings mit dem Fitnesstrainer und der Masseurin haben eine perfekte Mutter gestaltet, die kaum eine authentische emotionale Beziehung zu ihren Töchtern hat. Der erstgeborene Sohn ist da etwas ausgenommen, ihm war und ist Frau von B am nächsten. Die drei Töchter – und Bernadette ist die vorletzte – sind immer »von alleine« gelaufen. Später wird

Frau von B im Gespräch mit mir aus allen Wolken fallen, sie hat nicht mitbekommen, wie sich Bernadette immer schon angestrengt hat, nicht nur in Bezug auf die Schule. Zu der Eliteschule Hamburgs hat es natürlich keine Alternative gegeben. Oder möchte sie lieber in ein Internat? Herr von B kann nur mit mir telefonieren. Auch er hat kein Gefühl für die Not seiner Tochter, findet die Einschaltung eines Kinder- und Jugendpsychiaters überflüssig, weil er es gewohnt ist, alle Probleme, egal, wo sie auftauchen, selbst zu lösen. Immerhin gelingt es, dafür zu sorgen, dass die Eltern von B am Ende froh sind, dass ich mich um Bernadette kümmere, sodass wir ungestört (...!) arbeiten können. Schnell war klar, dass es für dieses Mädchen nur um eine autonome Lösung gehen konnte, nur um das Erarbeiten eines eigenen und selbständigen Weges aus der Familie heraus und hinein in ein eigenständiges Leben.

Diesen autonomen Weg heraus aus einer Familie empfehlen wir sonst immer bei den desolaten Familien, bei denen die emotionale Verwahrlosung offensichtlicher ist. Obwohl die testpsychologische Untersuchung ergeben hatte, dass Bernadette mit ihrer eigenen Wahrnehmung von hohen Anforderungen in der Schule Recht hatte, weil sie tatsächlich knapp durchschnittlich intelligent ist, rate ich zu einem Durchhalten des letzten halben Jahres, versuche allerdings, sie zu entlasten, indem sie sich von ihren überhöhten Ansprüchen verabschieden lernt. Im psychotherapeutischen Kontakt mit mir gelingt ein langsamer Aufbau eines eigenen Selbstwertgefühls, das Bernadette vermittelt, was sie wert ist und wie ihr persönliches Ressourcenprofil aussieht. Sehr entlastet wird Bernadette dadurch, dass sie durch mich eine Bestätigung ihrer eigenen Wahrheit erfährt: Es war eine angemessene Wahrnehmung, dass sie tatsächlich »verloren« ist in dieser Familie, in der es von Seiten der Eltern verkümmerte Fähigkeiten gibt, sich in andere einzufühlen und für andere da zu sein, außer den materiellen Rahmen zur Verfügung zu stellen. Bernadette ist ein wohlstandsverwahrlostes Mädchen. Auch hier verbietet es sich, den Eltern Vorwürfe zu machen. Würde man sich mit den Eltern intensiver beschäftigen (wenn sie es zuließen), würde man schnell sehen, wie hoch die psychische Abwehrmauer dieser Menschen ist, und man würde ein Gefühl dafür bekommen, was geschehen würde, wenn man sie ihnen nähme: Das schöne Gebäude von Erfolg und glücklichem Familienleben würde in sich zusammenfallen, und heraus kämen aus ihrer eigenen Lebensgeschichte ableitbare einsame und beziehungsunfähige Eltern, die zeit ihres Lebens einen immensen inneren Aufwand betreiben, genau dies nicht zu spüren.

Auch Bernadette gehört zu den SuperKids. Sie ist maximal gefördert, maximal ausgestattet, und dennoch fehlt ihr die grundlegende Ausstattung eines Kindes: das Gesehen-Werden. Ihre Verwahrlosung zeigt sich unter anderem darin, dass sie alleine kommt und ihre Eltern nicht »belästigen« möchte. Bernadette hat gelernt, sich um sich selbst zu kümmern. Auch, wenn sie dafür immer alle materiellen Voraussetzungen hatte – und ihr sicherlich Menschen begegnet sind, wie Erzieherinnen, Aupairs, Lehrer und Trainer, die immer mal wieder elterliche Funktionen für sie übernommen haben –, so bleibt sie ein übersehenes Mädchen, das sich selber aus der Verlorenheit befreien muss.

Verwahrlosung findet nicht nur in den groben Fällen von Misshandlung und Missbrauch statt. Neben der beschriebenen Wohlstandsverwahrlosung, die häufiger vorkommt, als man denkt, und die in der Regel »leise« abläuft, weil niemand aufschreit, gibt es die »Überformung« als eine andere Art der Verwahrlosung unserer Kinder. Diese SuperKids, die sich in eine Form quetschen, in die sie eigentlich nicht passen, werden ebenso übersehen. Deshalb ist eine wichtige Frage, die man sich als Eltern stellen muss, die nach der Backform, die wir für unsere Kinder vorgesehen haben. Nicht als Förmchen für die Sandkiste, sondern als Form, die den Rahmen für unsere Kinder vorgeben soll. Das beginnt nicht selten schon vorgeburtlich: Eltern haben den Eindruck, als wenn da ein sehr lebendiges, vielleicht sogar hyperaktives oder aggressives Kind heranwächst, das mit aller Kraft und Wucht von innen gegen die Bauchdecke der Mutter tritt. Wie lange das eine unspezifische kindliche Bewegung und ab wann es tatsächlich übermäßig ist, bleibt der Interpretation von Mutter und Vater überlassen. Aggressive Feten, ungeborene Kinder, wird es nicht geben, soweit wir das wissen. Es gibt nur ungeborene Kinder, die sich unterschiedlich intensiv bewegen, unterschiedlich groß sind, unterschiedlich liegen in der Bauchhöhle und natürlich auch schon unterschiedliche Temperamentsausprägungen zeigen. Der Interpretationsspielraum ist riesig. Und er ist abhängig von der psychischen Verfasstheit der Eltern und ihrer Fähigkeit, Eigenes vom Kindlichen zu trennen. So entstehen Zuschreibungen, die unter Umständen nichts mit dem tatsächlich zur Welt kommenden Kind zu tun haben. Und aus solchen Zuschreibungen können Formen werden, in die das Kind gepresst wird, und Eltern, die verwahrlosend nicht mehr wahrnehmen, wer das Kind eigentlich ist.

Nun ist jedes Kind nicht nur genetisch auch das Abbild seiner Eltern. Natürlich geht es gar nicht anders, als dass Eltern auch in der Beziehung und in ihren Erziehungsbemühungen den Kindern ihren Stempel aufdrücken. Entscheidend ist, wie weit Eltern in der Lage sind, das Eigenständige ihres Kindes wahr- und aufzunehmen. Nur in einem intensiven inneren Dialog und dem Austausch zwischen den Eltern kann es gelingen, möglichst wenig zu übersehen, weder davon auszugehen, das Kind werde sich schon alleine in Bullerbü zurechtfinden, noch eine Backform vorzuhalten, in die das Kind nicht passt und in der es extrem verbogen wird.

So sehr in den SuperKids eine bezüglich ihrer Fähigkeiten

maximierte und optimierte Generation heranwächst, so sehr läuft sie Gefahr, vereinheitlicht und stromlinienförmig ausgerichtet zu werden.

Wenn es Ihnen als Eltern gelingt, Ihre Beziehung zu Ihren Kindern so zu gestalten, dass das kindliche Gegenüber als dialogischer Partner zu Wort kommt, so minimiert sich die Gefahr des Übersehens kindlicher Notwendigkeiten. Verwahrlosen bedeutet das Gegenteil von verwahren, bewahren. Die kindlichen Nöte werden nicht bewahrt, sondern zerfallen, verfallen der kindlichen Aufarbeitung, und sorgen nicht selten für eine Überforderung.

Wir leben in einer Zeit, in der Verwahrlosung ein Phänomen sein sollte, das ähnlich wie weltweit die Kinderlähmung eigentlich bald ausgerottet gehörte. Wir erreichen jedoch nach wie vor nicht alle Familien, die in der Gefahr leben, den erwähnten groben Formen der Verwahrlosung anheimzufallen. Was uns mehr Aufmerksamkeit abverlangen sollte, sind die weniger lärmenden Formen der alltäglichen Verwahrlosung, die eben nicht Schlagzeilen macht.

Aber Achtung: Wer den Anspruch verfolgt, nichts beim eigenen Kind zu übersehen, wer immer nur passende Formen bereithält, ist auch gefährlich nah an einer Falle: Vieles von dem, was ich in diesem Buch überlege und vorschlage, eignet sich hervorragend dazu, den Druck auf die Supereltern zu erhöhen. Wenn ich also vor einem Übersehen warne, so immer nur vor dem Hintergrund einer entspannten und aufmerksamen Liebesbeziehung. Nur auf dieser Grundlage entsteht Leben und Entwicklung.

Wenn Eltern feststellen, dass sie ihr Kind eigentlich nicht oder zu wenig lieben – was ungestraft vorkommen können muss! –, so ist diese Anerkenntnis das Wichtigste. Für alles, was dann folgt, kann man sich heute Hilfe holen. Ohne moralisierende Abwertung und ohne Ächtung. Niemand erwartet perfekte Eltern, im Gegenteil, Eltern, die von sich glauben, genauso sein zu müssen, stehen in dem Verdacht, Wichtiges bei ihren Kindern zu übersehen.

Leben ist ohne Gefahr nicht möglich. Beziehungen haben keine Garantie, kein Verfallsdatum. Kindliche Entwicklung besteht nicht aus Legosteinen, die man nach Plan aufeinandersetzt. Hat man etwas übersehen, etwas beim Kind falsch eingeschätzt, kann man es korrigieren und sich entschuldigen. Kreative Kinder verlassen den Bauplan, den Lego vorgegeben hat, und bauen eine eigene Welt. In der kindlichen Phantasie kommt alles und vor allem Eigenes vor. Das Eigene befindet sich naturgemäß in einer ständigen Auseinandersetzung mit den Bedingungen im Außen, mit den Eltern, der Schule, der Gesellschaft. Verwahren wir diese Auseinandersetzung für unsere Kinder und geben sie ihnen im Laufe ihrer Entwicklung in die eigenen Hände.

Es wird weiter immer komplexer: Wenn wir nichts übersehen, sondern verwahren und nicht verwahrlosen, ist ein wichtiger Rahmen geschaffen, innerhalb dessen wir natürlich Grenzen setzen müssen.

Begrenzen und Entgrenzen

Das Beziehungspuzzle wird immer komplizierter. Lassen Sie sich weder abschrecken noch entmutigen: Ich zähle nur die Dinge auf, die Sie als Eltern sowieso und automatisch – und überwiegend richtig! – jeden Tag mit Ihren Kindern leben. Wir müssen allerdings das Puzzle noch etwas erweitern.

Keine Beziehung und keine Erziehung kommt ohne Nein aus, wie ich weiter vorne im Buch schon erwähnt hatte. Wir müssen diesem Nein allerdings noch etwas mehr Gedanken widmen. Oft höre ich Sätze wie: »Wenn man Kindern den kleinen Finger reicht, möchten sie die ganze Hand« oder »Kinder sind unersättlich«. Wenn das stimmen würde, könnten wir unsere klinische Arbeit schon lange nicht mehr durchführen, weil wir uns in unseren ständigen Grenzsetzungen verheddern würden. Natürlich gibt es auf unseren Stationen Regeln, die von den Mitarbeitern eingehalten und verteidigt werden. Unsere Patienten lernen schnell, dass viele dieser Regeln unantastbar sind und von allen getragen werden. Sie spüren aber ebenso schnell, dass die Regeln nur den Rahmen bilden für die sich darin entwickelnde sichere und verlässliche Beziehung.

Kinder sind satt, wenn es genug zu essen gibt. Und sie sind beziehungssicher, wenn es ein ausreichend verlässliches Angebot gibt. Wenn Kinder klammern oder tatsächlich unersättlich wirken, stimmt in aller Regel etwas nicht an ihrem Beziehungsgefüge.

Misstrauen ist kein guter Beziehungsberater – das ist ja schon deutlich geworden. Und dennoch gibt es Situationen, in denen man Kinder begrenzen muss. Dieses Nein fällt vielen Eltern oft sehr schwer. Sie hatten sich doch aufgemacht, ihre Kinder voller Liebe und Einfühlung zu erziehen, und nun ein hartes Nein mitten in diese Liebe? Zerstört das nicht alles? Ist das nicht Gift für die verständnisvolle Liebe? Eine Erziehung ohne Strafen sollte es werden, und jetzt so ein zerstörerisches Nein? Wohin eine Beziehung ohne Nein führen kann, zeigt die nächste Kasuistik.

Falko, 8 Jahre alt, wird vorgestellt, weil er sowohl in der Schule als auch im Hort kaum noch zu halten ist. Er hält sich selten an Regeln, wird aggressiv, wenn man ihn begrenzt, und dominiert inzwischen alle anderen Kinder. Falko ist ein für sein Alter eher kleiner, athletischer Junge, der auch im ersten Kontakt mit mir blitzschnell dafür sorgt, dass ich ihm Grenzen setzen muss, weil er unbedingt an meinen Computer möchte, was ich nicht erlaube. Die Grenze meines Schreibtisches, die jedes Kind eigentlich automatisch einhält, gilt für Falko sowieso nicht. Wütend blitzt er mich unter seinen dunklen Augenbrauen an. Als ich seinem Blick entschlossen standhalte, bleibt er mit gekreuzten Armen vor dem Computer stehen und ist offensichtlich überfordert mit meiner Reaktion. Als Kompromiss und um die Überforderung nicht zu groß werden zu lassen, gewähre ich ihm den Platz neben mir. Frau F hatte die ganze Zeit nichts gesagt. Ihr anfängliches »Komm her« hatte Falko ebenso überhört wie ihr entnervtes Seufzen. Frau F weiß nicht mehr weiter. Beide Eltern sind am Ende und zutiefst beschämt durch die ständigen Rückmeldungen aus Schule und Hort, die ihren Sohn als ungezogen und fast nicht mehr haltbar kennzeichnen.

Frau und Herr F waren aufgebrochen, nach längerer Beziehung ihre Liebe durch ein Kind zu krönen. Beide kommen aus einfachen Verhältnissen, hatten wenig einfühlsame und eher strenge Eltern erlebt und wollten nun mit ihrem Prinzen in eine friedliche Familienwelt aufbrechen. Die Eltern hatten sich in der Hochschule für Design kennengelernt und arbeiten selbständig als »Kreative«, wie sie selber sagen, in einer Firma, die sich mit PR, Entwicklung von Logos und Homepages und Ähnlichem beschäftigt. Sie legen Wert auf ihre Unorthodoxie, die sich dadurch auszeichnet, dass sie in einem Arbeiterviertel wohnen, sich politisch links verorten und darauf achten, dass sie nicht im Strom der Mehrheit mitschwimmen. In ihrer Erziehung war es von Beginn an sehr wichtig, Falko nicht zu begrenzen. Vielmehr waren und sind sie stolz darauf, dass der kleine Prinz – ähnlich wie sie – vieles anders machte als die anderen Kinder. Was anfangs noch niedlich schien, wandelte sich nach und nach zu einem Problem. Mit der Zeit war aus dem Prinzen ein Monster geworden, das seinen Eltern jeden Tag aufs Neue bewies, dass es keine Grenzen einhalten würde.

Sanft und mit vielen Erklärungen spricht Frau F auch in meiner Gegenwart mit Falko. Es ist deutlich spürbar – und auch nachvollziehbar –, dass diese Sanftheit alleine schon provoziert und auf keinen Fall zu dem gewünschten Erfolg führen kann.

Im Einzelgespräch mit beiden Eltern wird deutlich, wie sehr sie unter Druck stehen. Versuchen sie anfangs noch, die Schuld im autoritären System zu sehen, können sie sich nach und nach darauf einlassen, dass ihre eigene Grenzenlosigkeit bei Falko zu einem sozialen Analphabetismus geführt hat, weil der Junge es nicht gewohnt ist, sich auf andere einzustellen. Er geht naturgemäß auf Grund seines Lebens als Prinz davon aus, dass nur sein Wille zählt.

»Alle Kinder sollten Prinzen und Prinzessinnen sein dürfen«, erläutere ich den Eltern von Falko. »Aber auch Prinzen müssen wissen, wo die Grenzen des anderen sind, und vor allem, wie man damit umgeht, wenn ›Grenzkonflikte‹ entstehen.« Ich frage die Eltern, wie sie es denn geschafft haben, sich erfolgreich mit ihrer kleinen Firma zu behaupten, wie sie Vertragsverhandlungen führen und sich durchsetzen. Erstaunt schaut mich insbesondere Herr F an. Natürlich hat er es gelernt, sich in dieser Welt durchzusetzen, und bei aller linken politischen Gesinnung kommt er mit den ökonomischen Bedingungen des Lebens gut zurecht, im Gegenteil, er ist in seiner Branche als harter und erfolgreicher Verhandlungspartner bekannt.

Das ist die Brücke, über die ich die Eltern schließlich erreichen kann: Erstens ist das eine Erfahrung, die sie im Grundsatz nicht neu machen müssen, sondern nur in ihr Familienleben transferieren müssen, und zweitens ist es für Falko nicht gut, wenn er jetzt schon mit seiner Unfähigkeit, ein Nein zu akzeptieren, an seinem kleinen Leben scheitert. Ich stärke beide Eltern darin, sich Falko gegenüber durchzusetzen. Dabei erkläre ich zunächst, dass es von zentraler Bedeutung ist, dass beide Eltern einen innerlichen Haltungswandel durchmachen: Nur wenn sie beide innerlich entschlossen sind, etwas zu ändern, und sie sich Falko in den Weg stellen, wird sich etwas ändern.

Sehr genau sprechen wir typische Situationen zu Hause durch, und die Eltern erarbeiten sich alternative Handlungsweisen.

Alle 14 Tage kommen die Eltern F in meine »Elternschule« und berichten vom Fortgang der Geschichte. Hat Falko anfangs sehr wütend und enttäuscht reagiert, wenn beide Eltern ihn plötzlich mit einem Nein konfrontiert haben, wirkt es inzwischen so, als wenn er erstaunt und »irgendwie erleichtert« ist, wie der Vater seinerseits erstaunt berichtet. Beide Eltern arbeiten etwas weniger im Büro, lösen sich zu Hause ab und sind im Alltag präsenter für ihren Sohn. Falko kommt mehr und mehr in der Normalität seines Lebens an, und seine Eltern und er erhalten auch aus Schule und Hort positive Rückmeldungen über sein verändertes Verhalten. Nur ab und zu rutscht es Frau F noch durch, dass sie sich bei sanften und umständlichen Rechtfertigungen und Erklärungen erwischt, weil sie das Nein mal wieder nicht durchgehalten hat. Beide Eltern können sich freundlich ermahnen und darauf hinweisen, wenn sie in ihre alte Welt der Entgrenzung verfallen. Eine Welt, die verleugnet hat, dass die eigenen Grenzen spätestens dann wirksam werden, wenn ein Mensch auf die eines anderen trifft, und dass es diese Grenzen auch in einer Welt gibt, die so friedlich und sanft ohne Härte auskommen wollte. Das wurde erst möglich durch die Erkenntnis, dass Falko genau durch dieses Wunschdenken in große Verzerrungen geraten ist, weil er glauben musste, dass es keine Grenzen gibt.

Falko war ein entgrenztes Kind. Entgrenzung aber bedeutet Haltlosigkeit. Und das ist etwas, was Kinder nicht vertragen: nicht gehalten zu sein. Ein Kind, das nicht weiß, wo seine Grenzen besonders im Verhalten anderen gegenüber liegen, wird unsicher und versucht, das Ängstigende an der Haltlosigkeit zu überspielen – meist durch Aggressionen. Extreme Beispiele von entgrenzten Kindern sind Straßenkinder, die sich nur durch sich selbst und die jeweilige soziale Gruppe regulieren, in dieser Welt, in der nur das Gesetz des Stärkeren gilt, weil man sonst nicht überlebt. Manchmal erlebt man die Reste so einer Sozialisation bei transkulturellen Adoptionen, wenn Eltern in Deutschland erheblich damit zu tun haben, eine Frühdeprivation der ersten Jahre eines Findelkindes wieder zu kompensieren. Und man versteht, welche extremen seelischen Verwundungen bei diesen Kindern über viele Jahre, wenn nicht lebenslang wirksam und kaum zu heilen sind.

Eine Entgrenzung kann manchmal auch im Gewand der Verwöhnung daherkommen. Wie gerne möchte man seinem Kind alle Wünsche erfüllen, ihm von den Lippen ablesen, was als Nächstes wohl ein zufriedenes Lächeln auf sein Gesicht zaubert. Die elterliche Verzichtsleistung wird belohnt, und Eltern bekommen so viel zurück, wenn die Kinder nur zufrieden sind. Dagegen ist nichts einzuwenden, im Gegenteil. Entgrenzung entsteht jedoch dann, wenn ich eine Grenzenlosigkeit suggeriere, wenn ich meinem Kind nicht zutraue und zumute, mit Frustrationen und relativem Mangel klarzukommen.

Manchmal erlebe ich Eltern, die den Mangel künstlich herbeiführen, indem sie beispielsweise das Taschengeld ihrer Kinder besonders knapp halten, weil sie meinen, sie so besser darauf vorbereiten zu können auf diese sprichwörtlichen Härten des Lebens. Häufig steckt hinter dieser Haltung ein mangelhaftes Zutrauen in die Kinder, mit den vorhandenen Möglichkeiten – auch wenn diese sich in einem relativen Wohlstand bewegen – und Grenzen zurechtzukommen.

Ich habe tiefstes Verständnis für Eltern, die sich mit dem ersten Nein – und allen nachfolgenden – schwertun. Und mir ist es als Arzt lieber, beim Errichten von Grenzen zu helfen, als übermäßige Grenzanlagen abzubauen.

Wenn sich Eltern dann trauen, auch die Verantwortung für bestimmte Grenzen zu übernehmen, sind »meine« Eltern oft erstaunt, wie entlastet die Kinder reagieren. Ein Nein schafft mehr Sicherheit in einer liebevollen Beziehung, als viele Eltern es sich vorstellen können. Manchmal müssen sie nach dem Neinsagen noch lernen, dies nicht übermäßig zu erklären und dadurch die Durchsetzung ihrer Grenzziehung wieder zu verwässern. Ein elterliches Nein, das im Zweifelsfall nicht auch für sich und ohne zusätzliche Erklärung stehen kann, ist nur ein halbes Nein und dadurch weniger wirksam. Beziehungssichere Kinder fordern die elterliche Haltung intuitiv ein, indem sie Blickkontakt aufnehmen, den Mama-Gesang anstimmen oder später direkt nachfragen. Wenn man als Eltern darauf warten kann und nicht immer schneller ist als das Kind, entstehen natürliche Neins, von denen alle Beteiligten wissen, wie wertvoll und wichtig sie sind.

Kinder sind immer dann zufrieden, wenn die Balance zwischen einem vorgegebenen Weg und der eigenen Möglichkeit, in Schlangenlinien zu gehen, stimmig ist.

Übermäßig begrenzte Kinder werden unfrei. Das sind die Kinder, die im schlimmsten Fall keinerlei Freiraum für eine eigenständige Entwicklung haben. Aus so einer Zeit kommen unsere Urgroßeltern, die erlebt haben, dass Drill und Unterordnung wichtig schienen, um erfolgreiche Menschen zu formen. Nicht aus jedem Drill entsteht ein Nationalsozialismus mit all seinen Folgen – den psychischen Verzerrungen, Einklemmungen und Brüchen als direkte Konsequenz von übermäßiger Eingrenzung, von Unfreiheit –, doch sie sind uns nur allzu vertraut. Wir dürfen froh und erleichtert darüber sein, dass diese Form der Beziehungsgestaltung oder derartige Erziehungsrichtlinien kaum mehr vorkommen. Wo sie auftreten, greift in der Regel zumindest in Deutschland das soziale Netz der Versorgung und Unterstützung. Die weltweit aufflammenden fundamentalistischen reaktionären Entwicklungen werden uns in naher Zukunft zeigen, wie weit wir es erneut auch mit zu sehr begrenzenden und einengenden Erziehungsmaximen zu tun haben werden.

Bei uns sollten wir aktuell aufmerksam dafür bleiben, inwieweit wir durch die SuperKid-Vorgaben unsere Kinder zu sehr begrenzen. Damit meine ich die Vorgaben, die automatisch entstehen, wenn aus unseren Kindern SuperKids werden müssen. Auch der Erziehungsehrgeiz von Eltern errichtet Wände, errichtet künstliche Ziele und Härten, die darauf zuführen. Das schließt an das eben verwendete Bild der Backformen an, Eltern würden sich auch heute noch oft gerne ihr Wunschkind »backen«: Lassen Sie uns gemeinsam darauf achten, dass die Formen angemessen, dass sie weder zu weit noch zu eng sind. Und wem das Bild der Backformen zu starr ist: Lassen Sie uns darauf achten, dass die Kleider, die wir unseren Kindern nähen, passen und sie weder zu ausstaffierten Püppchen, die auf dem elterlichen Catwalk marschieren, noch zu Piraten werden, die in zu kurzen, geflickten Hosen fremde Schiffe entern. Beide Stoffpuppen wären dazu da, Preise bzw. Gold für uns einzuheimsen, aber sie stehen nicht für Kinder, die ihre eigene Entwicklung leben dürfen.

Jenseits jeglicher Instrumentalisierung brauchen unsere Kinder uns. Mit unserer Kraft, unserer Beziehung und unserer Liebe.

Fürsorge

Was für ein veraltetes Wort, wird der eine oder andere Leser denken. Fürsorge ist als Begriff belastet, weil er früher synonym stand für eine Betreuung durch die oder Abhängigkeit von der Institution, die heute Sozialamt heißt. Ursprünglich bezeichnet der Begriff aber etwas Wunderbares: für jemanden da sein, für jemanden sorgen. Fürsorgen kann nur ein Mensch, der bereit und in der Lage ist, eigene Bedürfnisse hintanzustellen. Das ist ein Kern elterlich-kindlicher Beziehung: Eltern verzichten und sorgen für ihre Kinder. Wer einmal erlebt hat, wie befriedigend es sein kann, zugunsten seines Kindes auf das letzte Stück Kuchen zu verzichten, weiß, dass damit nicht nur Verzicht verknüpft ist. Die Befriedigung zu sehen, wie sehr es meinem Kind schmeckt, wie dankbar es meinen Verzicht aufgreift, um es sich gutgehen zu lassen, spürt den unmittelbaren emotionalen Gewinn, der für Eltern daraus entsteht. So gesehen, kann dieser spezifische Verzicht sogar satt machen (abgesehen davon, das er schlank hält …) – eine völlig neue Erfahrung, die man sonst näherungsweise nur vom Teilen mit Freunden und der damit verbundenen unmittelbaren Vergrößerung von Freude und Genuss kennt. Die Fürsorge für das eigene Kind unterscheidet sich auch dadurch, dass man anders als bei Freunden die Gegen-Fürsorge nicht unmittelbar erfährt, sondern sie für Außenstehende allenfalls im abstrakten Generationenvertrag der Rentenleistungen deutlich wird. Dann sind die eigenen Kinder in der Regel allerdings groß und vielleicht schon wieder selbst Eltern.

Fürsorge gelingt nur, wenn mindestens zwei Vorbedingungen erfüllt sind, und zwar gibt es notwendige Voraussetzungen beim Fürsorger, und zum anderen muss auch der zu »Befürsorgende« einige Voraussetzungen erfüllen. Wer Fürsorge leisten möchte, kann dies nur, wenn er verzichten kann und die Notwendigkeiten des anderen, der diese in der Regel als Kind gerade nicht benennen kann, erkennt, wie der nächste Fall illustriert.

Frau M kommt, obwohl sie selber erst 18 Jahre alt ist, nicht als primäre Patientin, sondern als Mutter. Frau M stellt Magda vor, ihre 6 Monate alte Tochter. Magda gedeiht nicht gut, hat der Kinderarzt gesagt und Frau M in unsere Säuglingssprechstunde geschickt. Frau M ist eine zarte Person, die schon im ersten Eindruck das Bild einer von zu viel Arbeit gebeugten, deutlich vorgealterten Frau erzeugt. Einer Frau, die schon viel gesehen hat, was anderen Menschen zum Glück erspart bleibt. In den vertiefenden Gesprächen verdichtet sich dieses Bild: Frau M stammt aus einer kinderreichen, verwahrlosenden Familie. Sie wurde viel geschlagen, und nach und nach wurden alle sechs Kinder aus dieser Familie in therapeutischen Wohngruppen untergebracht. Frau M hat sich trotz einer relativ guten Schulkarriere mit Realschulabschluss emotional nie von den frühen Schlägen erholt. Sie verletzt sich über viele Jahre hinweg, und wir in der Ambulanz wundern uns, dass wir Frau M nicht schon als Jugendliche kennengelernt und behandelt haben. Noch nicht ganz 18, verliebt Frau M sich und wird schnell und eigentlich ungewollt schwanger. Ihr Freund sucht nach kurzer Zeit das Weite – so viel Verantwortung kann er nicht übernehmen –, und Frau M ist mit Magda allein. Diese Einsamkeit gilt sowohl als konkretes Bild für die beiden als auch im übertragenen Sinn. Ein einsames und überfordertes Mutter-Kind-Paar, das ums Überleben kämpft. Und nun gedeiht Magda nicht. Frau M weint. Ihre ganze eigene Bedürftigkeit begegnet ihr in ihrem kleinen Töchterchen. Sie kann doch nicht wirklich herausfinden, was Magda wann braucht! Wann soll sie den Haushalt machen, wann einkaufen, geschweige denn kochen?

Magda selbst ist ein zarter Säugling, der etwas kraftlos wirkt. In den Untersuchungen aber wird zum Glück deutlich, dass sie psychisch gesund ist, wach und interessiert auf ihre Umgebung reagiert und Beziehungsangebote annehmen kann. Wir nehmen die beiden in unsere Mütter-Baby-Tagesklinik auf. Dort leiten wir Frau M an, wie man die Signale ihres Kindes angemessen aufnimmt, wie das Stillen entspannter ablaufen kann, und behandeln die deutlichen Stimmungsschwankungen von Frau M medikamentös, damit sie sich erst einmal stabilisiert. Während Magda das therapeutische Angebot dankbar aufgreift, besser trinkt und langsam auf Brei umgestellt werden kann, ist Frau M sehr ambivalent. Einerseits spürt sie, wie gut es beiden tut, professionell jeden Tag umsorgt zu sein, und andererseits ist sie gekränkt durch die eigene Hilfsbedürftigkeit. Sie hatte es sich doch so sehr gewünscht, jetzt endlich erwachsen und selbständig zu sein! Stattdessen muss sie es sich gefallen lassen, dass auch sie unsere Patientin ist. Als es gelingt, einen tieferen und gemeinsamen Zugang zu ihrer eigenen Lebensgeschichte zu erarbeiten, kann Frau M mehr und mehr Parallelen zwischen sich und Magda sehen. Das hilft ihr zu entscheiden, dass es Magda einmal besser gehen soll als ihr. Darüber wird es auch leichter, sich selber als Patientin einzuordnen und unser fürsorglich-therapeutisches Angebot anzunehmen. Fürsorge annehmen zu können ist oft eine Voraussetzung dafür, selber fürsorglich werden zu können. So können beide bei uns wachsen.

Eigentlich sind in dieser Geschichte beide, Mutter und Kind, SuperKids. Frau M kann trotz ihrer schlimmen eigenen Lebensgeschichte unser fürsorgliches Angebot aufgreifen und Magda ist (noch) gesund, ihr schlechtes Gedeihen war ein vorübergehendes Warnsignal, das die junge Mutter aufgreifen konnte. Das Potential beider »Kids« macht deutlich, was ich mit dem Begriff »super« meine, was immer wieder in den Kindern steckt und lediglich geweckt werden muss.

Fürsorge in der Pubertät und Adoleszenz wird oft zu einer schwierigen Dimension. Das »Geheimnis« besteht darin, fürsorglich zu bleiben, ohne dass die Jugendlichen dies wirklich merken. Wie soll das jetzt zusammenpassen mit der Betonung von Authentizität und Wahrhaftigkeit? Rasmus, 16 Jahre alt, wird es uns veranschaulichen.

Rasmus kommt mit seinen beiden Eltern, weil das Vertrauensverhältnis zu Hause gestört ist, wie alle drei einvernehmlich berichten. »Ständig kommentieren meine Eltern, was ich tue, was ich zu tun und zu lassen habe! Manchmal habe ich den Eindruck, sie kommentieren auch meine Gedanken. Und dann breche ich eben aus. Was soll ich sonst machen?« Später, im Einzelgespräch, wird Rasmus berichten, dass seine Eltern eigentlich nichts falsch machen. Das ist ja das Schlimme für ihn: Seine Eltern verstehen vieles richtig, aber die Kommentare nerven ihn und machen ihn gefühlt unfrei.

Die Eltern R bestätigen das: Sie waren schon immer gut eingefühlt in ihre Kinder und begreifen jetzt nicht, was daran falsch sein soll. Das ist schnell erklärt: Während das kleine Kind darauf angewiesen ist, dass die Eltern die Innen- wie die Außenwelt erklären, wird derselbe fürsorgliche Akt für Pubertierende grenzüberschreitend.

Ich bestärke die Eltern in ihrer guten Einfühlung, an der im Prinzip nichts falsch ist, aber sie müssen lernen, es für sich zu behalten. »Eltern von Jugendlichen dürfen nicht mehr Übersetzer der Welt sein, weder der innerseelischen noch der Außenwelt. Eltern von Jugendlichen verstehen und schweigen«, erkläre ich den Eltern. Zum Glück können Frau und Herr R dies schnell umsetzen, sodass die Vertrauenskrise in der Familie R schnell behoben ist.

Fürsorglich gegenüber seinen (und anderen) Kindern zu sein ist ein großes Geschenk für alle Seiten. Das Kind erlebt, dass es bedeutungsvoll ist – und zwar nur durch sein Dasein –, und die Eltern erleben, dass ihre Fürsorge unmittelbar durch die kindliche Liebe beantwortet wird. Den verzückten Blick von Eltern, die zum Beispiel erste Schritte ihres Kindes begleiten, kann man nur nachfühlen, wenn man das selber erlebt hat. Ansonsten muss man die elterliche Überhöhung als eine Art Verrücktheit wahrnehmen. Diese psychische Krankheit namens Elternschaft treibt seltene Blüten. Auch als Fachmann muss man manchmal an sich halten, wenn Eltern sehr normale Entwicklungen ihres Kindes als Zeichen von Hochbegabung darstellen.

Das wird beispielsweis deutlich, als die Eltern von Tom, 4 Jahre alt, ihn zur Diagnostik vorstellen. Alles, was sie von Tom berichten – wie er spielen kann, welche Puzzles er schon bewältigt, welche klugen Fragen er stellt –, ist völlig altersgemäß. Die Eltern bestehen auf einem Intelligenztest, obwohl ich ihnen erkläre, dass diese in dem Alter von Tom noch nicht so zuverlässig sind. Auch meine vorsichtigen Hinweise auf die nach meiner Einschätzung doch weitgehend normale Entwicklung des Kindes ignorieren die Eltern, sodass das Schicksal seinen Lauf nimmt. Tom ist durchschnittlich intelligent, ohne irgendwelche Besonderheiten. Die Eltern T sind enttäuscht. Nur mit etwas Mühe gelingt es mir, sie darauf hinzuweisen, was für ein Superkind sie haben. Tom ist ein freundliches, zugewandtes Kind, das Spiel- und Beziehungsangebote gerne und gut aufgreifen kann. Er ist kreativ und sozial ausgesprochen kompetent. Und er ist nicht hochbegabt. Erst nach drei Gesprächen können die Eltern über ihren eigenen Druck sprechen, dass sie fürchten, nur besonders kluge Kinder bestehen in der heutigen Welt.

Fürsorge kann umschlagen in etwas, was Heinrich Böll einmal in einem Roman als »Fürsorgliche Belagerung« bezeichnet hat. Eine Fürsorge, die einem die Luft abschnürt, ist eine aufdringliche Form, die nichts mehr mit der ursprünglichen Bedeutung eines Sich-Sorgens zu tun hat. Es gibt Menschen, die ihre eigene Bedeutung nur daraus ableiten, dass sie sich um andere kümmern. Wenn sie sich um die eigenen Kinder kümmern, haben diese keine guten Chancen, jemals aus dem Status als Kinder entlassen zu werden. Die natürliche Abhängigkeit eines Kindes führt naturgemäß zu einem Abhängigkeitsverhältnis, aber was nicht verkannt werden darf: Dieses Abhängigkeitsverhältnis muss sich verändern können, denn es unterliegt einem Wachstum, einer Entwicklung. Das körperliche und psychische Wachstum unserer Kinder ist eigentlich ein Phänomen, das wir freudig betrachten. Wer weiß, wie bedeutungsvoll der Abschnitt ist, bei dem die Kinder sich lösen und das Elternhaus verlassen, ahnt, wie schmerzlich das für Eltern sein kann. Es darf nicht darum gehen, diesen Schmerz zu verleugnen: Er ist natürlich und gehört zu jeder Trennung dazu. Wenn er jedoch dazu führt, dass ein Jugendlicher nur mit Schuldgefühlen oder gar nicht gehen kann, ist mehr als fürsorgliche Belagerung entstanden. Spätestens dann ist die Fürsorge zum Selbstzweck geworden, die sich schon lange nicht mehr an den Bedürfnissen und Notwendigkeiten des Kindes orientiert. Und ich sehe heute zunehmend Kinder, die das Haus nicht verlassen, um ihre Eltern nicht aus dem inneren Gleichgewicht zu bringen. So viel zum Einfühlungsvermögen, das leider oft umgeleitet ist als Einfühlung des Kinds gegenüber den Eltern. Da hat sich die Verantwortung umgekehrt.

Trifft das eher auf Alleinerziehende zu, bei denen Kinder erwachsene Gesprächspartner werden? Ist das eine Folge der Brüchigkeit der vorgelebten Elternbeziehungen, sodass Kinder glauben, wenigstens sie müssten der beständige und dauerhafte Partner sein?

So sehr es aus fachlicher Sicht zu begrüßen ist, wenn Kinder ernst genommen werden, so sehr und schnell kann die Grenze zu einer gegenseitigen Fürsorge überschritten sein, wenn Eltern stolz darauf sind, die besten Freunde ihrer Kinder zu sein. Spätestens dann haben sich die Grenzen fürsorglicher Elternschaft verwischt. Alleinerziehende Eltern, Mütter, sind hier besonders gefährdet, weil ihre große Verzichtsleistung in Kombination mit ihrer Fürsorge dazu führen kann, dass unbewusst eine kindliche oder jugendliche Gegenleistung eingefordert wird. Unbewusst bedeutet: Das ist nichts, was absichtlich geschieht. Und kann nur durch eine offene eigene Selbstreflexionsarbeit verstanden und aufgelöst werden.

Wenn ich als Elternteil einen fürsorglichen, einen unterstützenden Impuls gegenüber einem Kind verspüre, muss ich immer klären, ob dies wirklich an meinem Gegenüber orientiert ist – oder doch mehr meinem Bedürfnis entspringt, zu helfen und mich gut zu fühlen, weil ich gebraucht werde.

Wieder geht es mir um eine Balance: Eltern, die keinen Impuls verspüren, ihr Kind fürsorglich zu unterstützen, werden es potentiell vernachlässigen, während Eltern, die überfürsorglich sind, ihrem Kind den Raum für eigenständige Entwicklung nehmen.

Dasselbe Phänomen gibt es auch im professionellen Kontext. Hier sprechen wir von hilflosen Helfern, Ärzten oder Psychotherapeuten, die auf Grund eigener Bedürftigkeit darauf angewiesen sind, Therapieverläufe nicht beenden zu können und Patienten in der Abhängigkeit zu halten, weil diese Profis für sich nur dadurch ein ausreichendes Gefühl von Bedeutung ableiten können. Ein Ende der Behandlung würde kennzeichnen, dass der Therapeut nicht mehr gebraucht wird.

Ähnliches gilt für Eltern, die ihr Kind in die Welt entlassen: Sie brauchen einen eigenen Entwurf, wie sich dieser neue Abschnitt elterlichen Lebens gestalten soll, welche Bedeutung die »alte« Beziehung zum Ehepartner haben soll und was an die Stelle der Beschäftigung, der Fürsorge zu den Kindern treten kann. Psychisch gesunde Eltern werden sich nach Bewältigung des Trennungsschmerzes auf den neuen Abschnitt mit neuen Freiheiten freuen – und ihn entsprechend ausgestalten. Abhängige Eltern werden den Schmerz nicht überwinden und schlimmstenfalls in einem depressiven Rückzug versinken, weil sich ihr Lebenssinn entleert hat.

Fürsorge greift unmittelbar in den Freiraum unserer Kinder ein. Immer wieder entstehen auch im professionell-pädagogischen Raum Diskussionen darüber, wie wichtig konkrete (zum Beispiel städteplanerisch) und im übertragenen Sinn vorhandene Freiräume für Kinder und ihre Entwicklung sind. Jeder kennt das wahrscheinlich aus seiner eigenen Entwicklung:

Kinder und Jugendliche suchen sich immer wieder Orte, Plätze, Freiräume, in denen sie von den Erwachsenen unbeobachtet mit sich und Freunden sein können, wo sie, wie sie heute sagen, chillen können. Es ist interessant, dass *chillen* im Englischen ursprünglich »kühlen« oder »abkühlen« heißt: als müssten sich unsere Kids abkühlen – von uns, von der heißlaufenden Welt.

Ein Kennzeichen von Freiräumen für Kinder und Jugendliche ist, dass man sie gerade nicht planen kann. Fürsorge in diesem Zusammenhang bedeutet, dass man als Erwachsener mit Verständnis darauf reagiert, wenn die Kids auf dem Platz vor dem Haus, in der Einkaufspassage »abhängen« (auch ein schönes Bild: bis sie reif sind …), und man ihnen den selber eroberten Raum zugesteht. Auch, wenn er hinterher verbesserungswürdig aussieht. Eine wichtige Maxime in unserer Klinik ist, dass Dinge, die zerstört worden sind, Wände, die verschmutzt sind, so schnell wie möglich wieder repariert werden. Nur die fürsorgliche Wiederherstellung aller Räume für die Kinder garantiert, dass sie gerne wiederkommen und unsere Wertschätzung entsprechend beantworten. Die immer wieder aufflammenden Diskussionen darüber, dass man Kinder oder Jugendliche sofort bestrafen muss, wenn sie etwas zerstört haben, unterschätzen dramatisch, dass dadurch jeder Anreiz, sich etwas zu erhalten, verloren geht. Nein, wir als Eltern und als die Verantwortlichen haben die Aufgabe, den Lebensraum unserer Kinder so schön zu gestalten, dass sie sich darin willkommen fühlen. Auch wenn dieses Willkommensein anders ausgelebt wird, als wir es uns wünschen würden.

Fürsorge ist für uns alle eine zentrale menschliche Dimension, ohne die unsere Welt erheblich kälter und ärmer wäre. Fürsorge hat keinen Preis, sondern nur einen Lohn im Herzen, unabhängig davon, wie alt die Kinder sind. Der »verliebte Blick« auf das eigene Kind bleibt ja erhalten, auch wenn er später im Gewand von Stolz daherkommt. Die Gestaltung eines fürsorglichen Raumes stößt immer mal wieder an die Grenzen des Kindes, weil sein ganz eigener Raum erhalten bleiben muss.

Intimität

Jede lebendige Liebesbeziehung lebt von der Intimität der Zweierbeziehung, aber auch von dem Wechselspiel zwischen intimer Vertrautheit und dem Respekt vor der Intimität des anderen. Das Aufwachsen der Kinder beginnt notwendigerweise in einer sehr engen Intimität: Die Eltern wissen alles über die Ausscheidungen ihres Kindes, über (fast) alle körperlichen und seelischen Vorgänge. Diese Intimität ist von entscheidender Bedeutung für den Aufbau einer vertrauensvollen Beziehung, lernt das Kind doch, sich seinen Eltern zu überlassen in der Gewissheit, dass sie es »richtig« machen. Im richtigen Moment die Windel wechseln, dann mit dem Essen kommen, wenn der Hunger da ist, mit dem richtigen Lied über eine schwierige Einschlafphase hinweghelfen und vieles andere mehr. Mutter und Kind kennen ihre Gerüche, und besonders im Säuglingsalter verhilft der zarte Geruch der Kinder alleine dadurch zu großer körperlicher Intimität, weil man als Eltern gerne immer wieder am Kind riechen möchte, um mit großem Genuss diesen unbeschreiblichen Duft von babyhafter Zartheit aufzusaugen.

Je älter ein Kind wird, desto mehr wird sich der Bereich geteilter Intimität verkleinern. Schulkinder schließen plötzlich das Badezimmer ab, weil sie ungestört sein möchten. Wann dies geschieht, ist von Kind zu Kind sehr unterschiedlich. Es gibt Familien, die sehr stolz darauf sind, dass alle »nichts voreinander zu verbergen haben«, Familien, die keinen Schlüssel an der Innenseite der Badezimmertür haben und stolz darauf sind. Das sind Familien, in denen die Eltern in der Regel keine körperliche Intimität leben und den Kindern nicht vormachen, wie man trotz großen gegenseitigen Vertrauens die Grenzen von persönlicher Intimität einhält. Diese Eltern verwechseln Vertrauen und Intimität. Während Vertrauen eine basale Dimension der Eltern-Kind-Beziehung ist und lebenslang bleibt, ist Intimität etwas, was jeder Mensch wie eine Schutzzone um sich herum etablieren muss.

Menschliches Leben findet immer im Wechsel und in der Spannung zwischen Nähe und Distanz statt – ein Wechsel zwischen Intimität und Offenheit. Kindliches psychisches Wachstum gelingt dann am besten, wenn Kinder erleben, dass es Bereiche ihres Lebens gibt, die sie nicht mit anderen teilen, in denen sie mit sich sind und die sie für sich behalten.

Parallel zur Intimität ist die Entwicklung von Scham zu verstehen. Sie schützt die Intimität, indem sie dafür sorgt, dass jedes Kind bestimmte Bereiche seines Lebens, seines Erlebens, seines Körpers vor Öffentlichkeit schützt. Solange die Schamentwicklung nicht übertrieben ist, führt sie zu einer gesunden Balance zwischen zeigen und verstecken, zwischen offen und verschlossen. Gut eingefühlte Eltern werden es immer respektieren, dass ihre Kinder mit zunehmendem Alter vor der Welt – aber auch vor den Eltern! – verschlossene Bereiche aufbauen.

Alle Kinder brauchen Geheimnisse. Sie sind eng verbunden mit dem intimen kindlichen Leben. Auch hier gilt: Die Eltern, die glauben, dass es ein Zeichen von großem Vertrauen ist, dass ihre Kinder keine Geheimnisse vor ihnen haben, verwechseln Vertrauen mit Distanzlosigkeit. Kinder, die Nähe und Distanz nicht regulieren können und distanzlos sind, gehören in der Regel zu den auffälligen Kindern, die unserer fachlichen Diagnostik bedürfen. Geheimnisse dienen der Bildung von Identität und Autonomie. Nur wenn ich auch etwas mit mir ausmachen und mir sicher sein kann, dass meine Eltern die verschlossene Tür respektieren, kann ich ein Gefühl für mich entwickeln. Das ist ähnlich wie in erwachsenen Liebesbeziehungen: Man muss und möchte nicht alles vom anderen wissen (zumindest, wenn der Honeymoon vorbei ist ...) und spürt, dass im Zugestehen gegenseitiger Intimität eine wichtige Grundlage für emotionale Verbindung entsteht, wenn gleichzeitig die Intimität natürlich viel größer ist als mit Freunden, Nachbarn, bekannten oder gar fremden Menschen. Auch wenn das Maß für jeden anders ist und es kulturelle Unterschiede gibt, ist Intimität ein kultur- und gesellschaftsübergreifendes Phänomen, das konstituierend – grundlagenbildend – für die menschliche Entwicklung ist. Isabella zeigt uns, was passiert, wenn die Intimitätsgrenzen völlig aufgehoben sind.

Isabella, 5 Jahre alt, wird von ihrer Bezugsbetreuerin aus der therapeutischen Wohngruppe vorgestellt. Sie fällt dort auf, weil sie Grenzen, insbesondere körperliche Grenzen anderer Kinder, nicht einhält. Sie möchte dabei sein, wenn andere auf die Toilette gehen, krabbelt nachts gerne zu anderen Kindern ins Bett und masturbiert auffallend viel. Isabella hat tiefschwarze schulterlange Haare, die zu einem kräftigen Zopf geflochten sind. Als ich in den Wartebereich komme, sitzt sie auf dem Schoß ihrer Betreuerin und nuckelt am Daumen. Freudig springt sie von dort herunter, als ich sie begrüße, und lässt meine Hand, die ich ihr zur Begrüßung gereicht hatte, nicht mehr los. Als ich sie in meinem Zimmer auf einen eigenen Stuhl führen möchte, wartet sie, bis ihre Betreuerin, Frau H, sich gesetzt hat, um sich sofort wieder auf deren Schoß zurückzuziehen. Was im ersten Moment wie ein ängstlich-scheues Verhalten aussieht, entpuppt sich im weiteren Verlauf als Distanzlosigkeit. Ich kann Isabella nur mit einer deutlichen Zurückweisung davon abhalten, auf meinen Schoß zu klettern, und am Ende der Stunde fragt sie mich unvermittelt: »Kannst du mich mitnehmen zu dir? Hier ist es so schön!«

Isabella kommt aus einer Familie, bei der Mutter und Vater bei der Geburt erst 19 Jahre alt waren. Beide Eltern kommen aus »schwierigen Verhältnissen«, wie es immer in den Berichten heißt, die Mutter war drogenabhängig und der Vater ein Alkoholiker, der wegen Körperverletzung schon im Gefängnis gesessen hatte. Die Beziehung hielt nicht lange, sodass Isabella dann bei ihrer alleinerziehenden Mutter aufwuchs. Um zusätzlich Geld zu verdienen, prostituierte sich Frau I, und Isabella erlebte immer wieder wechselnde Männer in der kleinen Wohnung. Es ist davon auszugehen, dass sie auch den Geschlechtsverkehr zwischen der Mutter und den Männern erlebt hat.

Es verwundert bei dieser kurzen Lebensgeschichte nicht, dass Isabella nicht zwischen Intimität und Zutrauen unterscheiden kann. Sie hat gelernt, dass Freundlichkeit und Sexualisierung ebenfalls nicht zu unterscheiden sind, und sie hat erlebt, dass Sex etwas Öffentliches ist. Die Besorgnis der Betreuer ist nachzuvollziehen. In der Gruppe wird das Mädchen kaum lernen können, wie Grenzen entstehen, weil dort immer nur mit Verboten reagiert werden kann. Isabella muss lernen, dass ihre Wünsche nach Nähe normal sind, dass die Vermischung mit Sexualität schädlich für sie ist und die Aufhebung körperlicher Grenzen allerdings verschoben ist. Bei einem sogenannten runden Tisch diskutiere ich mit den zuständigen Betreuern und Sozialpädagogen vom Jugendamt mögliche Wege für Isabella. Wir beschließen, dass sie am besten in einer professionellen familienähnlichen Kleinstgruppe untergebracht wäre. In zuverlässigen und professionellen Strukturen, die einer Familie ähnlich sind, kann Isabella am ehesten in den nächsten Jahren lernen, wie Vertrauen und Intimität zusammenhängen, und eine eigene Identität entwickeln. Eine psychotherapeutische Behandlung stellen wir erst einmal hintan, um das Mädchen nicht mit zu vielen Beziehungen gleichzeitig zu überfordern und den weiteren Verlauf ihrer Symptome abzuwarten.

Wieder ein extremer Fall. An ihm kann man aber gut sehen, wohin die Aufhebung von Intimität bei gleichzeitiger emotionaler Verwahrlosung (und einem Start in das Leben, der von einem Drogenentzug gekennzeichnet war, abgesehen von den körperlichen und seelischen Belastungen während der Schwangerschaft) führen kann. Isabella hat nur eine Chance außerhalb ihrer Familie. Inwieweit man in der Zukunft einen Kontakt zur leiblichen Mutter wiederherstellen kann, muss offen bleiben. Im Zweifelsfall wird sie ohne Kontakt zu ihrer kranken Mutter aufwachsen.

Intimität und Sexualität liegen eng beieinander. Reife Eltern werden keine Probleme dabei haben, zwischen diesen Dimensionen zu trennen. Sehr bedürftige Eltern – meistens Väter – durchbrechen dies, indem sie die Intimität ausnutzen und für die eigene erwachsene Sexualität missbrauchen. Isabella ist auch ein Beispiel für sexuellen Missbrauch, weil sie erwachsene Sexualität erlebt hat, die nichts mit Beziehung oder gar Liebe zu tun hatte. Man kann nicht ausschließen, dass auch sie persönlich sexuelle Übergriffe von den Männern, die bei ihrer Mutter ein- und ausgingen, erlebt hat. Bislang gab es keine Hinweise darauf, auch die bei der Inobhutnahme durchgeführte körperliche Untersuchung ergab keine Hinweise. Sexueller Missbrauch gehört neben der körperlichen Misshandlung zu den Traumata, die in unserer Gesellschaft nach wie vor in ungebrochener Häufigkeit vorkommen und zu den größten Risiken zählen, denen Kinder in ihrer seelischen Entwicklung ausgesetzt sind. Im Umkehrschluss sollten solche auch in den Medien häufig berichteten Einzelfälle uns nicht verleiten zu denken, unsere Gesellschaft wäre nicht mehr in der Lage, die Grenze zwischen Intimität und Sexualität aufrechtzuerhalten. In einer gesunden Beziehung ist es für ein Kind immer möglich, die Grenzen wahrzunehmen.

Für viele Eltern ist es eine große Herausforderung, mit dem wachsenden Pornokonsum unserer Kids umzugehen. In dem

Moment, in dem Kinder und Jugendliche einen Internetzugang haben und sich dort bewegen, findet eine Konfrontation mit Pornografie unweigerlich statt. Während man bei Kindern selbstverständlich (!) eine entsprechende Kindersicherung einstellt, ist das bei Jugendlichen, die ihren eigenen Computer verwalten, nicht möglich und auch nicht sinnvoll, weil Eltern ihnen zutrauen müssen, mit allen Inhalten des Internets eigenverantwortlich umzugehen. Allerdings müssen Eltern sich klarmachen, dass dieser Pornokonsum vor allem bei den Jungen unter Umständen deren Sexualität verändert, sie weniger einfühlsam gegenüber Mädchen macht, weil im Porno sexistische und Frauen gegenüber abwertende Handlungen gezeigt werden. Ein Thema, bei dem man als Eltern nur aufmerksam bleiben kann, ein Thema, bei dem insbesondere die Väter gefragt sind, Stellung zu beziehen.

Doch zurück zu Intimität. Die SuperKids, die einer optimalen Förderung ausgesetzt sind, gehören manchmal auch zu denen, deren Intimität beschädigt ist. Sie haben Eltern, Mütter, die alles über sie wissen, die auch in der Pubertät noch die Arzttermine verabreden und mindestens mit im Wartezimmer sitzen. Intimität gehört aber zu den Grundrechten eines jeden Menschen auf Privatsphäre.

Natürlich geht es nicht darum, dass Familienmitglieder sich schamhaft voreinander verbergen. Das würde nur dazu führen, dass die Kinder davon ausgehen müssen, dass Körperlichkeit immer etwas ist, das man vor anderen verstecken muss. Körperlichkeit sollte ein natürlicher Bereich für Kinder sein, auf den sie stolz sein können und dürfen.

Normalerweise haben Paare, Eltern, eine für sich gute Balance zwischen Intimität und Grenzenlosigkeit gefunden. Sie sollten sich trauen, diese Balance auf ihre Kinder zu übertragen. Manchmal ist es nicht leicht, die vertraute Intimität zu seinen Kindern mit der Zeit aufzugeben. Es schwingt immer eine gewisse Trauer mit, ein Verlust von Nähe. Verdächtigen Sie sich nicht zu sehr, wenn Sie diese Trauer und den Verlust spüren. Auch hier gilt: Wenn Sie es nicht verleugnen, ist die Chance auf eine gesunde Integration Ihres »intimen Lebens« mit Ihren Kindern am größten.

SuperKids sollten erleben dürfen, dass sie ein Recht auf Intimität haben und dass die Zurückweisung der elterlichen Neugier nichts Schlimmes ist. Manchmal müssen uns unsere Kinder darauf hinweisen, dass wir aus alter Vertrautheit zu weit gegangen sind. Wir sollten dann nicht gekränkt sein, sondern stolz sein darauf, dass unsere SuperKids es uns zutrauen, dass wir mit der Zurückweisung zurechtkommen. Früher waren die Übergänge zwischen einzelnen Phasen ritualisiert. Es gab Pubertätsriten, die den Übergang in die Adoleszenz markierten, und der Übertritt in das erwachsene Leben war durch die Hochzeit mit einem anderen Menschen gekennzeichnet. Eltern übergaben ihr »Kind« an den neuen Partner. Natürlich ist es gut, dass es diese Rituale nicht mehr gibt, weil sie auch mit großer Unfreiheit verknüpft waren. Die inhaltliche Bedeutung dieser Übergänge aber sollten Eltern in sich bewahren und ihren Kindern zeigen, dass sie in der Lage sind, deren Intimität immer größer werden zu lassen. Gelingt das, wird aus der Distanz plötzlich auch eine Kraftquelle.

Kraftquellen

Wer jetzt erschöpft das Buch zur Seite legen möchte, hat aufgenommen, wie komplex – nicht kompliziert – die Beziehungsgestaltung zwischen Kindern und Eltern ist. Wer nicht an der Oberfläche von Ratschlägen für Verhaltensänderungen bleiben möchte, kommt nicht umhin, in der Tiefe von Beziehungen all jenen Dimensionen zu begegnen, die ich aufgezählt habe. Das

Kennzeichen jeder Beziehung ist ihre Dynamik, das Nicht-Verharren, das Bewegende. Das hält uns am Leben und ist gleichzeitig komplex und mitunter anstrengend.

Scheuen Sie sich nicht, diese Anstrengung anzuerkennen. Nur durch die Anerkenntnis der Anstrengung kann man dafür sorgen, dass sich daran etwas ändert – oder man gesteht sich ein, dass man schlicht mit der Anerkenntnis leben muss. Jede Verleugnung verstärkt das Gefühl der Anstrengung. Das ist allerdings etwas, was im Leben von Supereltern mit ihren Super-Kids nicht vorkommen darf: Alle sind zufrieden und glücklich und erfolgreich. Wer sich traut, die andere Seite der Medaille zu benennen, läuft Gefahr, zu den vermeintlichen Verlierern gezählt zu werden.

Wenn es Ihnen gelingt, sich etwas zurückzulehnen, werden Sie sehen, dass mehr und Gutes in Ihrer Familie zu entdecken ist. Manchmal muss man die Nachbarn oder Freunde nach den eigenen und nicht nach deren Kindern fragen. Die Rückmeldung darüber, was für wunderbare Wesen die eigenen Kinder im Erleben Fremder, Außenstehender, sind, ist sehr wichtig, zeigt sie doch das Potential der Kinder auf. Kinder verstellen sich in Außenkontakten nicht, sondern zeigen lediglich, was in ihnen steckt, was sie »schon lange« gelernt haben. Dieses Lernen war ein emotionales Lernen, ein Lernen in der Beziehung zu den Eltern. Wenn Sie als Eltern anerkennen, dass dies bisweilen anstrengend war und ist, so ist das nicht verwunderlich. Und dennoch brauchen Sie als Eltern, als Familie Kraftquellen.

Meine Frage in meiner Praxis und in der Klinik ist die nach den »Inseln der Gemeinsamkeit«, wie ich das nenne. Vielfach können Familien dann nicht viel benennen. Allenfalls den Urlaub, auf den alle das ganze Jahr hinüber hinfiebern.

Wenn ich Familien bitte, einmal aufzuschreiben, wer eigentlich wann zu Hause ist und was dann jeder Einzelne macht, so wird nicht selten eine große Vereinzelung der Familienmitglieder deutlich. Inseln der Gemeinsamkeit sind dann Kraftquellen, wenn sie tatsächlich eine gemeinsame Schnittmenge der einzelnen Familienmitglieder darstellen. Es geht nicht um das tausendste gespielte Memory, sondern es geht um manchmal kleine Schnittmengen, die sich oft am leichtesten durch gemeinsame und nicht gehetzte Mahlzeiten herstellen lassen.

»Bei uns isst jeder allein. Das liegt schon daran, dass wir alle unterschiedliche Zeiten haben. Wir Kinder essen mittags in der Schule, was meistens nicht schmeckt, und abends macht sich jeder sein Brot, wenn es passt. Am Wochenende haben meine Eltern schon gefrühstückt, wenn ich aufstehe. Danach daddelt jeder so vor sich hin, und das warme Essen am Abend nimmt sich auch jeder, wann es ihm passt. Gerne auch vor dem Fernsehen«, schildert die 15-jährige Maria die Situation zu Hause. Sie kennt es nicht anders, erlebt aber in unserer Klinik, dass gemeinsame Mahlzeiten wichtig sind und sich über das gemeinsame Essen ganz andere Gespräche ergeben als sonst im täglichen Miteinander. Maria wird wegen einer Depression behandelt. Diese ist zwar nicht ursächlich im Zusammenhang mit der geschilderten Situation zu Hause zu sehen, aber ohne Zweifel hat in der letzten Zeit vor der stationären Aufnahme die Vereinzelung in ihrer Familie die Symptomatik verstärkt. Die Eltern von Maria haben das bislang gar nicht so gesehen. »Wir haben nun einmal sehr unterschiedliche Kalender und Zeiten in der Familie«, berichtet Frau M. »Sogar mein Mann und ich haben unterschiedliche Arbeitszeiten, sodass wir uns eigentlich nur am Wochenende richtig sehen. Dann ist aber jeder auch froh, nach der anstrengenden Woche mal für sich sein zu können. Ich koche nicht gerne und habe immer gedacht, die Kinder finden es auch gut, wenn wir sie in Ruhe lassen.« Frau M selbst ist offensichtlich erschöpft. Drei Kinder, der eigene Beruf, seit die Kinder im Kindergarten sind, und der »unendliche Druck«, wie sie selber das beschreibt: dass aus den Kindern was wird. Auf meine direkte Nachfrage beginnt Frau M zu weinen und beschreibt ihren Akku als leer.

In dem anberaumten Familiengespräch mit allen geht es darum zu überlegen, wo denn Kraftquellen für jedes einzelne Familienmitglied sein könnten. Nachdem erst alle für sich darüber nachdenken und eher darauf eingestellt sind, nur für sich nach Lösungen zu suchen, kann Familie M mit meiner Hilfe schließlich über Gemeinsames nachdenken. Maria und ihre Schwester wünschen sich auch mal ein Shoppen zusammen mit der Mutter, der Sohn Michael will unbedingt mit dem Vater mal in das Fußballstadion, und alle zusammen können beschließen, dem Kochunwillen der Mutter durch gemeinsame Küchenaktionen entgegenzuwirken. Ich empfehle wenige und immer sehr konkrete Maßnahmen, weil nichts schlimmer ist als gescheiterte Ziele. Wir bleiben also dran. Die Familie entwickelt einen gemeinsamen und für alle im Internet einsehbaren Kalender. So wissen alle, wer wo ist. Das gemeinsame Kochen am Wochenende entpuppt sich sogar für Herrn M als spaßbringende Beschäftigung. »Ich hätte gar nicht gedacht, dass alle so dabei sind und dass wir so viel Spaß zusammen haben können«, beschreibt Herr M die neue Kraftquelle für offensichtlich alle Familienmitglieder.

Kraftquellen in der Familie sind Gemeinsamkeiten, die man sich erarbeiten muss, weil sie sich nicht automatisch einstellen. Entspannte Aktivitäten, an denen alle (!) Spaß haben, verändern sich beständig und erfordern von Eltern ein hohes Maß an Flexibilität. Diese Kraftquellen dürfen allerdings nicht zu einem Zwang zur Gemeinsamkeit werden. Insbesondere Außenaktivitäten (Museum! Spazierengehen! Theater!) sind keine Maßnahmen, mit denen man Jugendliche lockt, im Gegenteil.

Natürlich spricht nichts dagegen, wenn die Kraftquellen bei jedem Familienmitglied anders aussehen. Gemeinsame Mahlzeiten allerdings werden in ihrer Wertigkeit und Bedeutung oft unterschätzt. Es versteht sich von selbst, dass dann primär keine Fragen nach unangenehmen Dingen wie Zensuren, Schule oder Ähnlichem gestellt werden. Gemeinsames Essen ist insofern von besonderer Bedeutung, als es vieles miteinander verbindet: Die frühe Erfahrung des Gefüttertwerdens, den gemeinsamen Genuss, die (meistens) mütterliche Fürsorge mit ihrem unverwechselbaren Geruch und Geschmack und die gemeinsame Beschäftigung, bei der es sich leichter auch einmal über eigene Anliegen sprechen lässt als in »lockerer« Runde im Wohnzimmer.

Eine besondere Bedeutung bei der Suche nach den Kraftquellen kommt den Müttern zu. Sie sind es, ohne deren andauerndes Engagement die Kinder nicht zu den SuperKids geworden wären, die sie heute sind. Die unglaubliche »Mama-Logistik«, wie ich es schon im Buch über die »Burnout-Kids« genannt habe, fordert ihren Tribut, sodass Mütter oft und nachvollziehbar müde und erschöpft sind. Sie haben ein eigenes Recht auf Kraftquellen, die sie sich allerdings auch zu benennen trauen müssen. Kraftquellen sind in der Zeit der Selbstoptimierung kein Feld für Trainer und Coaches. Kraftquellen sind individuelle Bereiche der Schöpfung, in denen Kraft, Zuversicht, Kreativität und Freude getankt werden können. Wenn genügend Kraftquellen vorhanden sind für jeden in der Familie, entsteht durch die beständige Erneuerung der emotionalen Grundlage eine entsprechende familiäre Bindung, die ihrerseits Kraft spendet.

Liebe und Respekt II

So schließt sich der Kreis. Wir sind auf dem vorläufigen Endpunkt der Landkarte angekommen. Liebe und Respekt bilden den Rahmen, innerhalb dessen sich lebendige Beziehungen entwickeln, Kinder gehalten und zu individuellen und wirklichen SuperKids werden. Liebe darf nicht erdrückend werden, und das wird sie dann nicht, wenn sie sich mit Respekt verbindet. Der Respekt vor dem Kind umfasst auch das Bestreben, im Dialog herauszufinden, was gut ist. Welches individuelle Profil das eigene Kind zu einem unverwechselbaren, einmaligen Wesen macht. Diese Einmaligkeit gilt es anzuerkennen – und zu genießen. Es ist das Wesen von Eltern-Kind-Beziehungen, dass die Freude und das elterliche Glück einfach durch die Anwesenheit des Kindes entstehen. Zu erleben, wie es wächst, wie es jeden Tag zugewandt und seinerseits liebevoll für seine Eltern da ist, wird zu einem Geschenk, das es in dieser Qualität sonst nicht gibt. Dieses Geschenk macht Eltern dankbar und eröffnet gleichzeitig die »Schule der Schulen«, die Gefühlsschule der Eltern. In ihr werden Liebe und Respekt gelebt, und diese Gefühle machen Entwicklungen erfahrbar, die zutiefst beglückend sind.

Das darf man auch in abgewandelter Form in der Therapie von Kindern und Jugendlichen erleben: Wenn ich ihnen mit Respekt begegne, dann antworten sie mit Respekt. Und dieser Respekt ist dann die Grundlage dafür, dass sie sich öffnen, dass sie sich anvertrauen und darauf vertrauen, dass ich mit ihnen etwas für sie Gutes vorhabe. Diese immer wiederkehrende Erfahrung schafft Sicherheit, für mich als Therapeuten und täglich für alte und neue Patienten. Auch als Kinder- und Jugendpsychiater habe ich persönlich eine Entwicklung durchgemacht, die mich von mehr Kontrolle, mehr Unsicherheit und weniger Respekt zu meiner heutigen Haltung gebracht hat, in der ich sehr oft mit großer Berührung belohnt werde. Dieses

Vertrauen führt zu einer Beziehungsqualität, die sich weit unterscheidet von Alltagsbeziehungen. Auch wenn es mein Beruf ist, funktioniert dies nur auf der Basis einer gegenseitigen Berührung. Berühren lassen kann man sich nur, wenn man bereit und in der Lage ist, sein Herz, seine eigene Seele, für die Begegnung mit dem Kind oder Jugendlichen zu öffnen. Das Einmalige, was dann entsteht, unterscheidet sich natürlich von der Gefühlsqualität zwischen Eltern und Kindern. Es ist allerdings eine »kleine« Form, eine Form, die sich nicht Liebe nennt, aber doch eng verwandt ist mit der großen.

In dem Kapitel Liebe und Respekt I in diesem Buch habe ich die Metapher des Kinderflüsterers benutzt. Eigentlich gilt das Bild des »Flüsterers« ja für Menschen, die eine besondere Gabe haben, Tiere zu verstehen, insbesondere traumatisierte und geschädigte Pferde oder Hunde. Wir nutzen in der Klinik dieses Phänomen, indem wir die tiergestützte Therapie eingeführt haben, sowohl mit Hunden auf den Stationen als auch mit Pferden außerhalb. Das, was dann entsteht, ist ein intensiver Dialog zwischen Kindern und Tieren. Natürlich sind unsere Kinder manchmal so verbogen, dass sie das »Flüstern« erst lernen müssen. Doch die Art und Weise, wie sie das tun, zeigt uns, wie viel Potential in ihnen steckt. Darum geht es dann auch für Eltern: In Liebe und Respekt zu sehen, was ihr Kind »nur« auf Grund der liebevollen gegenseitigen Beziehung an Geschenken anbietet.

Manchmal reichen Liebe und Respekt nicht aus. Nicht, weil die Kinder das nicht beantworten, sondern weil die Erwachsenen selbst manchmal nicht genug davon haben, weil wiederum sie in der Regel selbst nicht genug davon bekommen haben. Dann gibt es Profis, die helfen können und die man in Anspruch nehmen darf – und sollte.

SuperKids und Supereltern leben in einer komplexen und bisweilen komplizierten Welt. Eltern können nicht einfach ihrem Bauchgefühl folgen, weil sie wissen, dass sie das auch auf den falschen Weg führen kann. Ein falscher Weg kann heißen, dass Eltern ihr Kind zu viel oder zu wenig fördern. Man kann als Eltern heute nicht die Augen verschließen davor, dass es Erkenntnisse gibt, nach denen Kinder besser als früher gesehen und gefördert werden. Und gleichzeitig gibt es einen Zwang zur Optimierung, eine Spirale der Maximierung von Leistung und Entwicklung, der sich kaum jemand entziehen kann. Und genau da setzen Liebe und Respekt mit den anderen beschriebenen Dimensionen ein: Im Zweifelsfall müssen Sie als Eltern sich trauen, Ihrer Intuition zu vertrauen, Ihrem Kind zu vertrauen. Wenn es Ihnen gelingt, das Paar von Liebe und Respekt zu leben, haben Sie einen Rahmen, innerhalb dessen Sie die Landkarte studieren können, auf der Sie sich gemeinsam mit Ihren Kindern als Familie bewegen – und bewegen wollen. Auf kein Hochleistungsziel zu, auf kein absolutes Glück, sondern »nur« auf Gutes und Zufriedenes.

Nachwort oder:
Das Wildwasserkanu

Kennen Sie Wildwasserkanufahren? Der deutsche Kanuverband schreibt hierzu auf seiner Homepage (www.kanu.de): »Die Krone des sportlichen Kanu-Wanderns sind die Wildflussfahrten. Mit guter Ausbildung, entsprechender Erfahrung und geeigneter Ausrüstung lassen sich selbst reißende Wildbäche per Kanu bezwingen. Die Herausforderung des Flusses an Reaktionsschnelligkeit und das Zusammenspiel von Kraft und Geschicklichkeit lassen eine Fahrt zu einem abenteuerlichen Erlebnis werden.«

Ich benutze dieses Bild gerne, wenn ich mit Eltern über Erziehung spreche. Die Gestaltung der Beziehung zu den eigenen Kindern, aus denen »etwas werden soll«, ähnelt der Fahrt auf dem Wildbach: Man weiß nicht, welche Stromschnelle sich hinter der nächsten Kurve verbirgt, und man muss darauf gefasst sein, dass man die sogenannte Eskimorolle einsetzen muss – das Durchdrehen mitsamt dem Kanu unter Wasser mit anschließendem Wiederaufrichten. Entscheidend ist: Man muss sich dem Fluss anpassen und kann ihn nur bewältigen, wenn man sich maximal auf seine Bedingungen einstellt. Der Ritt auf den Stromschnellen gelingt nur, wenn man Zutrauen zu sich selbst hat – und den Fluss richtig einschätzt. Man kann nicht anhalten, und man kann auch den Fluss nicht bitten zu stoppen, um etwas zu verschnaufen ...

So ist es mit Kindern auch: Man muss sehr aufmerksam die kindliche Persönlichkeit erkunden, kennenlernen, aufnehmen, und man muss dies abgleichen mit den persönlichen Eigenheiten und Fähigkeiten, den eigenen Wünschen und Vorstellungen, und dann beginnt eine gemeinsame, spannende Reise. Eine Reise, auf der sich Eltern immer wieder selbst kennenlernen, sich beraten müssen, wie sie die nächsten Stromschnellen am besten bewältigen können. Eine Reise mit zum Teil unbekannten Ufern, gemeinsamen Nächten am Lagerfeuer mit viel Spaß, Geschichten, Liedern und einer Freude am nächsten Entwicklungsschritt. Aber auch eine Reise mit Unbekanntem, Untiefen und Felsen.

Wenn ich im Vorwort Kinder metaphorisch mit einem Gebirgsbach gleichgesetzt habe, so in dem vollen Bewusstsein, dass darin eine Verniedlichung und auch eine gewisse Bagatellisierung steckt. Ein Idealbild eines Kindes, das seine Eltern durch sein Dasein und seine Einmaligkeit erfrischt und jeden Moment durch seine Entwicklungsschritte – und seien sie noch so klein – erfreut. Ich wäre kein Kinderpsychiater, wenn ich nicht wüsste, dass ein Leben mit Kindern oft andere Momente hat, Momente, die anstrengend sind, Momente der Ratlosigkeit und Hilflosigkeit, manchmal auch Momente der Trauer und Verzweiflung. Diese Aspekte familiären Lebens sollen nicht verschwiegen werden. In vielen Fallgeschichten und Vignetten in diesem Buch wird diese Seite von Elterndasein deutlich. Und dennoch überwiegt das Erfrischende, das Neue, die erwachsene Freude über das Wachsen, die Entwicklung hin zu Kindern, die – wenn man ihnen angemessen begegnet – super sind.

Die SuperKids sind es gewohnt, einbezogen zu sein, sie sind reflektiert, diszipliniert und beziehungsfähig. SuperKids sind wie Artisten, die uns spielerisch zeigen, wie wunderbar sie sind. Nur wenn man sehr genau hinschaut, merkt man, dass die vorgeführten Kunststücke und Künste nicht vom Himmel fallen, sondern das Resultat psychischer Arbeit sind. In meiner Praxis kann ich das oft an der Ernsthaftigkeit festmachen, mit der Kinder und Jugendliche mir berichten, mich teilhaben lassen an ihrem Leben und ihrer Seele. Ernsthaftigkeit ist normalerweise kein Ausdruck von Traurigkeit! Viele Eltern haben die Vorstellung, Kindheit müsse mit andauernder Fröhlichkeit und Unbedarftheit – Unschuld – einhergehen. Der Tag, an dem das Grundschulkind sich zum ersten Mal die Tageszeitung nimmt, die Nachrichten im Fernsehen aufmerksam mitverfolgt, ist oft ein Einschnitt für Eltern, weil spätestens von da an klar ist, dass wir unsere Kinder vor der Grausamkeit der Welt nicht beschützen können. Vorher hatte man als Eltern das Gefühl, das eigene Kind schaute tatsächlich mit einer gewissen Unschuld, einer Unvoreingenommenheit in diese Welt – wie nur Kinder es können. Wie viel Hoffnung verbinden wir dann jedes Mal mit diesem spezifisch kindlichen Blick! Könnte er erhalten werden, dann würde es vielleicht um uns besser bestellt sein in dieser Welt voller Krieg, Gewalt und Zerstörung. Und gleichzeitig ist klar: Wir können die kindliche Entwicklung an dieser Stelle nicht aufhalten, wir wollen es auch nicht – und trotzdem entsteht ein elterlicher Schmerz. Wir wissen, dass die Kanufahrt nicht ewig dauert, sondern im Gegenteil endlich ist und sich aus vielen verschiedenen Flussfahrten zusammensetzt. Und wir müssen aushalten, dass mit dem Endpunkt der Fahrt – dem endgültigen Übertritt in das Erwachsenenleben – ein komplett eigenständiges Leben beginnt.

Der Schmerz darüber, dass etwas schieflaufen könnte, ist heute für viele verbunden mit dem Eindruck, dass die digitale Welt unsere Kinder fest im Griff hat, sie zu Swombies – Smartphone-abhängigen Monstern – macht, und dann erfasst Eltern oft Angst. Angst, aus den Kindern würde nichts, Angst, die eigenen Bemühungen um eine optimale Erziehung würden konterkariert durch heranwachsende Menschen, die immer einsamer, beziehungsgestörter und lebensunfähiger werden. Dann entsteht nicht selten die Idee, dass Kindheit früher besser war. Eine Kindheit, die unbeschwerter, irgendwie leichter und natürlicher war. Bullerbü wird dann zum Idealbild einer Kindheit, die es nicht mehr gibt. Wahrscheinlich werde ich manchen Leser verschrecken und verärgern, wenn ich mich gegen diese romantische und rückwärtsgewandte Idee der ehemals glücklichen Kindheit wende: Denn Bullerbü war eine Form der Verwahrlosung, eine Kindheit ohne Erwachsene, eine Kindheit, in der Entwicklung wesentlich aus sich heraus und mit der Regulierung durch Gleichaltrige stattfand. Bullerbü gibt es nicht mehr. Die Kinder von Bullerbü würden in unserer heutigen Welt nicht überleben können, sie wären weltfremd und nicht ausreichend vorbereitet. Wahrscheinlich gibt es heute auch in Sevedstorp – dem »echten« Bullerbü in Schweden – eine Internetwelt mit Kindern, die »verhäuslicht« allen Anforderungen einer Kindheit 5.0 gerecht werden. Ohne zu verdummen, ohne zu vereinsamen, ohne psychisch kränker zu werden! Allerdings unter der Maxime beständiger Optimierung – nur mit dem neuesten Hightech-Carbon-Kanu glauben Eltern, die Fahrt überstehen zu können. Eltern optimieren sich, ihre Arbeit, ihre Gesundheit, ihre Familie, ihre Erziehung.

Kindheit ist organisiert, Kindheit bedeutet Arbeit für alle. Eltern, die sich kümmern, sich schlaumachen, sich mit anderen austauschen und sich wünschen, aus ihren Kindern mögen mit einer optimalen Entwicklung erfolgreiche und glückliche Menschen werden. Kinder, die den ihnen zugeordneten Teil der Arbeit klaglos annehmen und helfen möchten, dass die Fahrt mit ihnen zu einem Erfolg wird. Das klingt nach viel Arbeit und Anstrengung. Arbeit in einer Gesellschaft, die wie ein riesiges Unternehmen funktioniert und das beständig wachsende Bruttosozialprodukt feiert – und die gleichzeitig Angst hat vor dem Tag, an dem es nicht mehr wachsen sollte. Vielleicht sind deshalb alle stets darauf bedacht, dass immer alle Zahnräder geschmeidig ineinandergreifen. Die kleinsten Zahnräder aber sind, um im Bild zu bleiben, unsere Kinder.

Und die sind super, aber sie müssen es auch sein. Ein Dilemma, in dem heute alle Familien stecken. Wenn Eltern ihre Kinder in den Workflow der familiären Arbeit einfädeln, müssen sie notgedrungen den täglichen Erfolg kontrollieren. So kann Elternarbeit zur Arbeit des Beleuchters mit dem Suchscheinwerfer werden, der mit größter Konzentration dafür sorgen muss, dass ihm sein Protagonist nicht in den Schatten läuft. Es wirkt so, als würde der Protagonist, also das Kind, auf der Bühne mit seinem Tanz den Weg vorgeben, dem der Scheinwerfer folgen muss. In Wirklichkeit aber ist es der Regisseur und sind es die Eltern, die die Schritte vorgegeben haben. Die elterliche Regie zeigt an, welche Schritte zu gehen sind. Nicht selten resultieren daraus Einbahnwege, wie zum Bespiel der Weg zum einzig möglichen Schulabschluss, dem Abitur. Kindheit findet unter Beobachtung statt – im besten Fall ist das die liebevolle, die wohlwollende Begleitung. Und im engsten Fall ist es der verfolgende, misstrauische Blick.

Beobachtete Kinder entwickeln sich dann besonders optimal, wenn sie zusätzlich beständig vermessen werden – glauben viele Eltern. Die Idealvorstellung ist der digital vermessene Wildwasserfluss, der per GPS völlig ohne Überraschungen befahren werden kann. Eine vermessene Kindheit geht einher mit einem demnächst komplett vermessenen Leben. Wir erfassen alles, führen Millionen von Statistiken, die uns Auskunft darüber geben sollen, was »objektiv«, was »wirklich« los ist mit uns, mit unserer Welt. Wir in der Kinder- und Jugendpsychiatrie messen Intelligenz, Konzentrationsvermögen, Lese- und Rechtschreibfähigkeit, Angst, Depressivität und vieles mehr. Auch wir sind Bestandteil einer weitgehend entgrenzten Medizin, die im Auftrag der Gesellschaft beständig ihre Methoden verfeinert, was notwendigerweise zu mehr Diagnosen führt. Für viele Bereiche meines Faches bin ich froh, dass wir genauer diagnostizieren, nichts übersehen. Das kann zu der Vermutung führen, dass wir zu viel vermeintlich Krankes sehen, überdiagnostizieren. Natürlich ist Kindheit keine Krankheit, auch wir sind weit entfernt davon, so etwas zu wollen oder zu behaupten, aber das gegenteilige Dogma – Kindheit steht für Gesundheit – darf nicht zu Bagatellisierungen führen. Ich bin froh, dass wir beispielsweise keine Teilleistungsstörungen mehr übersehen und Kindern zu ihrem Recht auf Nachteilsausgleich verhelfen.

Der total vermessene Mensch aber ist ein Ausdruck unserer Zeit, und er wird vor unseren Kindern nicht haltmachen. Hier eine Balance zu finden, die zwischen totaler Vermessung und Überwachung auf der einen Seite und einem Übersehen schwieriger oder gar krankhafter Entwicklungen vermittelt, ist komplex und kompliziert. Viele derzeitige Entwicklungen ermöglichen Kinder, wie ich sie heute jeden Tag erlebe: Die authentischen, liebenswürdigen SuperKids, auf die Eltern stolz sein können, Artisten des Lebens, die uns Bälle zuwerfen, die wir auffangen, und die uns zu der Frage bringen, ob und wie wir ihre Bälle zurückwerfen möchten. Dafür gibt es keine festgelegten Richtlinien, sondern nur die Einzigartigkeit und Kraft unserer Beziehung zu den Kindern.

Zurück zum Anfangsbild: Der gemeinsame Weg mit Kindern gleicht einer Expedition mit dem Kanu. Die vermessene Kinderwelt darf nicht zu einem Leben in vorgezeichneten Planquadraten führen, die keine Abweichungen zulassen, wir sollten keinem kanalisierten Flussbett folgen. Eltern dürfen sich trauen, die Karten zumindest ab und zu wegzustecken, und sich beim Anlegen mit dem Kanu auf unbekanntes Terrain einlassen.

Unsere Kinder haben sich in den letzten zwanzig Jahren wunderbar entwickelt. Daher sollten Eltern sich nicht durch pessimistische, defizitorientierte Unkenrufe verunsichern lassen. Eltern kümmern sich, Eltern ist die Entwicklung ihrer Kinder nicht egal – und das ist gut so. Auch, wenn es hin und wieder einen wehmütigen Blick zurück nach Bullerbü gibt, setzen Eltern nicht darauf, dass es der Sommer, der See und die anderen Kinder schon richten werden. Kinder sind innerlich, also seelisch sicherer geworden, sie haben mehr Freiheitsgrade – doch sie stehen gleichzeitig gemeinsam mit ihren Eltern an einer Weggabelung, bei der auf einem Schild steht: super^2. Das sind diejenigen, bei denen es ihren Eltern nicht genügt, dass sie einfach nur super sind. Auf diesem Weg muss das kindliche Potential maximal ausgeschöpft werden, muss Erziehung optimiert werden, unterliegen alle in der Familie einem Entwicklungsehrgeiz, der unglücklich macht. Unsere Super-Kids sind wie Hochleistungssportler, die bisweilen ahnen, dass ihre Gelenke der Belastung nicht ewig standhalten werden. Und die Eltern stehen verunsichert daneben, weil sie nicht wissen, mit welchem Griff sie optimal Hilfestellung geben sollen.

Super^2: dieses Bild kommt einer Vorahnung gleich, die nachdenklich macht. Die Kinder, die von dieser Vorahnung erfasst werden, sind nicht so fröhlich, wie Eltern das manchmal erwarten. Von ihrer Nachdenklichkeit sollten Eltern sich erreichen lassen, denn sonst bemühen sich die Kinder am Ende noch, allen Anforderungen gerecht zu werden, und büßen ihre Fröhlichkeit ein. Nicht zuletzt, weil auch ihre Hochleistungseltern alles geben müssen und an dem Bestreben unfroh werden, dass ihre Kinder sich möglichst optimal entwickeln.

Eltern sind Supereltern. Ihr Erziehungsleben ist gekennzeichnet davon, dass sie immer das Beste für ihre Kinder wollen. Was aber ist das Beste? Wer ist der Beste? Derjenige, der alle Begabungen eines Kindes entdeckt und fördert? Oder jemand, der Schwächen durch besondere Erziehungskniffe ausbügelt, das Kind glättet, damit es in die Schublade der elterlichen Erwartungen passt? Oder gibt es einen Weg, der optimale Begabungsförderung und Fröhlichkeit miteinander verbindet?

Im Ringen um diese Wege werden Eltern oft zu ernstzunehmenden Konkurrenten der Erzieherinnen und Lehrer, die mit ihnen um die optimale Entwicklung der Kinder bangen – und zunehmend (auch vor Gericht) streiten. Dieses Heer elterlicher

Erzieher wirkt wie eine Armee, die das Land der optimalen Erziehung schützen, verteidigen und weiterentwickeln muss. Optimierung ist zum Zauberwort einer ganzen Generation geworden: Optimierung der Arbeit und des Workflows, Optimierung der eigenen Gesundheit, Optimierung der Familie und der Kindererziehung.

Es sind insbesondere die Mütter, die diesem Optimierungsdruck, der sich bisweilen zum Wahn steigert, ausgesetzt sind. Sie jonglieren mit ihrem ständig schlechten Gewissen, auch arbeiten und sich ebenso wie die Väter selber verwirklichen zu müssen, und sie wollen alles schaffen: die eigene Arbeit, den Haushalt, den Mama-Shuttle und die Mama-Nachhilfe. Diese Mama-Logistik fordert ihren Tribut. Mütter machen sich Vorwürfe. Psychisch führen diese Vorwürfe dazu, dass die Mütter sich noch mehr anstrengen in dem Gefühl, nicht genug zu tun. Denn was nicht passieren darf, ist, dass die Erziehung versagt. Versagende Kinder, Kinder, die in der Schule scheitern, sind für Eltern die größte Katastrophe (und werden gleich nach lebensbedrohlichen Erkrankungen genannt). Scheitern Kinder, droht das auch die Eltern, trotz allem meist in Person der Mutter, aus der Bahn zu werfen.

Spätestens dann sind auch die Väter auf dem Plan, sind besorgt und fürchten sich vor der reflexhaften Schuldzuweisung, sie könnten etwas falsch gemacht oder versäumt haben. Angst macht sich breit. Die kindlichen Artisten leben nämlich in einer Artistenfamilie, in der jeder auf seinem Platz täglich, ja allabendlich seine Leistung abliefern muss. Fällt einer aus, muss die ganze Vorführung abgesagt werden. So ein Scheitern ist nicht vorgesehen.

Eine Artistenfamilie, um bei diesem Bild zu bleiben, funktioniert nur, wenn die »Oberhäupter« der Familie, die Eltern, nicht nur als Erzieher perfekt sind, sondern auch als Ehepaar, weil nur daraus ein Elternteam erwächst, das allen Ansprüchen gerecht wird. Zerbricht die Ehe, ist auch das Elternteam in höchster Gefahr – und damit die Kinder. Nicht zuletzt lastet der größte Druck heute auf den Alleinerziehenden.

Wenn Eltern allerdings in einem Umfeld leben, dass überall von Optimierung gekennzeichnet ist: Wie soll man einen anderen Weg einschlagen? Wer wagt das, sich dem Mainstream zu widersetzen. Darin liegt ja auch ein Risiko. Wenn ein Kind »versagt«, haben drei Menschen nicht das getan, was das Kind gebraucht hätte: Mutter, Vater und das Kind selbst. Wir kommen nicht auf die Idee, dass die schulischen, gesellschaftlichen Umstände für dieses Kind nicht geeignet sein könnten. Da ist der Schuldige schnell ausgemacht, ähnlich wie bei einer schlechten Note in der Schule: Dann ist das Kind dumm oder faul, aber es war nie die schlechte Pädagogik des Lehrers, die eine Katastrophe verursacht hat.

Supereltern von heute sind nicht weniger gefangen in der Optimierungsmaschinerie als ihre Kinder. Eltern, die zu mir kommen, sind in der Regel angemessen besorgt. Denn ihr Kind entwickelt sich nicht optimal. Jedenfalls im Vergleich. Das Elterndasein kennt keine Auszeiten. Hektisch müssen Eltern sich mit anderen Eltern austauschen, den aktuellen Ratgeber verschlingen, um nichts zu übersehen. Dabei werden sie nicht selten beschimpft, verdächtigt und auf ihre Defizite hingewiesen. Autoren diagnostizieren, dass Eltern nicht mehr Nein sagen, sie machen ihre Kinder zu Tyrannen, sie deuten Kindheit zu Krankheit um, bewachen sie vom Helikopter aus und unterliegen kollektiv dem Mythos der Überforderung und vieles andere mehr. Eltern nehmen diese Vorwürfe auf, wollen es besser machen, jonglieren mit den unterschiedlichen Ratschlägen und laufen Gefahr, zu viele Teller in der Luft behalten zu wollen. Sie übersehen in dieser selbstmisstrauischen Haltung, wie gut sie eigentlich sind, wie zufrieden und stolz sie sein können: Eltern, die mir heute begegnen, sind Supereltern, weil es ihnen nicht gleichgültig ist, was aus ihren Kindern wird, weil sie sich darum bemühen, ihre Kinder ernst zu nehmen und sie auszurüsten für diese komplizierte Welt. Wenn wir als Gesellschaft ihnen dafür nur mehr Anerkennung zollten! Dann könnten die Supereltern auch gelassener auf ihren Nachwuchs schauen, wir würden den Druck rausnehmen aus diesem unerbittlichen System elterlicher Selbstkontrolle.

Diese Supereltern heute machen enorm viel richtig. Sie sind verantwortlich dafür, dass mir SuperKids gegenübersitzen. Zu oft aber trauen Eltern sich nicht, das zu sehen. Sie haben keinen Blick mehr für das Gelungene, das Erreichte. Dabei machen sie einen Superjob, und es ist an der Zeit, dies zu würdigen. Wir sollten den Eltern helfen mit einem Lob und sie davon entlasten, angestrengt aus ihren Kindern am Ende noch Super-Kids[2] machen zu wollen. Auch wenn der Fluss in seinem Bett vorgegeben ist: Die Eltern suchen aus, auf welcher Seite sie fahren wollen oder ob sie den Weg durch die Mitte nehmen, und sie bestimmen die Länge der Tagesrouten. In jedem Kanu gibt es einen Kapitän – eine Kapitänin –, und allen ist klar, dass ihr Zusammenspiel mit den Kindern im Boot lebenswichtig ist.

Der Wert eines Kindes im Unternehmen Familie speist sich für die meisten wesentlich aus seiner Intelligenz. Dumme Kinder haben keine Chance. Intelligenz ist die Währung, mit der Kinder ihren Eltern das zurückzahlen, was diese in deren Förderung investiert haben. Was aber, wenn ein Kind nicht diese Anlagen mitbringt? Dann ist es an uns als Gesellschaft, unsere Verantwortung zu übernehmen und auch diesen Eltern zu ermöglichen, stolz sein zu können auf ihr Kind. Elterlicher Stolz darf nicht nur von den Vorgaben der Gesellschaft abhängen. Und Intelligenz ist nicht gleichzusetzen mit Persönlichkeit. Auch ein lernbehindertes Kind kann seinen Teil zu einer erfolgreichen Kanufahrt beisteuern – manchmal besser als ein hochbegabtes Kind.

Eine andere Sollbruchstelle ergibt sich dann, wenn Eltern sich trennen oder scheiden lassen. Meist ist das der Endpunkt einer großen familiären Anstrengung, die schon längst nicht mehr rundgelaufen ist. Damit wird das ursprünglich auf maximales Glück ausgelegte Familienmodell zur Belastung für die Kinder, die ihrerseits nicht wissen, wie sie mit dem unausweichlichen Loyalitätskonflikt klarkommen sollen.

Eltern ihrerseits vermuten das Übel mehr in der digitalen Welt. Bestmögliche frühkindliche Förderung – und jetzt starrt das Kind nur noch auf PC und Smartphone. Das kann nicht gutgehen! »Lies doch mal ein gutes Buch!«, wirkt wie ein anachronistischer Zynismus und prallt an den digitalen Geräten der SuperKids ab wie früher an uns, die wir den Kopf hinter einem Comic stecken hatten. Die große Sorge von Eltern, dass durch generationsspezifische Entwicklungen das gesamte Fortkommen der Menschheit gefährdet scheint, ist so alt, wie es Eltern auf der Welt gibt. Würden die Befürchtungen stimmen, so gäbe es uns nicht mehr. Wir wären untergegangen an unseren langen Haaren, den Beatles, Heavy Metal oder der Sesamstraße, aus der sich der Bayerische Rundfunk 1975 ausschaltete, weil man davon überzeugt war, dieses amerikanische Kinderfernsehen könne nur schädlich sein. Es gibt keine Hinweise darauf, dass psychische Erkrankungen bei Kindern und Jugendlichen zunehmen (einige Ausnahmen: Erschöpfungsdepressionen und Schmerzsyndrome). Es gibt keine Hinweise darauf, dass die Kinder dümmer oder beziehungsgestörter würden.

Den (digitalen) Teufel bekämpft man nicht durch Ausgrenzung, sondern nur dadurch, dass man seine Existenz als störende oder destruktive Kraft in uns Menschen anerkennt. Nur wenn man sich traut, ihn an den Hörnern zu packen, kann man ihm in die Augen sehen. Nur wenn Eltern sich für die digitale Welt ihrer Kinder interessieren, können sie sehen, was dort wirklich geschieht. Und nur dann kann man beurteilen, ob sich tatsächlich eine Sucht entwickelt haben sollte.

Die Liebe zu den Kindern ist etwas Einmaliges. Sie fühlt sich so an, als wäre sie vom Himmel gefallen: Plötzlich hat man ein Kind im Arm und ist überwältigt von den Gefühlen, die entstehen. Diese Liebe ist der eigentliche Motor in jeder Familie, die Kraftquelle für alle anstehenden Anstrengungen. Sie ist allerdings nicht bedingungslos, wie Eltern oft hoffen. Auch die Liebesbeziehung zwischen Eltern und Kindern muss täglich neu ausgehandelt werden, sie muss kleine – und manchmal größere – Irritationen aushalten und reparieren. Das gelingt nicht immer, und Eltern sollten dann fehlerfreundlich mit sich sein. Das ist nicht immer leicht, weil die moderne FamilyWorld der SuperWorld gleicht: In ihr sind alle glücklich und fröhlich, unbeschwert, ständig liebevoll und mit leichter Hand dabei, mit optimierter Erziehung kindliche Entwicklung zu maximieren. Die Eltern in dieser SuperWorld, dem gigantischen weltumspannenden Disneypark der Superlative, glauben fest daran, dass die nächste Fahrt auf der Achterbahn den ultimativen Kick für alle bringen wird. Enttäuscht muss dann schnell das neue Ticket für die nächste Attraktion erstanden werden.

Der Optimierungswahn – der Selbstoptimierungswahn – ist ein Dämon, dem man sich kaum entziehen kann. Wer möchte nicht möglichst lange gesund bleiben? Und wer kann etwas dagegen haben, dass unsere Kinder sich super entwickeln? Super erzogen, super klug, super gebildet, mit super Chancen … Um das zu erreichen, kümmert sich nicht selten ein ganzer Trainerstab, der an den Kindern herumbastelt, jeder für seinen Bereich, im Schlussspurt aber finden sich alle zusammen in ihrem Ehrgeiz, das optimale Ziel für den Trainee, also das Kind, herauszuholen.

Es ist zunächst und grundsätzlich nicht verdächtig, wenn Eltern sich um eine gute Entwicklung ihres Kindes kümmern. Vor dem Hintergrund, dass sich niemand dem Optimierungszwang entziehen kann, mutet es zynisch an, Eltern aufzufordern, einfach davon abzulassen. Es gibt kein Gegengift zu dieser Entwicklung, eine Entwicklung, die tatsächlich bisweilen krankhaft anmutet. Gerade deshalb möchte ich jeden auffordern, für eine gesunde, für eine gute seelische Entwicklung der eigenen Kinder einen Mittelweg zu finden zwischen Hightech-Computerwahn und Bullerbü-Romantik. Unsere eigentliche Welt besteht nicht aus Maschinen. Ein Blick auf unsere Kinder kann helfen, weil das, was wir dann vor Augen haben, uns von weiteren Optimierungstendenzen abhalten könnte. Wir sehen SuperKids, die uns Antworten geben. Antworten, die nachdenklich machen. Und Antworten, die aufzeigen, was das Wichtigste für Superkinder ist: Die Beziehungen innerhalb der Familie. Es geht also weniger um Erziehung als darum, tragfähige, liebevolle Beziehungen aufrechtzuerhalten. Das ist nicht immer leicht und in erster Linie individuell, daher habe ich aus diesem Buch auch kein Rezeptbuch mit den besten Erziehungstipps für ein gelungenes Kind gemacht, sondern einen Führer durch die Beziehungslandschaft zwischen Eltern und Kindern geschrieben, der Mut machen soll, eigene Wege zu gehen, jenseits des vorgeblich optimalen.

Natürlich braucht man auch zu Hause und nicht nur in der Schule pädagogische Methoden. Allerdings funktionieren diese nur auf der Grundlage einer guten, liebevollen Beziehung, ja, meiner Erfahrung nach reicht die gute Beziehung fast immer aus, weil Kinder uns etwas abgucken, weil sie es uns in einem guten Sinn recht machen möchten. Wir müssen nur daran glauben – und uns den guten Blick angewöhnen. Denn ein guter, ein wohlwollender Blick wird den Kindern mit all ihren Facetten und Möglichkeiten gerecht. Und das auch gleich, von Anfang an.

Alles beginnt schließlich damit, dass nach 9 Monaten endlich ein Kind da ist, an das sich eine Mutter und ein Vater gewöhnen müssen. Man muss sich kennenlernen, herausfinden, was für ein Temperament der andere hat, welche Bedürfnisse und welche Rhythmen notwendig sind. Eine lebendige Beziehung zwischen Eltern und Kind ist nie fertig. Jede Liebesbeziehung, auch die gelungenste, muss jeden Tag neu belebt werden. Ein Kind, das mit einer schönen Geschichte am Abend eingeschlafen ist, kann am nächsten Morgen schlecht gelaunt aufwachen, und nur durch Aufmerksamkeit und ein Eingehen auf diese Lebendigkeit wird man am neuen Tag eine neue Liebe aushandeln können. Wichtig dabei ist mir, dass Eltern nicht ungefiltert das eigene Echo auf eine kindliche Reaktion zurückgeben. Sie sollten angemessen reagieren.

Was aber ist das, eine angemessene Reaktion? Viele Ratgeber finden vorschnell Antwort, loben Rezepte, Vorgehensweisen »by the book«. Doch wer in dieser Weise angemessen reagieren möchte, wird nicht vorschnell nach Rezept handeln. Wir wollen immer alles gleich und sofort. Aber eine angemessene Reaktion auf etwas zunächst Unverständliches oder Unerwartetes von Seiten des Kindes braucht Zeit, braucht ein Sich-Einlassen auf sein Kind. Wie das möglich ist? Das gelingt durch den Blick, der nicht kritisch Fehler aufzeigt, sondern der unterstellt, dass Kinder an der Beziehung und an der elterlichen Liebe interessiert sind.

Und dass sie das sind, das ist meine Erfahrung auch mit schwierigen Ausgangssituationen, Sie haben ja die Fallbeispiele gelesen. Kinder, die von Natur mit einer niedrigen Reizschwelle ausgestattet sind und leicht »explodieren«. Kinder, die sich ängstlich an die ebenso ängstlichen Eltern klammern. All diese Varianten und noch viel mehr gibt es. Doch den Kindern, denen ich in meiner dreißigjährigen Laufbahn begegnet bin, ist eins gemeinsam: dass sie auf ihre Eltern eingehen. Manchmal passt denen das nur nicht, weil sie die eigenen Fehler im Kind gespiegelt sehen. Und die eigenen Fehler mag man im Gegenüber am wenigsten. Dann sollten sich die Eltern zurückbesinnen auf das, was Elternschaft ausmacht: den Glauben an

Nachwort oder: Das Wildwasserkanu

die Beziehung zum Kind, an die eigene Beziehungsfähigkeit, aber auch an den Beziehungshunger des Nachwuchses.

Nur wenn Eltern entsprechend aufmerksam sind und erkennen, dass die Eltern-Kind-Beziehung ein sehr lebendiges Gebilde ist, wird sich eine Basis für ein gutes gemeinsames Leben finden lassen.

Diese elterliche Aufmerksamkeit wird begleitet von einem ebenso aufmerksamen Blick, der in seiner liebevollen Ausprägung wie ein Leitstrahl wirkt, an dem die Kinder sich entlang entwickeln. Aber es ist nicht der gezielte Scheinwerfer. Der elterliche Blick ist dann wie ein Resonanzkörper, der durch die kindliche Seele zum Schwingen gebracht wird und seinerseits die kindliche Seele beschwingt. Der aufmerksame Blick gelingt nur, wenn immer klar ist, wie nah dran am Kind die Beziehung gestaltet werden muss. Jeder kennt aus seiner eigenen Entwicklung die Bedeutung von Erlebnissen, die ohne Eltern stattgefunden haben, stattfinden mussten. Auch die verhäuslichte Kindheit von heute braucht in der Beziehung zwischen Eltern und Kindern ein wohlwollendes Wegschauen, das eigene Erfahrungen ermöglicht. Ein reduziertes Bullerbü unter heutigen Bedingungen sozusagen.

Kindheit ohne Risiko gibt es nicht. Die Risiken sind heute vergleichsweise klein, und dennoch gibt es sie, das will ich nicht wegreden. Nur das Ausmaß, in dem Eltern beunruhigt sind, das sollten wir hinterfragen. Mein Befund ist: Eltern sind zu oft mehr als notwendig besorgt. Kinder aber brauchen Zuversicht und Verlässlichkeit, sonst können sie kein Zutrauen in sich und diese Welt entwickeln. Wir als Gesellschaft sind dazu aufgerufen, dieses Vertrauen zu befördern – und nicht dazu, es im Klein-Klein der Berichterstattung und der Kritik zu zerreden.

Dann gelingt es den Eltern, den Kopf auch im Wasser oben zu behalten, wenn das Kanu sie über Untiefen hinweg mitreißt. Gefragt sind elterliche Einfühlung und Expertise.

Im Zweifelsfall gilt: Schutz geht vor Druck. Hat man seinem Kind einmal zu viel zugemutet, hat sich herausgestellt, dass es noch nicht alleine rausgehen konnte und zu viel Angst bekommen hat, kann man die Anforderung wieder zurücknehmen. Eine elterliche Entschuldigung repariert und hilft. Wichtig ist wieder die Einfühlung in das Kind, das Gefühl fürs Wasser im Wildbach. Doch wer sein Kind kennt, der wird es nicht dauerhaft überfordern. Und Kinder wachsen an solchen Anforderungen – wie auch die Eltern im Kanu.

Die Frage des Verbots wird auch am Beispiel des Kanus viel plakativer. Bei einer Schifffahrt muss die ganze Besatzung an einem Tau ziehen, da kann man erwarten, dass ein Nein wirkt, das müssen Eltern einfordern, ohne große Reden zu führen, sonst heißt es: Mann über Bord. Gewiss, da entwickelt sich manchmal konkurrierende Selbstbestimmung, doch meine Erfahrung sagt mir: Ohne geht es nicht. Je mehr Selbstbestimmung Kinder haben, die sie nicht überfordert, und je mehr sie sich darauf verlassen können, dass die elterliche Fremdbestimmung im Falle eines Falles greift, also erst dann, wenn es nicht mehr anders geht, desto beziehungssicherer werden unsere Kinder sein.

An unserer Klinik gilt der Satz: »Kontrolle ist gut, Vertrauen ist besser.« Dieser Satz gilt bei uns auch für selbstmordgefährdete Jugendliche, denen eine tragfähige Beziehung mehr hilft als jede verschlossene Tür. Und eine solche Beziehung kann nur entstehen, wenn wir einen Vertrauensvorschuss geben. Beziehungen entwickeln sich nur über Vertrauen, Misstrauen ist ein Beziehungsgift. Wenn Sie der Meinung sind, Ihre Mitfahrer im Kanu wären Störfaktoren, wie wollen Sie die Fahrt überstehen? Es gibt keinen Grund, gegenüber der heutigen Generation von Kindern misstrauisch zu sein! Kontrolle in der Beziehung ist nur so lange gut, so lange sie einer fürsorglichen Aufsicht dient. Eltern sollten sich trauen, Vertrauen in ihre Kinder zu haben. Dann entstehen noch mehr Beziehungsgeschenke, als ohnehin jeden Tag auf dem Gabentisch der Eltern zu entdecken sind. Und wenn alle eine gefährliche Unterströmung rechtzeitig wahrnehmen, weil die Beziehung trägt, umso besser.

Elternschaft ist keine ausschließlich biologische Dimension. Die Beziehung zwischen Kindern und Eltern will erarbeitet und gestaltet sein. Das ist anstrengend. Dies zu verleugnen oder einer romantischen Idee hinterherzulaufen mildert die Anstrengung nicht. Eltern dürfen und müssen darauf achten, woher Kraftquellen für das Leben mit den Kindern kommen. Diese müssen nicht nur außerhalb sprudeln, wenn eine Beziehung gelingt, entstehen sie auch innerhalb. Der liebevolle Blick des Kindes, die Ankündigung, Mama oder Papa später einmal heiraten zu wollen, die Entwicklung zum SuperKid, das sind Geschenke, die mit kaum etwas zu vergleichen sind. Das familiäre Haus wird dann tatsächlich zum Nest, in dem es warm und sicher ist, ein Nest, in dem die einen wachsen und die anderen Kraft schöpfen können.

Die wichtigste Grundlage hierfür sind Liebe und Respekt. Wenn sich die unermessliche elterliche Liebe mit Respekt paart, werden alle Beziehungspartner darauf achten, dass der jeweils andere nicht zu kurz kommt, seine Rechte hat und auf Augenhöhe mitgestaltet und mitbestimmt.

Lassen Sie mich zurückkommen zum Ausgangspunkt: Eltern werden heute vielfach verdächtigt. Ganze Elterngenerationen werden zu Hubschrauberpiloten abgestempelt, die ihre Kinder nicht in Ruhe lassen können und sie selbst zum Vorstellungsgespräch beim ersten Job noch begleiten. Man sieht es schon vor sich: Eltern statten ihre Kinder mit elektronischen Armbändern aus, die Daten über Gesundheit, Bewegung, Lernen und Lernerfolg direkt auf den elterlichen Rechner senden, und Millionen von Drohnen, die den Schulweg der Kinder überwachen. Solche Eltern gibt es. Sie sind allerdings in der

Minderheit. Die Eltern, die zu mir, zu uns in die Klinik kommen, sind angemessen besorgt. Sie kommen rechtzeitiger als früher und sorgen so für eine bessere kinder- und jugendpsychiatrische Behandlung.

Eltern, die überbesorgt sind, haben Gründe, die in ihnen oder manchmal auch im Kind begründet liegen. Statt diese Eltern einfach nur zu verdächtigen und sich sogar lustig über sie zu machen, sollten wir dieses Phänomen als ein Kennzeichen unserer Zeit ernst nehmen. Dann aber sollte nicht der ungebremste Kontrollzwang misstrauischer Eltern für uns im Fokus stehen, sondern die Unsicherheit einer Elterngeneration, die nachvollziehbarerweise nicht weiß, wie sie sich dem Optimierungswahn in Bezug auf ihre Kinder entziehen soll.

Diesen Eltern sollten wir als Gesellschaft unser Vertrauen aussprechen: Wir brauchen keine SuperKids hoch 2. Die SuperKids sind schon längst da! Es sind wunderbare Kinder, die ihren Weg gehen und die man gerne auf ihrer Expedition begleitet. Sie sind so reflektiert und lebensklug, dass man sie oft »einfach« nur zu fragen braucht, wohin sie wollen. Wissen sie es naturgemäß nicht, so sind die Eltern gefragt, ihnen beizustehen. Eltern dürfen anerkennen, was aus ihrem Beziehungsnest erwachsen ist: geliebte, einbezogene und selbstbewusste Kinder. Diese SuperKids haben Supereltern, die sich kümmern, denen die Entwicklung ihrer Kinder nicht egal ist. Das große Problem aber, das sie haben ist: Sie wissen nicht, wie sie dem Zwang zur beständigen Optimierung entkommen sollen.

Der Erziehungsehrgeiz macht aber nicht nur die Eltern, sondern auch die Kinder krank. Dabei kommen Familien heraus, die in der Gefahr sind, sich zu zerfressen vor Ehrgeiz. Geiz in jedweder Form ist jedoch kein guter Lebensberater, schon gar nicht, wenn Kinder satt werden sollen. Dann sind Großzügigkeit, Mut und Vertrauen gefragt – und die Kraft, geschenkte Liebe mit Respekt den Kindern gegenüber zu verbinden und damit der eigenen Beziehung zum Kind wieder die eigentliche Bedeutung zu geben. Eigentlich. Das schreibe ich, weil sie schon immer da war, wir müssen sie nur neu für uns entdecken, die vertrauensvolle und wache Beziehung zum Kind.

Gelingt diese Beziehung, ordnet sich vieles. Und dann steht das, was bisher Erziehung hieß, auf einem nachgeordneten Platz. Erziehung ist am Ende etwas für Pädagogen, die mit mehr oder weniger ausgefeilten Strategien versuchen, unsere Kinder zu motivieren, um ihnen Wissen und Fähigkeiten beizubringen. In der elterlichen Beziehung zum Kind geht es um andere Dimensionen: Bindung, Beziehungsfähigkeit, Selbstwert, Identität, Autonomie ... Ergänzen Sie gerne die Punkte, die Ihnen wichtig sind, solange Sie beachten: Beziehung ist ein lebendiges, dynamisches Geschehen. Und es ist komplexer in Familien als in Zweierbeziehungen Erwachsener. Der Grund dafür: Zwischen den Familienmitgliedern muss unsere Aufmerksamkeit hin- und herpendeln. Das macht das Beziehungsleben mit Kindern spannend und anstrengend zugleich.

Denken Sie an den letzten gemeinsamen Familienurlaub: Wie entspannt alle miteinander Spaß hatten. Wenn die gemeinsame Wildwasserkanufahrt gelingt, können alle im Boot erleben, wie kraftvoll, wie kreativ und voller Spaß die Fahrt war. Daraus lässt sich dann Kraft schöpfen für die nächste Tour, für die nächste Herausforderung. Lassen Sie sich mitreißen, bestimmen Sie das Tempo und die Route – trotz aller Unwägbarkeiten.

Diese lebendige Kraft hilft Eltern, das Optimierungskarussell zu verlassen oder es gar nicht erst zu betreten. Und auch wir als Gesellschaft können stolz und zufrieden auf die SuperKids blicken, die unser Leben bereichern – und den Eltern danken. Denn Eltern, die sich weder anstecken lassen vom Optimierungswahn der Welt noch von den Vergleichseltern im Umfeld, Eltern, die auf die eigene Beziehungsfähigkeit setzen, bereichern uns alle. Weil sie entspannt sind, gelassen – und dann können wir alle uns etwas mehr entspannen. Die Kinder werden es uns danken.

Lassen Sie sich nicht abschrecken vom Wildwasser der Elternschaft. Entdecken Sie sich und Ihre Kinder jeden Tag ein klein wenig neu. Niemand muss mit Leib und Seele Artist werden, und niemand muss Spaß am Wildwasserkanu haben. Vielleicht gehen Sie lieber gemeinsam durch den Wald, fahren Fahrrad oder wandern. Es kann aber auch sein, dass alle lieber zu Hause sitzen und spielen oder lesen. Das ist alles nicht willkürlich oder beliebig, sondern richtet sich lediglich nach den Bedürfnissen von Eltern *und* Kindern. Und ihren Beziehungen untereinander.

Eine Art von Expedition bleibt es, mit Kindern in diese Welt zu gehen. Eine Expedition, die unvergleichlich ist, fordernd und fördernd, vertraut und ungewohnt, neu, manchmal gefährlich, aber immer spannend und herausfordernd. Vertrauen Sie sich – und Ihren Kindern.

Praktische Tipps

Wenn Sie als Eltern feststellen oder unsicher sind, ob Ihr Kind wirklich kinder- und jugendpsychiatrische oder psychotherapeutische Hilfe braucht: Scheuen Sie sich nicht, sich darum rechtzeitig zu kümmern. Im Zweifelsfall ist früher besser als später. Bevor Sie sich um eine psychotherapeutische Behandlung kümmern, sollte die Indikation dafür gestellt werden. Das können Fachärzte für Kinder- und Jugendpsychiatrie oder auch Psychologische Psychotherapeuten, wenn sie ausreichend kinder- und jugendpsychiatrische Erfahrungen haben.

Die nächste Praxis, Ambulanz oder Klinik für Kinder- und Jugendpsychiatrie finden Sie unter www.bkjpp.de, wo es eine Postleitzahlfunktion gibt. Oft kennen sich die Kinderärzte vor Ort gut aus und arbeiten mit Kinder- und Jugendpsychiatern oder Psychologischen Kinderpsychotherapeuten zusammen. Freie Behandlungsplätze für Psychotherapie können manchmal die Kassenärztlichen Vereinigungen des jeweiligen Bundeslandes nennen, manchmal auch die Krankenkassen direkt.

Im direkten Kontakt mit einem Arzt oder Therapeuten sollten Sie darauf achten, wie wohl Ihr Kind sich fühlt, wie vertrauensvoll der Kontakt für Sie war. Lassen Sie sich von Psychotherapeuten genau erklären, mit welcher Methode sie arbeiten. Nicht jede psychotherapeutische Methode ist für jede Störung gleichermaßen gut geeignet. Deshalb ist es wichtig, dass Sie als Eltern nachfragen und sich erklären lassen, warum bei Ihrem Kind eine verhaltenstherapeutische, eine tiefenpsychologisch orientierte, eine psychoanalytische Psychotherapie, eine Familientherapie oder ein anderes Verfahren indiziert wird. Ähnliches gilt für die Empfehlung einer psychopharmakologischen Behandlung: Lassen Sie sich genau erklären, warum in dem Fall Ihres Kindes welches Medikament eingesetzt werden soll. Dabei sollten Sie nicht erschrecken, dass viele Medikamente, die wir Kinder- und Jugendpsychiater einsetzen, off-label eingesetzt werden müssen. Der Hintergrund hierzu ist nicht, dass wir leichtfertig für die jeweilige Altersgruppe nicht zugelassene Medikamente einsetzen, sondern dass den Pharmaunternehmen die aufwendigen Zulassungsstudien für die »kleinen Märkte« der Kinder zu teuer sind. Und bitte: Lehnen Sie Psychopharmaka nicht grundsätzlich ab! Es gibt heute sehr wirksame und nebenwirkungsarme Medikamente, welche die Prognose der psychischen kindlichen Erkrankung erheblich verbessern. Natürlich gilt es immer, Hauptwirkung und Nebenwirkung sorgfältig gegeneinander abzugrenzen. Aber auch eine Psychotherapie hat Nebenwirkungen, die man vorher besprechen sollte (beispielsweise kann das Kind immer mal wieder labilisiert werden, es können Themen in der Familie auftauchen, die unangenehm sind, das Kind hat plötzlich neben den Eltern eine Vertrauensperson, der es alles anvertraut, u. v. m.).

Wenn Lehrer Ihnen Hinweise geben, dass aus deren Sicht Ihr Kind auffällig ist: Nehmen Sie solche Beobachtungen ernst. Jeder Kinder- und Jugendpsychiater wird Sie und Ihr Kind gerne wieder wegschicken, wenn sich keine behandlungsbedürftige Diagnose feststellen lässt. Umgekehrt gilt: Lassen Sie sich nicht verunsichern, wenn Lehrer der Meinung sind, eine medikamentöse Behandlung sei überflüssig oder gar schädlich (der Klassiker: Methylphenidat – Ritalin®). Hier gilt wie so oft: Sie brauchen eine vertrauensvolle Beziehung zu dem behandelnden Arzt oder Psychotherapeuten.

Kurzer Einschub zu einer häufigen Begriffs- und Berufsverwirrung: Kinder- und Jugendpsychiater sind Ärzte, können körperlich untersuchen, Medikamente verschreiben und psychotherapeutisch behandeln; Psychologen haben Psychologie studiert und können sich zu Psychologischen Psychotherapeuten weiterbilden, die dann psychotherapeutisch behandeln können. In den allermeisten Fällen ist es sinnvoll, über einen Facharzt für Kinder- und Jugendpsychiatrie die Indikation für eine Psychotherapie stellen zu lassen, damit nichts Körperliches übersehen wird. Diese Diagnostik kann man auch in den meisten Ambulanzen der kinder- und jugendpsychiatrischen Kliniken durchführen lassen.

Wenn Ihr Kind den Gang zum Kinder- und Jugendpsychiater scheut oder verweigert, können Sie den ersten Termin auch alleine wahrnehmen, um mit dem Arzt oder der Ärztin zu besprechen, wie der Kontakt doch zustande kommen und gelingen kann. Wenn Sie Vertrauen gefasst haben, ist es meist leichter, das auch dem eigenen Kind zu vermitteln. Manchmal muss der Arzt auch aktiver den Kontakt zum Kind/Jugendlichen suchen. Hat sich eine Situation manifestiert, in der Ihr Kind alles verweigert, das Haus nicht mehr verlässt o. Ä., so dürfen Sie sich nicht scheuen, in Absprache mit einer kinder- und jugendpsychiatrischen Klinik das zuständige Familiengericht anzurufen, um den §1631b BGB zu beantragen, der die Behandlung eines Kindes gegen seinen Willen regelt. Es gibt Fälle, in denen sich Fürsorge darin zeigen muss, dass man zumindest anfangs etwas gegen den Willen seines Kindes unternimmt, um für seine Gesundung zu sorgen. Das gilt insbesondere für suizidale Krisen oder auch akute Psychosen.

Die Versorgung mit stationären Behandlungsplätzen ist in ganz Deutschland sektorisiert. Das bedeutet, dass im Notfall für Ihr Kind eine bestimmte Klinik aufnahmeverpflichtet ist. Das kann allerdings auch bedeuten, dass Sie im Notfall von der Klinik Ihrer Wahl an die zuständige Sektorklinik verwiesen werden. Das ist dann keine unterlassene Hilfeleistung, sondern nur dem Umstand geschuldet, dass alle Notbetten ausgelastet sind. Für alle anderen Fälle gilt natürlich die freie Arztwahl ebenso wie die freie Klinikwahl.

Sowohl für die geplante Aufnahme in Kliniken als auch für einen Erstgesprächstermin bei einer niedergelassenen Kollegin gelten oft lange Wartezeiten. Dieser Zustand ist unethisch und unhaltbar. Das liegt daran, dass es zu wenig Klinikplätze und zu wenig niedergelassene Kollegen und Kolleginnen gibt. Wenn sich mehr Eltern darüber lauthals beschweren würden bei den Kassenärztlichen Vereinigungen, bei den Politikern und anderen Stellen, würde vielleicht mehr geschehen. Dafür, wie man als Eltern diese Wartezeiten überbrückt, gibt es leider keine guten Tipps. Viele Kliniken bieten für solche Fälle eine überbrückende ambulante Behandlung an, damit es zumindest nicht schlimmer wird.

Entscheidend für einen guten Kontakt, ein gutes Arbeitsbündnis zwischen Ihnen, Ihrem Kind und dem Kinder- und Jugendpsychiater bzw. der Psychologischen Psychotherapeutin ist Ihre Haltung dazu: Ist es schlimm, zu uns gehen zu müssen? Befürchten Sie eine Stigmatisierung? Oder können Sie unsere Berufsgruppe genauso ansehen wie jeden anderen Dienstleister an Ihrem Kind auch? Und besonders wichtig ist Ihr Vertrauen. Vertrauen entsteht durch Offenheit und Zugewandtheit – auf allen Seiten. Scheuen Sie sich nicht, alle Fragen zu stellen, die Sie bedrücken, lesen Sie sich Wissen an, aber ohne den Druck zur Selbstoptimierung, und lassen Sie uns auf Augenhöhe um ein gemeinsames Verständnis für Ihr Kind und seine Gesundung ringen.

Diese praktischen Tipps sind nur dann von Bedeutung, wenn Sie Zweifel haben, ob Sie für Ihr Kind Unterstützung in Bezug auf eine Diagnostik oder Behandlung haben möchten. Im Zweifelsfall ist es immer besser, wenn Sie kommen. Ansonsten gilt: Lassen Sie uns unsere SuperKids liebevoll im Auge behalten.

Dank

Dank an Elisabeth für einen Beziehungsrahmen, der mich nicht nur gehalten, sondern angeregt und Kreatives ermöglicht hat.

Dank an Antonia für ihre eigenständige Entwicklung, woran ich mal wieder ablesen konnte, was es dafür braucht.

Dank an Vinzenz für Ermunterung aus der Ferne.

Dank an Dr. Caroline Draeger für erneut geduldige Geburtshilfe, kreatives Lektorieren und sprachgewandtes Korrekturlesen.

Dank an meine Freunde, die dieses Wegtauchen geduldig hinnehmen und sich nicht abwenden.

Dank an meine Mitarbeiter in beiden Kliniken für aufmunternde Blicke und kein vorzeitiges Verrückterklären.

Dank an die vielen Kinder und Jugendlichen, die es mir erlaubt haben, tiefe Einblicke in ihr Leben nehmen zu dürfen, und die es mir ermöglicht haben, zu verstehen, was sie bewegt.

Dank an den Pattloch Verlag für Unterstützung und Beratung.

Danke.

Michael Schulte-Markwort

BURNOUT-KIDS

Wie das Prinzip Leistung
unsere Kinder überfordert

Der renommierte Kinder- und Jugendpsychiater Professor Dr. Schulte-Markwort ist alarmiert: »Der Druck auf unsere Kinder ist unerträglich. Immer häufiger sind sie von Burnout bedroht, weil unsere Gesellschaft sich dem Prinzip Leistung völlig unterworfen hat.«
Deswegen fordert er: »Wir müssen dringend umdenken. Im Interesse unserer Kinder.«